Il a été tiré de cet ouvrage :
Dix exemplaires numérotés sur papier
de Hollande.

MATHILDE SHAW

ILLUSTRES

ET

INCONNUS

— SOUVENIRS DE MA VIE —

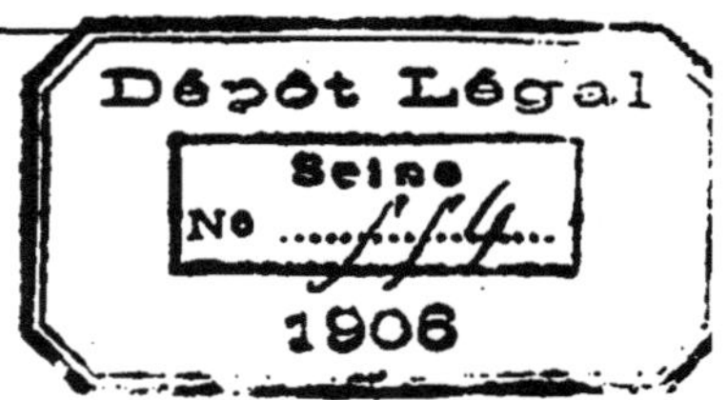

PARIS

BIBLIOTHÈQUE-CHARPENTIER

EUGÈNE FASQUELLE, ÉDITEUR

11, RUE DE GRENELLE, 11

1906

PRÉFACE

Parmi tant de livres et de manuscrits qui m'arrivent
d'un peu partout, je reçus, un matin, par le courrier
d'Amérique, un numéro de revue parisienne contenant,
présentés avec beaucoup de verve, des souvenirs sur
Alexandre Dumas, dont je ne connaissais pas l'auteur.

C'était le numéro de la *Nouvelle Revue* du 1er août 1899,
et l'article, signé « Mathilde Shaw », avait pour titre
Alexandre Dumas père. Un chapitre de confidences intimes, qui n'eût pas déplu à ce grand enfant indiscret,
le plus confiant des grands hommes, et où l'auteur —
une Française mariée à un Américain — racontait qu'elle
avait connu Dumas, le bon Dumas, et que ses petits
doigts de fillette s'étaient même promenés « dans la
toison embroussaillée », couronnant la tête du géant
comme ils eussent joué avec la chevelure d'or de quelque poupée.

L'article était charmant, d'une intimité curieuse, très
vivant, très vrai, et écrit avec une verve pimpante qui

le faisait ressembler à une aimable causerie. C'était alerte et amusant. Amusant comme Dumas lui-même. J'écrivis à l'auteur pour la remercier de son envoi. Mme Adam l'avait félicitée. Elle lui demandait d'autres souvenirs. Et Mme Shaw racontait alors dans la *Nouvelle Revue* des impressions de ses voyages à l'Alaska, de ses séjours parmi ses amis les Peaux-Rouges, des histoires de duels de cow-boys à travers les prairies, l'aventure tragique de Merry Frenchy, un héroïque meurtrier condamné à mort, et pour ne point l'affliger ne voulant pas reconnaître sa mère — un chef-d'œuvre, digne en vérité de la plume d'un Bret Harte.

Et je me demandais ce qu'était cette Française américanisée qui connaissait si bien la France, nos grands hommes de France, m'écrivait qu'elle avait vu jadis Ernest Renan, Edgar Quinet, — nos savants et nos artistes, Sarah Bernhardt après Claude Bernard, Gustave Courbet après Littré, — et qui, comme une autre Ida Pfeiffer, pouvait écrire aussi des *Voyages autour du Monde.*

Mme Shaw avait ses raisons pour bien connaître notre pays. Si elle l'avait quitté toute jeune, elle y était née, elle l'avait habité longtemps, et son père, l'orientaliste Charles Schœbel, avait été l'ami de la plupart de ses contemporains célèbres. Renan surtout l'appréciait. A son foyer, Mme Mathilde Shaw, enfant ou jeune fille, avait vu s'asseoir bien des illustres. Elle n'oubliait ni leurs traits ni leurs paroles. Revenue en France, habitant la Bretagne, dans une bicoque, un petit fortin de Saint-Guénolé où parfois, aux jours de tempêtes, venait la visiter la mer, elle revivait sa vie passée, voyait défiler ces fantômes dont plus d'un portait un nom immortel, et, repartie pour l'Amérique, elle avait détaché de ses *Mémoires,* ou plutôt de sa mémoire, quelques feuillets comme celui qui évoquait la rieuse figure du père Dumas.

La directrice de la *Nouvelle Revue* devait aimer ces pages alertes. Mme Adam nous a donné depuis des souvenirs personnels d'un irrésistible attrait. Une véritable contribution à ce que Quinet eût appelé « l'histoire de nos idées ». Mme Mathide Shaw a voulu pour son propre compte apporter son témoignage et dire ce qu'en la plus romanesque et la plus tourmentée des existences elle a pu vaillamment supporter. Je crois bien qu'au lieu d'écrire des romans, les romanciers feraient mieux de nous conter leur histoire personnelle. La vie du plus humble et du plus ignoré révélerait à l'humanité des sensations inconnues, des événements singuliers. Mais il ne s'agit pas ici d'une existence sans incidents et d'une biographie tout unie. Rien de plus original et de plus dramatique au contraire.

La fille de Charles Schœbel, qui ne nous dit encore que la moitié de ce qu'elle a pu voir à travers le vaste monde, nous conte, en un livre qu'elle intitule *Illustres et Inconnus*, « souvenirs de ma vie », les tristesses de son âme d'enfant, ses aventures dans la Nouvelle-Zélande, ses impressions du Sacré-Cœur, son séjour à Naples dans je ne sais quelle grotte de la pointe du Pausilippe, ses rêves de littérature, ses rencontres avec les personnalités les plus diverses, la princesse Charlotte de Belgique, aujourd'hui folle, et qui à douze ans lui donna un chapelet, le général Changarnier, Lamoricière, Delacroix, Roqueplan, Méry, Juarez, Villemessant. Quel amalgame!

Je suis trop reconnaissant à Villemessant, si bon à mes débuts, pour ne pas l'excuser de l'aventure contée par Mme Shaw. Mme Shaw était fort belle, et Villemessant était très galant. J'aurais voulu qu'elle pardonnât le bon gros et gai rédacteur en chef du *Figaro*, coupable d'avoir été un peu brutal avec une charmante femme qui lui demandait à débuter dans son journal.

Débuter! c'est l'éternel et poignant problème! Chercher à débuter, c'est chercher à vivre!

Ne rêvait-elle pas aussi la future Mme Shaw, femme d'un excellent journaliste américain, un des distingués collaborateurs du *New York Herald*, n'ambitionnait-elle pas de devenir comédienne et de faire ses débuts à la Comédie-Française, comme tant d'autres — je dirai presque comme tout le monde? Elle jouait et récitait *Phèdre*, parait-il, d'une façon admirable, et elle avait obtenu de l'administrateur général, qui était alors M. Edouard Thierry, une audition.

La mère s'interposa. Jamais, jamais sa fille ne monterait sur les planches. Une actrice, fût-elle une tragédienne, était quelque chose comme une damnée (la mère se servait d'un autre mot). Et c'est pourquoi M. Edouard Thierry n'entendit jamais la jeune femme jouer *Phèdre*.

— On ne peut pas être bébête à ce point, disait plus tard Alexandre Dumas père à la fille de Charles Schœbel.

Charles Schœbel! J'ai là un livre, imprimé en 1845, à l'Imprimerie royale, et qui porte ce titre: *Analogies constitutives de la langue allemande avec le grec et le latin expliquées par le samskrit*, par C. Schœbel, professeur de langue et de littérature allemandes au collège de Reims. C'est écrasant de science, et ce volume suppose le plus colossal des labeurs. L'auteur use aussi facilement du grec, de l'hébreu, du sanscrit (il écrit *samskrit*), du turc, du chinois, que du français. Les notes manuscrites dont il complète son travail pour lui-même sont tracées en caractères chinois aussi facilement qu'en latin. Schœbel égale en érudition Wachter, Bopp, Klaproth, Schlegel, Westergoord, Césénius, Lepsius, qu'il consulte. Il est aussi renseigné sur l'Inde que pouvaient l'être alors Eichhoff ou Burnouf. Les savants de Stockholm ne lui apprendraient rien sur la Scandinavie. Il sait tout.

Et septuagénaire, il mourra de faim ou à peu près dans un pauvre logis de la rue Campagne-Première. Sa fille nous a tracé de cette agonie un saisissant tableau.

Ce récit filial, c'est la revanche du vaincu. Mme Mathilde Shaw fait revivre cet érudit que Littré et Renan estimaient, qui combattait Renan et dont j'ai là une miniature peinte par lui-même et qui le représente tout jeune, blond, souriant, charmant visage de poète lamartinien plutôt que de déchiffreur de textes.

Sur l'*Inde et sa littérature*, sur le *Naturalisme du Rig-Véda*, Charles Schœbel avait publié chez Thunot des travaux tout à fait remarquables. Il était lauréat de l'Institut. L'Académie des Inscriptions et Belles-Lettres couronnait son *Romayâna*; son *Histoire des origines et du développement des castes de l'Inde*, couronné par l'Institut encore, est un maître livre. Et le *Bulletin de la Société indo-chinoise de France*, dont Schœbel était membre, disait de lui, lorsqu'il mourut : « Son savoir était immense. Il laisse une aurore considérable et sa vie a été consacrée au travail. »

Libre au sous-préfet du *Monde où l'on s'ennuie* de se moquer du Maharahavatâ, comme à la sous-préfète de citer en riant M. de Tocqueville, ces savants trop ignorés sont dignes du respect et de la reconnaissance des passionnés de l'érudition. Mais le moindre vaudeville intéressera toujours plus le vulgaire qu'un travail sur l'authenticité du *Pentateuque* ou sur l'*Universalité du déluge*.

« Dieu manque d'actualité », disait il y a longtemps, à Pierre Leroux, M. Buloz.

Je trouve en marge du vieux livre de Charles Schœbel dont il avait fait comme une sorte de « journal », — notant ses impressions quotidiennes en face des racines germaniques ou helléniques, — cette affirmation qui nous donne la clef de ces discussions interminables dont nous parle Mme Shaw entre Renan et Schœbel, discussions qui ne devaient pas se borner aux caractères cunéiformes, mais évidemment montaient jusqu'à Jésus : « Il y a, écrit Schœbel (et je copie cette note), bien des motifs pour croire que la vraie explication de Jésus et de sa doctrine est dans la kabbale. L'homme a toutes les allures d'un kabbaliste dans ses allées et venues mystérieuses, dans son langage souvent énigmatique et incompréhensible aux non-initiés. Il ne parle guère qu'en symboles, et il en cache le sens, disant qu'après lui un autre viendra le révéler. Il a des accointances avec le diable et le père des lumières ; on dirait Ahiram et Ormudz transformés par les Chaldéens. »

Je ne soulignerai pas les contradictions que Ch. Schœbel constate dans les quatre Evangiles. Je cite simplement ces dernières lignes :

« La kabbale seule peut donner l'explication de tout cela, et si je puis, j'en ferai un jour à loisir le sujet d'une *Vie de Jésus*. C'est une veine historique encore inexplorée. »

La note est datée du 28 avril 1875.

Ainsi, après Strauss, après Renan, après Alphonse Peyrat, après l'abbé Michon lui-même, l'auteur du *Maudit*, Ch. Schœbel voulait, pour expliquer les paraboles de Jésus, écrire encore une *Vie de Jésus*! Un Christ kabbaliste.

Je ne m'étonne pas des colloques sans fin — et si intéressants! — qui mettaient aux prises Ernest Renan et son vieil ami. Ce savant, aux origines allemandes, mais très bon Français, bien qu'il eût des sévérités pour notre tempérament impulsif, avait continué tranquillement ses travaux pendant le siège de Paris. Au crayon, il griffonnait ses impressions en marge d'un bouquin de linguistique :

« Les 5, 6, 7, 8, 9 janvier 1871. Bombardement formidable de mon quartier. De minute en minute, les bombes éclatent dans le rayon de ma demeure où à 9 heures du matin je prends tranquillement (9 janvier) mon café, au charme de cette musique tonitruante. »

On voit d'ici le tableau d'intérieur : des livres, des papiers entassés et le savant — cinquante-huit ans et un fin sourire aux lèvres — sucrant son moka sous les obus.

« Le 9 janvier, entre 7 et 8 heures du matin, une bombe a éclaté avec une magnifique détonation à 40 mètres de ma chambre. Des bombes sont tombées jusque dans les rues de l'Odéon et Racine. »

Il ne s'émeut pas. Il enregistre. La détonation a été « magnifique ». Le 16 janvier, il note l'apparition d'un « bel arc-en-ciel » au nord-ouest du n° 15 de la rue Campagne-Première. Un arc-en-ciel pendant un bombardement! Et il ajoute simplement : « Ironie biblique. »

Il est étonnant, ce savant que rien n'étonne. Le dimanche 22 février, grand bombardement. Et il écrit tout bonnement : « Beau soleil. »

Puis le bombardement cesse. Schœbel s'émeut. La colère obsidionale s'empare de lui comme de la plupart des assiégés déçus :

« 27 janvier. — Armistice. Armistice digne du gouvernement de Trochu-Favre, d'un général sans énergie et d'un avocat beau parleur... »

La colère rend même injuste l'orientaliste pour les Parisiens « crédules, vantards, gobemouches... » Il s'applaudit d'avoir toujours voté « non » dans les plébiscites.

Et puis, c'est la guerre civile. Même calme de spectateur attristé :

« Dimanche 7 mai, étant assis au rond-point des Champs-Élysées, à 1 heure, un obus est venu, en râlant et éternuant, tomber devant moi, à cinquante pas. Il venait du Mont-Valérien. »

Puis, comme il indiquerait la prononciation d'un mot chinois quelconque, — *Thien lou*, « revenus du ciel », ou *jin*, « l'humanité », — il donne la phonétique du projectile : « Rrr, psitt, baaoum! »

Les balles pleuvent chez lui aux journées de mai. Il reste impassible. Ce sont des faits, rien de plus. « A 5 heures, une balle frappe le mur de ma chambre », écrit-il, indifférent. Le 24 mai : « Temps splendide comme hier et avant-hier. Obus, explosions, incendies. A l'horizon nord-ouest, fumée opaque. 24 degrés de chaleur. Je lis littéralement entre deux feux, et un peu distrait, les satires d'Horace. »

« Un peu distrait » est simplement épique. Et cette lecture d'Horace parmi les projectiles! Victor Hugo écrirait : *Un érudit sous les obus.*

Cependant, après la lutte, après les ruines, l'impassible s'émeut, le savant enfermé dans son rêve pousse un cri ironique encore et désespéré :

« 26 mai. Le soleil avait ri à la destruction la plus lamentable qui soit. Aujourd'hui que tout est brûlé, il pleut à verse! »

Alors la guerre finie, les deux sièges oubliés, l'orientaliste reprend sa tâche et revient à son « samskrit ».

D'année en année, sur son vieux livre, il traçait ainsi quelque réflexion, assez volontiers pessimiste, lorsque arrivait la date anniversaire de sa naissance : « Né au milieu de la nuit, j'ai écrit cette année un ouvrage sur la *Nuit* (1880). » En 1879, il songeait au Nirvanâ. Avait-il connu Nietzsche? A coup sûr il l'avait deviné. En 1888, il écrivait à sa fille une dernière lettre : « Ma vue s'obscurcit, ma main devient inerte. » Il se couchait sur cet adieu, et on le trouvait mort dans sa chambre, parmi ses papiers dispersés, un matin de novembre.

Mme Shaw a écrit sur l'infortuné et glorieux savant (j'entends qui mérita la gloire) des pages moins poignantes encore peut-être que celles qu'elle consacre à son fils Algy, un artiste de talent, qui partit pour Honolulu en qualité de dessinateur, de correspondant d'un journal américain. J'ai vu d'Algy Shaw des croquis tout à fait pittoresques; il avait, ce jeune homme, un bel avenir. Il n'est jamais revenu. Depuis six ans, la mère attend de ses nouvelles, ou la nouvelle de sa mort. Et c'est un spectacle émouvant que celui de ce beau visage de femme en cheveux blancs dont l'œil bleu semble chercher par-delà l'océan, l'espace, le fils qu'elle a perdu.

Notre ami Clairin aimait les dessins du jeune artiste. Sarah Bernhardt les a regardés souvent, la grande artiste qui disait à Mme Shaw :

— Je veux jouer votre *Merry Frenchy*, le cow-boy héroïque, ce fils qui meurt en se faisant passer pour un autre aux yeux de sa mère elle-même!

Un des rêves de Mme Shaw que la représentation de ce drame!... Mais la vie se passe à faire des rêves. Mathilde Shaw n'en a plus qu'un : avec le produit de la traduction américaine de son livre, partir pour Honolulu et retrouver ou son fils ou la trace de son fils. Ce

n'est pas un livre vulgaire que celui qui, après la joie
d'écrire, procure à un auteur un tel espoir.

Et le livre est plein de talent, très sincère, très hu-
manitaire, avec dans le style un peu d'américanisme
mais alerte et clair comme notre vieux langage français.

— Ta vie si jeune, disait Alexandre Dumas père à
Mme Shaw, a été remplie de tant d'épreuves et de choses
étranges qu'il y a là-dedans l'étoffe d'un roman. Veux-
tu que nous le fassions ensemble?

Mme Shaw l'a fait toute seule, et son « roman » est
« l'histoire » d'une voyageuse à travers l'imprévu.

Elle a visité le Japon à l'heure où le Japon ne semblait qu'un pays-bibelot, une suite de paysages minuscules semés d'habitants pas plus haut que des netzskés.
Renan lui écrivait alors (1874) en lui recommandant
« l'expression de ces yeux japonais » et en soulignant
« le charme sérieux qui se dégage de ces petits hommes
jaunes ». Il semble là un peu prophète, le fin et profond
Renan !

Elle a parcouru l'univers et demandé souvent un coin
de terre à son pays natal pour s'y reposer de ses
fatigues. Son ami Bourdas, le rédacteur d'un journal
de Saint-Malo, le *Vieux Corsaire*, saluait, un jour, l'arrivée sur la côte malouine de cette Mme Shaw, femme du
directeur de l'*Evening Telegram*, et qui, résidant pendant plusieurs années dans une villa de la montagne
Saint-Joseph, avait, en 1884, fait ouvrir en Amérique,
pour les victimes de la catastrophe du *Rocabey*, une
souscription qui produisit plus de 20.000 francs.

Mme Shaw a beaucoup donné. C'est une de ces femmes
qui, comme Mme Isabelle Bogelot, ont l'apostolat du
dévouement. Maintenant, avant de repartir pour New-
York, — puis pour « plus loin encore », — elle a
rédigé dans une chambrette de Vélizy ses souvenirs

sur les *Illustres et Inconnus* qu'elle a rencontrés. Elle est là, parmi les photographies des êtres chers, vivant seule avec ses souvenirs, allant par les bois cueillir des fleurs ou chercher des morilles.

Ils sont beaux, les bois de Vélizy, quoique bien petits, comparés aux immenses forêts d'Amérique. Mais pour Mme Shaw, la solitude est peuplée par des ombres. La maison de Michelet est proche. Elle songe au passé, à sa propre histoire, en regardant le logis de l'historien.

Et souvent elle regrette ses Peaux-Rouges, ses chers Peaux-Rouges, ses cow-boys aussi, galopant sur leurs chevaux libres, le large feutre au front et le revolver à la ceinture. Elle compare à ces héros de Cooper les paysans de Balzac ou de Millet. Elle regarde. La plaine de Vélizy ne vaut pas la *prairie*. Mais elle a son charme. Toute solitude est bonne. La mère Nature a des baumes partout et pour tout le monde. Puis des amis viennent la visiter, très rares. Mme Marie Roze, toujours jolie, et qui lui chante les *Djinns* comme au temps d'Auber et du *Premier jour de bonheur*, à l'Opéra-Comique disparu.

Si Mme Shaw a écrit ses souvenirs, j'en suis un peu la cause. Cette évocation de Dumas père, autrefois, m'avait beaucoup plu, je le répète. « Mais de ces souvenirs, vous devez en avoir d'autres ! » écrivais-je à l'Américaine de France. Venir d'Amérique à Paris, ce n'était rien pour la voyageuse. Et Mme Shaw, traversant l'Atlantique comme nous irions à Versailles, arriva, un jour, et se mit à l'œuvre. Le roman vrai que Dumas lui conseillait d'écrire est achevé, et on va le lire. Je ne veux pas le déflorer pour le public. Déjà mon analyse est trop longue. Qu'on ouvre ces pages, de la première à la dernière, on trouvera, comme dirait Maupassant, sincère et agitée, *Une vie.*

J'entends d'ici le père Dumas dire en riant :

— Diable ! tu es parfois indiscrète, ma petite Bruyère ! (Ainsi appelait-il l'enfant, la jeune fille.) Mais tu es si bonne !

— Et je ne dis que ce que j'ai vu, répondrait l'auteur de ces pages.

Je la laisse conter ce qu'elle croit devoir conter, et je réponds du moins de sa bonne foi.

Le livre de Mme Mathilde Shaw permettra à la mère de faire une tentative suprême, un dernier voyage à la recherche de son fils.

Et c'est pourquoi j'ai voulu souhaiter bonne chance à cette évocation des *Illustres et Inconnus*, par la fille du savant Charles Schœbel.

JULES CLARETIE.

ILLUSTRES ET INCONNUS

— SOUVENIRS DE MA VIE —

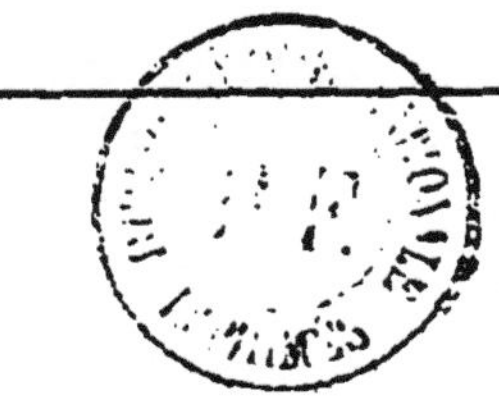

CHAPITRE PREMIER

Une curieuse lettre d'Alexandre Dumas. — Ma première
enfance.— Les visites de Dumas à la rue Notre-Dame-des-
Champs.

Mon vieil ami, Dumas père, me disait un jour
en 1865 : « Mon[1] bon enfant, chaque femme croît
que sa vie est un roman ; surtout ne tombe jamais
dans ce travers. » Deux ans plus tard, il m'écrivait
ces lignes que je copie :

« Ta vie si jeune, ma petite Bruyère, a déjà été
remplie de tant d'épreuves et de choses étranges,
qu'il y a là-dedans l'étoffe d'un roman. Il serait
intéressant d'écrire tout ça. Veux-tu que nous le
fassions ensemble ?

« Ton vieil ami,

« ALEXANDRE DUMAS. »

8 août 1867.

[1]. Dumas disait toujours « mon bon », que ce fût à une
fille ou à un garçon.

Ces deux opinions « contradictoires », venant d'un esprit tel que Dumas, sont amusantes; et la dernière pourrait me servir d'excuse à écrire ce livre, si je n'avais d'autres raisons qui me tiennent au cœur.

Pourtant, j'ai longtemps hésité à publier ces pages vraies. Je craignais que la mémoire bien aimée du vieux savant qui était mon père ne s'en trouvât ternie, si certains passages relatifs à une époque de sa vie intime étaient mal compris ou mal interprétés. Mais après réflexion, j'ai senti qu'il me serait facile d'expliquer ces « passages » avec la vérité simple qui démontre les causes et leurs effets.

Puis j'ai senti, plus encore, étant la fille de Charles Schœbel, le devoir pour moi de tirer de l'oubli les cinquante années d'un labeur uniquement donné à la science. De peindre en quelques mots les trente dernières — pauvres et héroïques! — de cette existence.

Enfin de redire fièrement avec le marquis de Croizier annonçant la mort de l'orientaliste Charles Schœbel aux membres de la Société académique indo-chinoise de France en 1888 : « Son savoir était immense; il laisse une œuvre considérable et sa vie tout entière a été consacrée au travail. »

CHAPITRE II

Mes souvenirs les plus lointains remontent à
l'âge de trois ans; mais il serait enfantin de raconter les impressions de cet âge. Ce n'est guère que
vers six ou sept ans que j'ai bien compris les choses ·
et les gens qui m'entouraient. A cette époque la
noble figure d'Edgar Quinet se représente clairement à ma mémoire.

Mes parents habitaient depuis 1847 un joli pavillon tout au fond d'un grand jardin, dans la rue
Notre-Dame-des-Champs. Jardin que Dumas appelait un peu plus tard son « désert parisien ». Il y
avait au fond de ce vaste enclos tout un fouillis de
plantes exotiques bien exposées au midi, et qui
poussaient à la diable, sur un terrain mélangé de
pierrailles et de sable. Il y avait même là un pauvre
petit palmier, chétif et grêle, que ma mère avait
autrefois rapporté de Nîmes dans une petite caisse.
Elle en était très fière, et, dans son exagération

méridionale, l'appelait « mon beau palmier du Sahara ».

Elle avait craint qu'il ne donne trop « d'ombrage » à ses chères fleurs ; mais le pauvret qui n'en donnait aucun avait, sur l'instigation de Dumas qui aimait à rire, été entouré d'une petite tente en coutil. Sa tête maigrelette passait par l'ouverture ménagée en haut, ce qui faisait dire à l'auteur des *Trois Mousquetaires* qui, plus tard, me l'a gaiement répété : « Décor complet. Palmier du Sahara, tente africaine et panache français. »

Sous cette « tentille » je revois le joli visage de ma mère, éclairé par des yeux à la fois naïfs et graves, d'un charme tout particulier.

A côté d'elle, une femme entre deux âges est assise qui tricote et parle d'un pays où il y a de grands arbres, de belles forêts et des montagnes.

Déjà l'instinct des voyages étant en moi, j'écoute ravie le récit d'excursions que je ne comprends pas toujours, — et j'entends ma mère répéter de temps en temps, « ma bonne madame Quinet ».

La dame qui est assise là est en effet la première femme du célèbre philosophe et historien français. Elle a une figure placide, douce, qui m'apparaît dans mes souvenirs d'enfant un peu triste et maladive.

Je la revis assez souvent vers 1850. Elle m'adressait distraitement quelques paroles, mais en revanche me regardait avec une telle fixité quelquefois et si longuement, que je me rappelle un jour, où sans savoir pourquoi, j'éclatai en sanglots. J'avais peur ou j'étais impatientée de ces yeux braqués sur moi, je ne sais ; mais elle, sans s'émouvoir prit une de mes mains, — je ne sais plus laquelle, la regarda un moment et dit à ma mère qui l'observait : « Pauvre petite, comme elle souffrira ».

Ces paroles, dont le sens m'échappait, mais où j'entendais le mot « souffrir », me firent pleurer encore plus fort. Je ne la revis plus. Elle mourut l'année suivante ; mais que de fois j'ai pensé à cette singulière prédiction, faite au hasard ou convaincue, de la première Mme Quinet.

Quant à Edgar Quinet qui venait assez souvent le soir, causer avec mon père, dans cette année de 1850, l'empreinte que ses paroles et son apparence ont laissée en moi est ineffaçable, quoique je fusse alors une bien jeune enfant.

Parfois leur conversation avait lieu en allemand et alors je ne comprenais pas ce qu'ils disaient. Mais un soir où j'étais couchée, et où l'on me croyait endormie, j'entendis la voix sérieuse et calme d'Edgar Quinet s'exalter. Les mots patrie, liberté, droits de l'homme, alternaient avec d'autres phrases que je ne comprenais plus du tout, quand il se mit à dire : « Le pauvre aussi bien que le riche a le droit de vivre ; pour vivre il faut manger. Qu'on lui en donne les moyens. »

Je bondis de ma couchette, et prenant ma tirelire qui était sur la cheminée je courus à mon père, assis en face d'Edgar Quinet, en m'écriant : « Père donne tout mon argent à monsieur Quinet, pour que les pauvres hommes aient des choses à manger. »

Malgré sa gravité le célèbre écrivain se mit à rire ; mais mon père fronça les sourcils. Comme il faisait très chaud, je n'avais pas revêtu ma chemise de nuit, et je ne portais que celle de jour, très écourtée.

Ma meilleure excuse est qu'alors, n'ayant pas encore sept ans, j'ignorais le « protocole » des costumes, et le mien me semblait tout naturel en venant de mon lit.

Mon père appela ma vieille bonne Elisa qui m'avait vue naître et celle-ci, scandalisée, détacha bien vite le petit châle qui lui couvrait les épaules et m'en enveloppa. Or, comme la bonne fille prisait beaucoup, son fichu était imprégné de l'odeur du tabac et, n'aimant pas ce genre de parfum, je me débarrassai bien vite de ma couverture.

Je me souviens très nettement qu'Edgar Quinet continuait à rire et mon père à se fâcher. Voyant ceci, le grand écrivain reprit son sérieux et d'un ton de cérémonie comique il me dit : « Dans les sociétés civilisées on ne vient pas causer en chemise. »

Alors seulement, je sentis un peu de honte, et baissant la tête je retournai à mon lit sans répondre.

Mais, comme j'étais émue, autant de ma générosité incomprise que du mauvais succès de ma visite, je ne pouvais pas dormir, et je tâchais d'entendre ce que mon père et son ami allaient sans doute dire de moi. Ils avaient repris leur conversation en allemand, et le sommeil me gagnait peu à peu.

Un bruit de chaises me réveilla. Edgar Quinet s'en allait, et cette fois, en français, d'une voix claire et cordiale qu'il me semble après tant d'années entendre encore, disait à mon père : « La nature s'est trompée en ne faisant pas un garçon de cette fillette. Je souhaite pour elle qu'elle en reçoive au moins l'éducation privilégiée. »

C'est mon père qui me répéta plus tard ces paroles, que sans lui j'aurais sans doute oubliées.

Bien d'autres physionomies connues et célèbres ont traversé le pavillon de la rue Notre-Dame-des-Champs, et j'en parlerai bientôt.

Quant à Edgar Quinet, je le revis plus tard, dans des circonstances profondément tristes pour ma mère et pour lui, quoique d'une espèce bien différente !

Mais je veux auparavant décrire mes parents et leur intérieur. Je veux même dire un mot de moi et esquisser mon portrait d'alors. Tant d'années se sont écoulées depuis; et le frais visage de l'enfant a tellement disparu sous les rides du temps et du chagrin, qu'il me semble parler de quelqu'un qui n'est plus !

Ceci me met à l'aise pour ébaucher les traits de la petite, en 1850; et un beau portrait que fit d'elle à cette époque le sculpteur et peintre français Etex m'y aidera.

La fille de Charles Schœbel était grande pour son âge et possédait une profusion de cheveux [blonds, si épais et si longs, que sa plus grande joie était d'attraper des ciseaux pour les raccourcir.

« Des cheveux aux reflets de clair de lune rousse », disait comiquement Dumas, faisant allusion à leur nuance d'or argenté.

Les yeux d'un bleu pur et profond avaient à l'ordinaire une expression de tristesse peu compréhensible à cet âge. Etait-ce pressentiment de l'avenir, ou l'atavisme que lui avait transmis son père, de vieille race hongroise, mais né et élevé dans la rêveuse Allemagne? Peut-être l'un et l'autre! Les traits étaient réguliers; le front et la bouche sérieux.

Quant à l'intelligence je préfère n'en rien dire parce que c'est là une chose trop personnelle que je ne pourrais guère nier sans hypocrisie, ou louer sans sotte vanité. Les événements de ma vie peindront assez mon « moi-même » ! Malgré cette mélancolie instinctive dans mon enfance, et qui fut justifiée plus tard, le sang méridional que je tenais de ma mère faisait un étrange contraste avec elle. Et alors quand c'était lui qui parlait en moi, je devenais sincèrement rieuse, folâtre et gamine. A mon âge, aujourd'hui — après tant d'épreuves — cette double nature existe encore en moi.

Ma mère tenait par la sienne à une vieille famille des Charentes, les du Rousset de Villenain. Cette grand'mère, fille d'un royaliste émigré, jeune, très jolie et très pauvre, s'était (ce qu'on appelait encore en ce temps-là!) mésalliée en épousant un armateur de Bordeaux qui s'appelait simplement Jean Falloux.

Il était très riche, paraît-il, et avait racheté le château de son beau-père, près de Cognac. C'est là que ma mère vint au monde. Elle était beaucoup moins enthousiaste de la fortune de son père qu'il perdit d'ailleurs au jeu, presque entièrement avant de mourir — qu'elle ne l'était de ses « trois chers guillotinés ».

Ceux-là, paraît-il, étaient trois frères de ma grand'mère qui avaient payé leur dette de fidélité à la cause royaliste en étant haut et court pendus à des réverbères, dans la grande révolution.

Comme ma mère n'aimait pas le mot de « pendus » elle avait pris celui de « guillotinés » qu'elle trouvait plus noble.

Et il fallait l'entendre, la chère femme, dire à tout propos, de sa belle voix musicale, avec un orgueil enfantin et une entière conviction :

« Mon oncle Louis, chevalier de l'ordre du Saint-Esprit, a été guillotiné le premier! »

A force de répéter ceci, elle avait fini par y croire sincèrement.

Ma mère avait eu plusieurs frères et sœurs, en si grand nombre, paraît-il, qu'elle s'embrouillait toujours dans le chiffre et variait en général de dix à dix-huit. La vérité, je crois, est que ma grand'-mère avait eu sept enfants.

Mais, comme à part mon oncle Louis, qui avait occupé quelque bonne position sous Charles X, et possédé une assez jolie fortune qu'à l'instar de mon grand-père, il avait perdu au jeu, — tous les autres oncles ou tantes, m'étant inconnus, — je n'ai jamais vérifié leur nombre exact. Le plus célèbre d'entre eux semble avoir été, d'après le récit de ma mère, un « héroïque » colonel au service de Bonaparte, ce qui l'avait brouillé avec la caste maternelle qui appelait le premier consul « Buonaparte l'usurpateur ».

Je n'ai jamais connu de cet oncle qu'un grand bonnet à poils, que ma mère brûla pieusement un jour, — comme la relique d'un mort, ne pouvant le conserver, mangé, comme il était, par les mites. Elle me racontait que ce frère avait suivi l'Empereur en Espagne, et que, blessé sur un champ de bataille, il fut enterré jusqu'au cou dans le sable par des maraudeurs, qui lui tranchèrent la tête.

Rien de lui n'était revenu à sa famille que le « bonnet à poils » recueilli par un de ses compagnons et envoyé plus tard à ma grand'mère.

J'ignore comment la coiffure de l'infortuné grenadier avait ensuite été remise à ma mère, et où elle l'avait logée, pendant les dix années qu'elle avait passées au couvent, après la mort de Jean Falloux et de sa femme.

Toujours est-il que je me souviens de l'avoir vu brûler.

CHAPITRE III

Orpheline à quinze ans et placée par son frère
Louis au « Sacré-Cœur » de Bordeaux, ma mère,
peu à peu, s'habitua à l'idée de prendre le voile.

De son vivant, je n'ai fait qu'entrevoir ou deviner
les motifs qui la détournèrent de cette vocation.
Mais après sa mort, je les ai trouvés ces motifs, au
fond d'un vieux coffre, dans quelques lettres écrites
sur un papier spécial, dont l'en-tête est deux cœurs
entrelacés ! Plusieurs de ces lettres sont de simples
billets. Je n'en citerai que deux. Je copie le premier :

« Pourquoi me dis-tu que je trouble ta conscience ? Un baiser sur les lèvres est-il plus coupable qu'un baiser sur les joues ?

« Je t'attends après la prière du soir. Je veux
te voir et te parler.

                                        « ALEX DE R{t}. »

Voici le second :

« Je t'ai vu parler à la mère Bernard. Si je ne
suis pas aimée, je ne souffrirai pas qu'une autre le
soit !

« Tu me demandes pourquoi, avec ma nature, je
me suis faite religieuse, au lieu de me marier? —
Je hais les hommes; je les ai en horreur. Viens, je
veux te voir. Ne me brave pas; tu ne connais pas
les pouvoirs d'une supérieure.

« Ne m'oblige pas à te les faire connaître.

« Ta mère qui t'embrasse et te chérit.

« ALEX DE R^t.

Parmi ces lettres « expressives », d'autres lettres
de la même écriture, mais qui ne renfermaient que
des banalités, étaient signées du nom tout entier.

Je le tairai !

Dans les meilleurs troupeaux il peut se trouver
des brebis galeuses.

La fange existe partout, et si je la remue dans
ces pages vraies, je ne crois pas pour cela que les
seuls couvents aient la spécialité de cette boue !

Néanmoins, quand je lus ces lettres je compris
pourquoi ma mère avait en même temps aban-
donné la vocation religieuse et le couvent.

Elle se retira à Toulouse, où l'archevêque
M. d'Astros, qui avait été l'ami de sa famille, lui
servit de guide et de tuteur, et mit auprès d'elle
la « sainte fille » qui devait briser sa vie !

CHAPITRE IV

Le mariage de ma mère.

Il y avait à ce moment dans la ville un jeune peintre de talent, qui cultivait aussi les langues orientales qu'il avait étudiées à Berlin. Il était peu fortuné, orphelin et de bonne race. Les meilleures familles de la ville le recevaient, et c'est dans l'une d'elles, celle du baron Le Boulleur, que ma mère le vit pour la première fois.

Charles Schœbel avait alors vingt-cinq ans, et ma mère était à peu près du même âge. Fils d'un chambellan du grand-duc de Mecklembourg-Schwerin, il avait perdu ses parents lorsqu'il était enfant. Le prince reporta sur le fils l'affection qu'il avait eue pour le père qui était à son service, et pourvut à tous les frais d'une éducation hors ligne.

Le jeune homme désirait mettre de côté la peinture pour se consacrer entièrement à la science, ayant étudié à fond les langues orientales et en particulier le sanscrit. Mais il fallait vivre d'abord ! Les travaux d'un orientaliste longs et minutieux, compris seulement par un nombre restreint de savants, ne pouvaient donner le pain quotidien. Le grand-duc était mort et Charles Schœbel devait se suffire à lui-même. Aimant passionnément le Midi et ses paysages, il avait commencé son « tour de France » par l'ancienne capitale du Languedoc.

Il était protestant ; et le nom de ses ascendants paternels qui avaient émigré au xvᵉ siècle, de Hongrie en Russie, n'était point « Schoebel » mais « Skobel ». Plus tard, s'étant naturalisé Français, il avait aussi francisé son nom. Le père de l'héroïque général russe, Michel Skobeleff, était un de ses proches parents, la syllabe finale du nom signifiant la noblesse « terrienne ».

A cette époque en 1838, l'apparence de Charles Schœbel était celle que j'ai là devant moi, en écrivant ces lignes dans trois portraits miniature, dont l'un est peint par lui-même.

Ce qui frappe d'abord ce sont les yeux. Quel regard !... Quelle puissante expression d'intelligence ! Quel rayonnement de beauté intellectuelle il y a en eux ! Et je pourrais ajouter : quelle énergie calme et profonde il y a dans le bleu d'acier de cette prunelle, qui semble jeter un défi aux misères humaines !

Le front est superbe ; c'est celui d'un penseur à la fois épris d'idéal et de vérité. Une profusion de cheveux blonds, doux et soyeux comme de la soie floche, est négligemment rejetée en arrière. La barbe et la moustache épaisses, rousses comme un épi mûr, accentuent le type froid et distingué de l'homme du Nord.

Le nez fort et légèrement busqué dénote, avec le ferme contour de la bouche, le vouloir.

De toute cette physionomie à l'ovale fin, jeune et régulier il se dégage une individualité faite de force morale, de hautes pensées et de tranquille philosophie.

Comment il vint à la pensée de l'archevêque de Toulouse d'unir le sort de Marcelle Falloux à celui de Charles Schœbel, je l'ignore. Peut-être l'espoir de faire entrer un homme de valeur dans le giron de l'Eglise catholique n'y était-il pas étranger.

Quant à la jolie fille que les dix ans passés au Sacré-Cœur avaient sevrée d'amour naturel et honnête pour un homme, elle eut peut-être le désir de connaître cet amour ; mais elle eut encore plus fortement celui de « sauver » une âme. Car pour Marcelle Falloux, toute âme qui n'était point catholique, apostolique et romaine, était une âme hérétique !

Il est difficile d'expliquer comment une intelligence ouverte et un cœur excellent pouvaient s'allier à une aveugle bigoterie, et à une étroitesse d'idées religieuses, sans cesse cantonnées dans les dogmes inscrutables.

Mais c'était ainsi !

Je n'ai jamais su d'une façon positive à quel sentiment Charles Schœbel avait obéi en abjurant le luthéranisme pour entrer dans l'Eglise de Rome. Il était jeune ; Marcelle Faloux était jolie, et possédait un charme naïf très captivant.

Ces raisons furent-elles la cause de son abjuration que l'archevêque lui fit faire ostensiblement publique?

Je l'ignore également.

Mais ce que je sais bien, c'est que Charles Schœbel ne se pardonna jamais à lui-même la faiblesse de s'être prêté à ce qu'il appelait plus tard « une comédie d'église »; et la pardonna encore moins à la femme qui en avait été le principe!

Le mariage eut lieu à la mairie et à la cathédrale de Toulouse où l'archevêque le célébra.

La « sainte » fille, que M. d'Astros avait placée auprès de sa pupille, comme demoiselle de compagnie, resta dans le nouveau ménage.

CHAPITRE V

Nine Jourvais. — Son influence sur mon père. — Les incidents d'une lecture sur Don Quichotte. — Opinion de ma
mère sur ce chef-d'œuvre.

Ah! cette fille, cette Nine Jourvais, qui a fait
couler tant de larmes! comme je la revois à travers
les années écoulées avec ses cheveux noirs luisants,
aux reflets bleutés, — et ses yeux de jettatore.
Comme elle m'apparaît, quand elle se penchait
vers mon lit d'enfant, m'embrassait avec un amour
tout vibrant du désir de la maternité; puis de sa
voix chaude comme une caresse, — avant que je
m'endorme, me chantait à mi-voix quelque ballade
provençale, où me racontait quelque légende du
Mont Ventoux.

Je n'étais qu'une enfant et je subissais son
charme fait d'esprit captivant et de profonde
instruction.

Elle m'avait vu naître, à Marseille, où mes
parents étaient alors, et depuis sept ans ne m'avait
jamais quittée.

2.

C'était elle qui m'avait appris à lire, et c'était elle aussi qui, lorsque mon père, dans les leçons qu'il me donnait, élevait un peu trop son enseignement pour mon jeune âge, le simplifiait pour moi.

J'aimais ma mère; mais j'idolâtrais Nine Jourvais — « Tatan » comme je l'appelais. Mon père, par reflet, par reconnaissance surtout, avait pour elle une profonde affection.

Quand il dérobait quelques heures à ses travaux d'orientaliste, il les passait en général à lire avec Nine Jourvais les auteurs étrangers qu'il aimait et c'était elle, le plus souvent, qui les lui lisait dans leur langue.

Elle en parlait et en écrivait cinq les connaissant à fond.

Sa préférée était l'espagnol, et je me rappelle à ce sujet un fait qui se retrace clairement à ma mémoire, car j'avais alors près de huit ans. C'était un avertissement ; mais ma mère n'y prit garde.

Selon son habitude elle était sortie, comme toutes les après-midi, pour aller à l'église ou au couvent, et m'avait laissée aux soins de Nine Jourvais. J'étais allée au fond du jardin, près des plantes exotiques, et je cueillais là de superbes branches de bruyères roses, pour en faire stupidement de petits balais. Dumas arriva comme j'étais très affairée à y mettre des manches, et gauloisement me retroussa les jupes et me donna une sincère correction.

Il était réellement en colère.

« Je t'y reprends encore », me dit-il, à ravager ces belles fleurs! Si tu continues je ne t'appellerai plus Mathilde, mais « petit balai de bruyère ».

Comme je l'aimais beaucoup et n'avais aucune peur de lui, sa correction ne me fit pas d'effet. —

A ce momet de grands éclats de rire partaient de la
« tentille ». Dumas, oubliant sa gronderie, me prit
la main en disant : « c'est ton père et la « sainte
fille » qui rient comme ça ».

Dumas, répétait avec raillerie ce surnom, que
M. d'Astros avait sans doute cru vrai, jusqu'au jour
où il connut qu'il était dans l'erreur. Nous allâmes
vers le « palmier du Sahara ».

Nine était en train de relire à mon père, en espagnol, les *Aventures de Don Quichotte*, et ce chef-
d'œuvre de Cervantès les égayait follement.

Ma mère était rentrée, et, adossée au palmier,
écoutait la lecture.

Comme la pauvre femme me l'a redit plus tard,
— en entendant mon père et la demoiselle de compagnie rire à qui mieux mieux, du passage qui
narre les effets du baume de Fier-à-bras, ma mère
ne put s'empêcher de dire :

« Faut-il être nigaud tout de même pour rire
de bêtises pareilles ! »

Mon père leva la tête et regarda sa femme, m'a
dit Dumas, avec une sorte d'impatience triste;
mais ce qui frappa le plus mon viel ami, fut le
regard de Nine Jourvais à ma mère.

« Celui-là », me disait-il, était tout un monde
de dédain et d'insultante pitié.

L'abîme était ouvert et ma pauvre mère devait
y tomber !

La « Moricaude », comme Dumas avait surnommé Nine Jourvais, était loin d'être jolie, surtout en face de ma mère qui l'était, elle !

Plus âgée de dix ans, petite et noiraude, rien
dans son extérieur n'attirait à elle, sinon ses yeux

étranges. Quelle diversité il y avait dans leur expression ! parfois d'une douceur charmeresse, et
parfois cruelle, presque sinistre et mystérieuse,
comme un gouffre noir !

Le magnétisme qui se dégageait de son regard,
l'attirance qu'il possédait, et que toute enfant je
subissais inconsciente, était la seule beauté physique de Nine Journais.

Et cette beauté avait sa valeur ! Mais, pour un
homme du caractère de mon père, elle en avait
une plus haute, plus puissante sur lui : Sa profonde intellectualité.

C'est par là qu'elle le prit ; par là qu'elle le garda,
et par là, que morte, plus tard, il la regretta toujours !

CHAPITRE VI

Les souvenirs d'enfance ont des racines vivaces.
Il semble qu'à mesure que la vie s'allonge, elles
croissent avec elle, faisant renaître sous des yeux
vieillis des choses toutes jeunes, — joies et douleurs, — longtemps passées.

A cette époque de ma vie de fillette, trois hommes dont je n'ai pas encore parlé venaient assez
souvent causer avec mon père. L'un d'eux, Claude
Bernard, qui fut un des témoins de mon premier
mariage, resta, jusqu'à sa mort arrivée en 1878,
l'admirateur et l'ami fidèle de Charles Schœbel.
Des lettres superbes d'intelligence et de hautes
pensées scientifiques ont été écrites par le célèbre
physiologiste à mon père. Cette correspondance
précieuse a plus tard été dérobée, avec bien d'autres papiers et manuscrits, devant le lit et dans la
chambre mortuaire de l'orientaliste Charles Schœbel. Je reviendrai sur ce sujet.

Quant à moi, je possède de Claude Bernard, qui a été un ami de ma jeunesse, quelques lettres fort belles, mais où des chagrins intimes, que je n'ai pas le droit de livrer à la publicité, sont relatés. Puis, des photographies, des dédicaces, et plusieurs de ses ouvrages, offerts à mon père avec quelques mots d'amitié. Voilà tout.

Mais plus loin je reparlerai de Claude Bernard, et des entretiens que j'ai eus avec lui pendant le temps qui a précédé mon mariage.

A côté de cette physionomie grave et hautaine du grand savant — une autre, sérieuse aussi, mais toute jeune et si différente! — m'apparaît : celle d'Ernest Renan.

Mon père qui connaissait beaucoup M. Dupan-loup, le futur évêque d'Orléans, avait été mis par lui, — quelques années auparavant, — en rapport avec le jeune séminariste qui a écrit plus tard la *Vie de Jésus.*

Mais au moment où mon père le connut, Ernest Renan, qui venait de quitter pour toujours le séminaire de Saint-Sulpice, ne s'occupait encore que de l'étude approfondie des langues sémitiques.

Je suppose que c'est à la conformité de leurs goûts et de leurs occupations que mon père et le célèbre philologue durent leur mutuelle sympathie l'un pour l'autre. Néanmoins, je me rappelle avec chagrin que quelques années plus tard ils eurent, à propos d'inscriptions phéniciennes, une discussion dans laquelle aucun des deux ne voulut céder, et qui amena entre eux la froideur. Heureusement, ceci ne m'empêcha ni de voir, ni d'entendre, ni d'admirer Renan.

A l'époque où, ci et là, il venait chez mes pa-

rents, je le revois, petit de taille, timide et très
doux. Il ne faisait guère attention à moi; aussi
mes souvenirs sur lui et l'influence qu'il a eue sur
mes idées ne datent point de ce temps-là.

Le troisième de ces hommes, que j'ai peu connu,
est pourtant celui qui a laissé dans ma mémoire
d'enfant la plus frappante image.

Méry! Depuis des années, mes parents étaient
liés d'amitié avec lui, l'ayant rencontré chez des
amis communs, aux environs de Marseille.

« La seconde fois que je le vis », m'a raconté
mon père, « il était accompagné d'un bon géant
que je n'eus pas de peine à reconnaître. Il me le
présenta, et c'est ainsi qu'Alexandre Dumas devint
notre ami, plusieurs années avant ta naissance. »

Pourquoi Méry, que j'ai vu seulement dans mon
enfance, m'a laissé une si durable et si vive impression, je ne saurais l'expliquer. Mais je me
souviens que lorsqu'il parlait, ou récitait quelque
poésie, souvent improvisée par lui, j'écoutais avec
la ferveur naïve que j'avais alors pour les choses
divines.

Je ne pouvais à cet âge comprendre le sens des
paroles; mais j'entendais la sonorité d'une voix
chaude, parfois l'harmonieuse langueur de quelques phrases provençales; et, l'une d'elles, après
tant d'années, murmure encore à mon oreille, le
doux « pecaïre ! » de Méry.

CHAPITRE VII

Les enseignements que me donnait ma mère.

La dernière fois que je vis ce poète charmant fut un jour de tristesse pour ma mère. Dumas qui avait assisté à la scène brève et pénible que je vais retracer, m'en a bien souvent redit les moindres détails. Il avait accompagné Méry qui, partant pour Marseille, venait dire adieu à mes parents.

Mon père se trouvait dans une petite salle du rez-de-chaussée quand les deux amis entrèrent. A quelques pas de lui, Nine Jourvais lisait à haute voix la *Divine Comédie*.

Elle en arrivait au passage où Dante décrit en vers admirables dans « La Tour de la faim » le supplice d'Ugolin rongeant le crâne de son bourreau.

J'étais assise à côté de ma mère, qui m'apprenait à tricoter. Elle avait, je crois, prêté peu d'attention jusque-là à ce poème sublime. Mais lorsqu'elle entendit cet épisode, elle se mit à dire

tranquillement : « Mon Dieu, est-il possible d'écrire
des choses aussi peu vraies qu'un homme rongeant
éternellement le crâne d'un autre homme ! Il fallait donc que ce crâne se renouvelle sans cesse ?
Est-ce assez absurde ! »

Nine Journais saisit la balle au bond, heureuse
peut-être d'humilier devant Dumas et Méry la créature simplette qui avait cru en elle.

« Oui, c'est bien absurde », répéta-t-elle mé-
chamment ; « pas plus cependant que les flammes
éternelles de l'enfer, auxquelles vous croyez. »

« Ta mère aurait dû la mettre à la porte à ce
moment-là », me disait Dumas, quand plus tard il
rappelait ces souvenirs ; « et », ajoutait-il en riant,
« je l'y aurais aidé, va ! »

Il paraît que ma mère se contenta de lui répondre : « Certainement, j'y crois. Dieu ne peut-il
pas tout — même entretenir des flammes éternelles ? »

« Certes », avait riposté Nine Journais, en ricanant, « il peut aussi inspirer à un imbécile nommé
Dante l'idée de faire ronger éternellement un crâne
à un homme mort de faim. »

Mon père, me disait encore Dumas, avait rougi,
soit qu'il eût éprouvé quelque gêne des opinions
de sa femme, ou de la colère pour la leçon moqueuse donnée devant témoins à celle qui portait
son nom. Quoi qu'il en soit, entre elle et lui,
l'abîme se creusait chaque jour un peu plus !

Dumas avait souvent essayé avec une cordiale
bonhomie de donner quelques avis à ma mère, à
propos des remarques « littéraires » qu'elle aurait
dû éviter de formuler devant Charles Schœbel.

Mais ses conseils avaient été mal reçus.

La pauvre femme n'avait aucune confiance dans ce « fils de mulâtre », comme elle appelait souvent Dumas, sans égard pour son talent d'écrivain.

Ce qu'elle voyait surtout en lui, c'était selon son expression : « un mauvais sujet avec une ribambelle de bonnes amies ».

Or, un tel homme, sur un pauvre cœur naïf et dévot, qui avait lui aussi sa ribambelle, — mais de saints, — ne pouvait guère avoir d'influence !

Il est probable que ma mère ne réalisait point la gravité d'une situation que chaque jour, et comme à plaisir, elle laissait empirer par ses remarques ou ses absences. Dans la ferveur de sa foi, touchante mais enfantine, elle se consolait de ce qu'elle croyait de petites contrariétés passagères, en allant les raconter à certaines vierges et à certains bienheureux qu'elle s'imaginait tout-puissants.

Parfois elle me prenait avec elle. J'aimais le grand silence, la fraîcheur et la quasi obscurité des chapelles latérales où ma mère, dans quelque église de son choix, retrouvait une de ses « bonne Marie », et causait avec la statue.

A demi-voix, sans souci d'être entendue par quelqu'un, elle lui narrait comme à une amie sûre, ses peines ou ses tristesses. Elle me faisait aussi prier cette « Vierge du bon secours » et dans les paroles que ma pauvre mère me dictait, se trouvait la pressante et curieuse recommandation de rendre Nine Jourvais « la même sainte fille du bon archevêque d'Astros ! »

La dernière fois que je revins au petit sanctuaire le manteau constellé d'étoiles qui ornait la madone avait été badigeonné de jaune, sans doute pour le repeindre à neuf. Je me souviens que ma mère en fut bouleversée.

Tout le long du chemin en revenant à la maison elle ne cessait de répéter : « c'est indigne ; on a changé ma bonne Marie ».

Elle ne retourna plus à cette chapelle, et trouva dans une autre, à Saint-Sulpice, une Vierge toute blanche, — en plâtre ou en marbre, — je ne sais ; sans manteau, sans peinture, mais avec sept glaives dans le cœur.

Devant cette statue, bien des années après je l'ai souvent vue pleurer, pauvre chère femme ! C'est pourquoi, sans partager sa crédulité, cette effigie de « Notre-Dame des sept douleurs » m'a toujours émue.

CHAPITRE VIII

L'abîme se creuse entre ma mère et lui.

Pendant que ma mère donnait presque tout son
temps aux églises et aux couvents, mon père donnait le sien à la science.

Il avait eu, je le sais, l'espoir de faire de sa
femme la compagne intellectuelle qu'un tel esprit
devait désirer, et il l'avait essayé. Il devait échouer.

Certes ma mère ne manquait ni d'intelligence
ni d'esprit naturels.

Seulement l'une et l'autre s'étaient fourvoyés
dans les longues oraisons de ses dix années de
couvent, dans les adorations mystiques, non pour
l'éternelle beauté du juif crucifié, mais pour le
« cœur » que des statues peintes montrent, san-
glant, dans sa poitrine ouverte. Et c'était à ce
« viscère », avec ses gouttelettes pourpres, qu'allait
l'idolâtrie de sa foi irraisonnée !

De même la mère de Jésus était pour elle, non
une seule Vierge Marie, mais les différentes vierges
de plusieurs sanctuaires.

Peu à peu, mon père, lassé d'efforts inutiles, avait renoncé à sauver l'esprit de sa compagne de l'enlisement final dans une bigoterie sans fond.

Chose bizarre ! le cœur de ma mère était un diamant pur, que toute son éducation biscornue n'avait pu entamer.

Ses élans de dévouement, d'affection et de sacrifice devaient plus tard, dans les cruelles épreuves de sa vie, toucher de bien près au sublime ; mais ses facultés morales devaient à jamais rester aveugles aux clartés lumineuses du raisonnement et du progrès scientifique.

Elle avait entassé dans sa chambre à coucher tout un mélange de littérature enfantine et idiote tel que : « Victor, ou l'enfant de la forêt ; les mémoires d'un pauvre chercheur de pain, par un frère ignorantin, et l'histoire des miracles nouvellement fabriqués. »

Quand elle revenait de ses tournées quotidiennes aux églises et aux couvents, elle passait là plusieurs heures à se délecter dans la lecture de ces récits. Comme elle me le disait simplement, bien des années après :

« Que veux-tu, ma pauvre fille, j'y ai toujours trouvé l'apaisement et la consolation. »

En me remémorant ces paroles dites avec un sérieux triste et digne, je n'ai plus le courage de railler ces croyances naïves !

Naïves et absurdes, oui, mais qui puisaient leur force dans une âme très pure, très peu chercheuse, crédule et très méridionale. Une âme qui traversa sans faiblir, — gaiement parfois, — de longues douleurs, et un jour accueillit souriante la mort, — conductrice au paradis de sa foi !

CHAPITRE IX

Les leçons de mon père.

Quels souvenirs exquis j'ai, vers cette époque, des leçons et des enseignements que mon père me donnait. Il me semble, à présent, démêler dans la hâte qu'il mettait à m'instruire, comme l'indéfinissable pressentiment d'une séparation prochaine !

Lui et « Tatan » ne me quittaient presque plus, m'enveloppaient d'une tendresse grave et douce.

Je voyais à peine ma mère, absente toutes les après-midi ; et, mon père s'était fermement opposé à ce qu'elle m'emmène désormais dans les églises et les couvents.

D'abord les longues stations que déjà j'étais accoutumée à faire devant des vierges, des saints, des autels, des images me manquèrent comme une sorte d'amusement religieux.

En enfant, je m'étais intéressée au décor, au clinquant, à la pompe du culte catholique, et je regrettais cette distraction..

Mon père m'en donna une autre.

Dans les beaux soirs d'été où les astres scintillent au firmament, il m'apprit à connaître les étoiles et laissa ma petite intelligence chercher le bon Dieu dans l'Infini.

Dumas qui devait, avec sa nature complexe, de bien et de mal, me dire un jour, en 1867, cette opinion cynique : « que la femme n'est créée que pour *faire* l'amour » — trouvait en attendant, qu'une fillette n'a rien à faire avec les étoiles ; que mon père me donnait des leçons trop sérieuses ; et, pour me distraire, à sa façon, il m'avait apporté une nichée de pierrots. Si j'en parle, c'est que l'un d'eux, « gros papa », a joué son rôle dans ma vie.

J'aime à m'attarder à cette période de mon enfance, parce que c'est la seule où j'ai vraiment été heureuse.

La catastrophe — car c'en fut une ! — de laquelle ma destinée tout entière allait dépendre était proche, et c'est pourquoi dans ces pages où je la raconte, je m'accroche une dernière fois à mes chers souvenirs.

CHAPITRE X

Ernest Renan. — Ses descriptions de la Galilée et l'impression qu'elles me faisaient.

Quoique je fusse trop jeune pour comprendre les entretiens de mon père avec Renan et Claude Bernard, j'avais parfois le privilège d'y assister.

Tranquille et grave je me dissimulais dans un coin. Ma double nature, — celle qui était sérieuse et déjà mystique, — me faisait écouter avec bonheur ce qui eût fait bâiller d'ennui bien des fillettes de mon âge.

Oh ! les belles choses que disait Renan, quand il évoquait son Orient lumineux et son Jésus, au bord de la mer de Galilée.

Le savant qui naissait déjà dans ce Breton de Tréguier, se changeait en poète pour décrire la beauté suave du Nazaréen aux cheveux roux.

Sa parole simple, mais colorée, faisait revivre et mouvoir la pure image du Christ, dans le pays plein de charme où il avait grandi.

Ces descriptions-là, je les comprenais, et j'en étais dans le ravissement.

Mon imagination de petite fille me faisait voir les jolies scènes que Renan esquissait, peut-être avec l'intention de les peindre plus tard dans sa « Vie de Jésus ».

Combien je regrettais que ce temps fût si loin, où de simples pêcheurs causaient familièrement avec l'ami, qui leur parlait du « Père » qui est au ciel.

Que n'aurais-je pas donné pour avoir été un tout petit disciple, si petit et si humble que Jésus m'eût tendu la main pour m'aider à marcher.

Longtemps l'exaltation enfantine que les paroles de Renan (qui ne s'en doutait guère alors) avaient produites en moi me resta. Je me souviens que durant plusieurs années, prise d'un désir de sacrifice et d'immolation pieuse, que Dumas eût qualifié de son expression favorite « bébête », je me tenais des heures entières les bras en croix !

Voilà certes un résultat que Renan n'avait pas prévu, et qui fit sourire ce doux sceptique, quand je le lui avouai en 1862 !

Avant d'aller se reposer mon père avait l'habitude de venir chaque soir passer quelques moments auprès de ma couchette. Je l'attendais, et c'était rare que je m'endorme auparavant. Son affection, très profonde pour moi, était néanmoins peu démonstrative. Il ne m'embrassait pas souvent et se contentait à l'ordinaire de me donner une petite tape amicale sur la joue. Mais depuis quelque temps il avait changé. Avant de me quitter pour retourner dans sa chambre il prenait ma tête

entre ses mains et longuement, sans rien dire,
enfouissait son visage dans la masse épaisse de
mes cheveux. Puis sans émotion apparente, quoique d'une voix triste que je me rappelle à présent,
il me disait : « Bonsoir ma fille, repose bien », —
Je répondais : « Bonsoir Papiche, à demain. »

Ce nom de « Papiche » que j'avais inventé me
semblait beaucoup plus joli que « papa », et gaiement je le disais à tout propos.

Depuis, je me le suis répété bien souvent à moi-
même, ce mot-là, avec des larmes plein les yeux!

J'aimais étudier mes leçons dans le cabinet de
travail de mon père. Il régnait là un calme, une
atmosphère reposante qui disposaient à l'étude,
même une petite âme en formation, comme était
encore la mienne. Quand je relevais la tête, je
voyais la main fine de mon père couvrir de caractères bizarres des pages blanches étalées devant
lui. Cela ressemblait à de petits bonshommes courant de droite à gauche, qu'il réunissait sous une
ligne horizontale,

C'était du sanscrit.

Presque toujours Nine Journais était là, lisant
quelque ouvrage sérieux, et de temps en temps
échangeait avec mon père des remarques sur des
questions scientifiques.

Elle se levait, venait à moi, m'embrassait en
disant : « Tu as assez travaillé ma chère aimée. Je
vais te raconter quelque belle légende. »

Et mon père, charmé par la voix musicale et les
grands yeux de « Tatan », oubliait un moment ses
petits bonhommes, pour l'écouter, lui aussi.

CHAPITRE XI

Le choix et l'arrêt de mon père. — Tendresse et pitié
de Dumas pour mon enfance.

Il y avait plus d'un mois que ma pauvre mère
ne parlait plus à la « sainte fille » que M. d'Astros
lui avait donnée.

Les coups d'épingles s'étaient changés en coups
de poignard, et, comme je l'appris par la suite, ma
mère avait mis son mari en demeure de choisir
entre elle et la dame de compagnie.

La réponse de mon père avait été claire et tran-
chante comme une lame d'acier :

« Vous êtes libre de rester ou de partir. Mais
Nine Jourvais qui a servi de vraie mère à ma fille
restera. »

J'ignore si Charles Schœbel a jamais regretté ces
paroles. Il était un stoïque. Derrière ce masque il
cacha ses douleurs, et peut-être aussi son expia-
tion !

A présent, la crise finale approchait rapidement.

Aucun de ceux qui venaient à la maison ne la soup-
çonnait, sauf Dumas peut-être! Il me témoignait
un redoublement d'affection, très sincère et très
touchant dans un homme tellement habitué à gas-
piller son cœur dans des amours de papillon. En
me remémorant ces souvenirs d'enfance, je lui
pardonne les mauvais conseils qu'il a donnés à ma
jeunesse, et qui ont été bien près de la faire tré-
bucher, si le dégoût n'avait chassé la tentation!

Ces conseils étaient dans sa nature, — bigarrée
de beau et de laid, — surtout d'insouciance ani-
male.

Et il la mettait à nu, quand il me disait tranquillement au boulevard Malesherbes, en 1867 :
« Mon bon enfant, le vrai but de la création, c'est
l'accouplement. »

Mais alors, — à cette époque où il venait à la
rue Notre-Dame-des-Champs, Dumas me tenait un
autre langage. Tout ce qu'il y avait de bon dans son
cœur s'émouvait de pitié devant l'enfant dont le
sort allait être l'enjeu d'une lutte!

Il m'asseyait sur ses genoux, me laissait four-
rager sa toison crépue; même ne me grondait plus
de mes massacres de fleurs, s'en laissait coiffer,
couronner, enguirlander, répétant seulement à plusieurs reprises : « Pauvre petite Bruyère! Pauvre
petite Bruyère! »

CHAPITRE XII

Bientôt, cependant, le drame intime devint public. Ma mère s'adressa aux tribunaux pour obtenir sa séparation d'avec mon père,

Que pouvait-elle dire, hélas ! sinon qu'une étrangère installée au domicile conjugal lui était préférée. Plus que jamais, pendant que le procès se déroulait, ma mère désertait la maison et allait aux églises et aux couvents.

C'est surtout au Sacré-Cœur de la rue de Varennes qu'elle passait son temps. Elle était fort liée avec la mère Barra, supérieure générale de l'Ordre, et avec sa secrétaire la mère Adèle Cahier.

Ces deux religieuses étaient des femmes d'un esprit supérieur.

Naturellement, dans leur foi, Dieu était pour elles le mobile, le but et le seul arbitre de tout.

Ma mère leur avait confié qu'elle allait se séparer; et voici à ce sujet la lettre fort belle que Mᵐᵉ Cahier lui adressa et que je copie :

« Paris, 15 octobre 1850.

« Bien chère Madame et amie,

« L'affection et l'intérêt si vrais que je vous ai voués font que j'ai hâte de vous soumettre le sentiment de notre mère sur l'affaire que vous m'avez confiée.

« Comme moi, elle a pris une part bien vive à votre affliction ; elle doit être profonde, nous le sentons, et nous serions heureuses s'il nous était donné de l'adoucir.

« Du moins, vous serez bien aise de recevoir le conseil que dicte l'expérience et les lumières de Mᵐᵉ Barra qui vous sont connues, et elles s'accordent entièrement avec le sentiment que je vous ai émis hier.

« Je regrette pour vous, je dois vous l'avouer, que vous ayez provoqué ou prononcé le mot de séparation ; il n'appartient qu'à Dieu de séparer ce qu'il a uni, et le devoir d'une épouse chrétienne est de rester à la place que lui assigne cette alliance, si elles n'en sont tout à fait chassées.

« J'en connais qui, jeunes, malheureuses, abandonnées, suivent pourtant celui auquel elles ont juré fidélité et condamnent ainsi par leur conduite celle de l'auteur de leur affliction. Et l'exemple héroïque que nous avons eu de nos jours n'a-t-il pas été bien éloquent ! Se retirer, au contraire, c'est donner prise à la calomnie, et souvent faire triompher ceux qui ont cherché à séduire un époux afin de se venger peut-être.

« Mon sentiment serait tel s'il s'agissait d'un mari coupable ; et j'aime à croire que la personne dont vous me parliez et qui cause votre chagrin n'est que faible et malheureuse.

« M. Schœbel est bon, il a des sentiments élevés de religion, et son grand esprit plane dans la science. Vous le ramènerez par des témoignages d'affection, par votre dévouement et les preuves de votre tendresse, par la douceur et la résignation. Et lors même que vous n'y réussiriez pas, oh ! bien chère Madame et amie, est-ce que Dieu ne voit pas votre douleur, est-ce qu'il ne compte pas vos larmes, vos soupirs, vos efforts ? Est-ce que, surtout, il ne vous montre pas dans ce moment ce que peut à la dernière heure le témoignage d'une vie pure et innocente, afin de vous rappeler que la vie est courte, que cette terre n'est qu'un exil et que lui seul est le véritable ami.

« Peut-être ce cœur qu'il a fait si sensible, il le voulait tout à lui ; vous le pensez parfois et il ne m'appartient pas de prononcer ; mais dans tout état de cause, s'il a quelque restriction à déplorer envers un Dieu si bon, n'est-il pas juste qu'il l'expie et recouvre ainsi les grâces qu'il a pu perdre. Je vous en conjure donc, bien chère Madame et amie, cherchez dans la prière les forces dont vous avez besoin et vous ne tarderez pas de trouver, je l'espère, dans la fidélité à vos devoirs quelque pénibles que vous les rendent les circonstances, la paix et le calme, qui font supporter les croix les plus pesantes.

« Je n'ai plus que le temps de vous assurer de nos sentiments les plus affectionnés ; je prie Dieu de vous consoler et de vous soutenir et je suis bien sincèrement,

« Votre dévouée amie,

« Adèle Cahier R. du S.-C. »

Ma mère avec son tempérament méridional avait besoin surtout à ce moment d'exhaler ses peines à n'importe qui et elle avait cette fois, par un singulier revirement, choisi Dumas. Elle lui montra cette lettre et j'ignore ce qu'il répondit. Mais, quand il m'en parla, bien des années après, il me disait en s'esclaffant de rire : « Les phrases nageaient dans l'eau bénite et je vois d'ici l'époux, suivi contre son gré, par l'épouse qui lui a juré fidélité.

« Pauvre bougre, c'est ça qui devait l'embêter! »

CHAPITRE XIII

Mon père songe à m'enlever et à partir pour Dresde.

Parfóis le soir quand j'étais couchée, mais non
endormie, j'entendais mon père, dans une chambre
à côté, parler longuement avec Nine Jourvais. Sans
cesse le nom de Dresde revenait dans leur conversation que je ne pouvais suivre.

Mon père travaillait à quelque ouvrage important et restait tard à écrire dans la nuit, pendant
que « Tatan » s'occupait à ranger toutes sortes de
choses dans des malles. Cela durait depuis deux ou
trois nuits, et j'eus la curiosité d'aller doucement
regarder par la porte entrebaillée.

Je vis Nine Jourvais plier soigneusement mes
effets, des robes, des manteaux et du linge et mettre
le tout dans un coffre qu'elle ferma.

Je revins me coucher, et je ne puis expliquer
pourquoi ce que j'avais vu m'empêcha de dormir.

Le lendemain étant à m'amuser sous la « tentille » du petit palmier, je vis ma mère venir à

moi. Il y avait plusieurs jours que je l'avais à peine entrevue, et sa grande pâleur me frappa.

Depuis qu'elle avait demandé sa séparation, elle se tenait isolée dans sa chambre ou sortait comme à l'ordinaire, mais rentrait beaucoup plus tard.

Pourtant je sentais son amour de mère autour de moi en trouvant chaque matin quelque nouvel objet, animal, livre ou joujou sur le pied de mon lit.

Elle devait l'y déposer furtivement, car je ne la voyais ni ne l'entendais.

« Te voilà donc mère Miron », lui dis-je, comme elle arrivait près du petit arbre.

Je lui avais donné ce surnom de « Miron » par le même enfantillage qui me faisait appeler mon père Papiche.

Pour toute réponse elle me serra dans ses bras et je sentis de petites gouttes chaudes mouiller mes cheveux.

« Mère Miron », repris-je au bout d'un instant, « sais-tu pourquoi Tatan renferme toutes mes robes dans un coffre? »

Ma mère répéta : « Dans un coffre? »

« Oui, dans un coffre », et je me mis à lui raconter ce que j'avais vu, et ce nom de Dresde qui revenait sans cesse. Elle murmura seulement un « Ah! » mais si plaintif, si désespéré que je n'ai jamais oublié son intonation. Plus pâle et très vite ma mère me dit : « J'ai une nouvelle cage pour « Gros Papa »; viens la chercher ici, dans une heure. »

Et brusquement elle me quitta. Je fus tout interloquée de l'air singulier de ma mère, et n'ayant plus envie de m'amuser, je montai dans ma chambrette.

CHAPITRE XIV

Avant la fuite. — Charles Schœbel. — Mes derniers jours
d'enfance avec mon père.

Les souvenirs lointains que je raconte ici sont
présents à ma mémoire, comme s'ils dataient d'hier
et mon émotion est profonde en les évoquant !

Sans savoir pourquoi, je me mis à regarder et à
toucher les objets et les meubles qui étaient dans
le cabinet où je couchais.

Le petit bureau sur lequel je recopiais mes leçons était encombré de livres, de cahiers et de
feuilles détachées. Sur l'une d'elles, mon père avait
tracé de sa belle et claire écriture ces mots : « Un
bon point à ma chère fillette qui a si bien récité la
leçon d'histoire et fait plaisir à « Papiche ».

Je pris le papier et le mis dans la poche de ma
robe.

Dans un coin, sur une table, l'exquise miniature
d'un fin visage, jeune et sérieux, se détachait d'un
cadre noir — pourquoi noir ? — à pied d'argent.

Les yeux sévères, et pourtant doux, semblaient suivre tous mes mouvements avec une tendresse grave.

Je pris le portrait, qui était celui de mon père et, toujours sans savoir pourquoi, je le mis dans ma poche. Quoique petit, je ne pouvais le faire entrer et je me souviens que je déchirai ma robe pour y parvenir. Puis, toujours machinalement comme poussée par un désir de graver dans ma mémoire l'image des choses qui étaient là, j'ouvris des tiroirs et j'en étalai le contenu sur la table.

Dans une boîte de carton se trouvaient de minuscules petits bonshommes en papier que j'avais découpés avec de grands ciseaux.

Malgré le sérieux de son esprit, mon père s'était beaucoup amusé à me les voir faire, si petits, si petits, qu'il les prenait délicatement à la pointe de son canif pour les ramasser.

C'était le soir à la veillée, près de son bureau sous l'ombre douce de sa lampe et pendant qu'il travaillait que, gravement, je fabriquais mes découpages. De temps en temps il levait la tête, me regardait, passait la main sur mes cheveux et cessant un moment d'écrire, me donnait quelque belle leçon improvisée.

Le plus souvent il me parlait des phénomènes de l'univers, parce qu'il avait compris que ma nature d'enfant était curieuse, déjà, de tous ces beaux mystères de l'Infini. Oh! les grandes choses qu'il me disait alors, et si simples pourtant, que cette « Toute-Puissance » que nous appelons Dieu, me semblait visible et à mes côtés.

Je regardai la boîte et je vis qu'il avait écrit sur le couvercle une date et mon nom.

Tour à tour j'inspectai chaque objet dans ma chambre. Le papier sur les murs m'intéressa pour la première fois et me fit rire. Ma pauvre mère l'avait rapporté de Montpellier dans une immense et vieille malle, toute raccommodée de morceaux de cuir, qu'il me semble voir encore.

Un jour la couleur du papier de ma chambrette lui avait paru trop sombre et elle s'était souvenue des rouleaux qui pendant près d'un an étaient restés au fond du coffre ancien.

Ce papier-là n'était pas triste, mais qu'il était drôle et bien du Midi! Il représentait dans des bosquets fleuris à outrance, un vieux et une vieille dans des costumes rococos, et ces bonnes gens se souriaient tendrement et avaient l'air heureux. Çà et là un tilleul était planté, et ainsi de suite les images recommençaient.

Peut-être représentaient-elles Philémon et Baucis; mais à ce moment j'ignorais leurs noms et leur histoire.

Toujours est-il que les dessins m'intéressèrent, et je détachai l'un d'eux qui tenait mal au mur, dans un coin.

Je ne pouvais plus rien mettre dans ma poche et je fourrai les deux époux sous le corsage de ma robe. Cette pauvre relique, je l'ai encore, et comme elle me parle à présent!

Je ne puis démêler le singulier pressentiment, dans un âge si jeune, qui me fit alors rassembler toutes ces choses. Mais c'en était bien un.

Je me souviens, — et j'ai pour cela de bonnes raisons, — que la pluie commença à tomber comme j'étais dans ma chambre. Tout devint si lugubre et si noir, qu'imprégnée par cette tristesse du dehors, je mis la tête sur mon lit, avec une grande envie de pleurer.

Assise sur une chaise, ma vieille poupée que je préférais aux plus belles neuves, me regardait placidement de ses gros yeux d'émail. Je fus prise d'un besoin de tendresse, et je la mis contre mon visage, sur le lit.

L'heure était depuis longtemps passée et ma mère n'arrivait pas avec la cage promise.

Pourquoi donc ne venait-elle pas? Je songeai à « Gros papa », le beau moineau qui semblait le chef de toute la nichée que m'avait apporté Dumas.

Comme il devait s'ennuyer dans sa petite cage et, pour se distraire, battre ses frères et sœurs!

Car « Gros papa », malgré sa beauté, était méchant et querelleur.

Néanmoins, comme j'aimais beaucoup les bêtes, j'avais pitié de lui quand, ses pauvres ailes éployées. il se butait contre les fils de fer de sa prison. L'idée me vint de le mettre en liberté. Mais le soir allait bientôt arriver, et je réfléchis qu'il tomberait à terre dans l'obscurité et que les chats le mangeraient.

J'en étais là de mes réflexions quand mon père entra. Il était en habit allant à un dîner suivi de réception au ministère de l'Instruction publique. Instinctivement je me jetai dans ses bras en lui disant : « Père, emmène-moi avec toi. »

J'ai peine à comprendre comment après tant d'années, chaque détail de ces moments-là est si clairement présent à ma mémoire. Sans doute parce qu'ils ont été le point de départ d'un complet changement dans ma vie d'enfant.

« Non, pas ce soir », répondit doucement mon père, « mais demain fillette tu viendras à Dresde avec moi. »

Et comme stupéfaite je le regardais sans rien dire il s'assit et m'attira à lui. Je revois sa physionomie; elle était grave et triste.

« Oui », répéta-t-il, « à Dresde. Il y a des choses, ma petite, que tu ne peux comprendre encore; mais ceci tu le comprendras », dit-il tendrement. « Papiche » veut que sa fille soit *très* instruite; qu'elle connaisse beaucoup de langues, qu'elle étudie la peinture, — et la musique plus tard si elle l'aime, — et, pour arriver à tout ça, papiche va se séparer pendant un temps de son enfant chérie. Tu seras chez un ami et sa femme qui, tous deux, sont de bien grands professeurs, et dans quelques années il y aura un père qui sera très fier de sa fille. »

Alors pendant près d'une heure, sans que je l'interrompe, saisie que j'étais par cette brusque nouvelle, mon père me dit de belles et hautes choses qu'il simplifiait pour que ma jeune intelligence y atteigne.

Tour à tour il fut caressant comme la maternité et sérieux comme le devoir. Il semblait qu'il voulût accumuler dans mon âme enfantine une réserve de conseils et de recommandations pour toute une vie!

A la fin, je l'interrompis, anxieuse.

« Et mère miron? » demandai-je.

Le regard de Charles Schœbel devint dur, mais il ne répondit pas à ma question. Il prit ma tête entre ses mains, me donna un long baiser sur les cheveux et me dit : « Couche-toi de bonne heure et repose bien, ma fille, car demain matin nous partirons à l'aube. « Tatan » est sortie, mais elle reviendra à neuf heures et passera la nuit près de toi. »

Il fit un pas vers la porte, et revint encore à moi, comme s'il ne !pouvait se décider à me quitter ! Puis, brusquement, sans un mot, il sortit.

CHAPITRE XV

Adieu le joli « home » familial. — Les préludes
d'une fuite.

La pluie tombait toujours et la nuit était venue.
Je me rappelle qu'il était pourtant à peine cinq
heures. Mais on touchait à novembre, — le mois
noir, — et tout en vérité l'était dans la nature qui
semblait pleurer.

La voix de ma vieille bonne Elisa, seule en bas
à garder la maison et qui, très dévote, récitait son
chapelet tous les jours, m'arrivait dans un murmure monotone de psalmodie.

Depuis un moment je ne l'entendais plus, quand
tout à coup et très vite la porte de ma chambre
s'ouvrit et je vis ma mère accompagnée de la
vieille bonne. Toutes deux avaient l'air très émues
et je me souviens qu'Elisa pleurait.

« Viens vite, ma fille », me dit ma mère. Et
elle me prit par la main, m'entraînant en bas.

Stupéfaite, j'interrogeai : « Où allons-nous, mère miron ? »

Elle avait l'air égaré et ne répondait pas. Sa pauvre main qui serrait la mienne tremblait nerveusement tandis qu'Elisa nous suivait en sanglotant et répétant sans cesse :

« Oh! Madame! Madame! » De nouveau j'interrogeai à tort et à travers : « Où allons-nous? Où est la cage que tu m'as promise? Où est Tatan? »

Aucune réponse à toutes ces questions, mais un redoublement de vitesse vers la porte de la rue, en traversant le jardin.

J'étais nu-tête, et la robe que je portais, — il m'est aisé de m'en souvenir, ma mère l'ayant gardée jusqu'à sa mort, — était en laine rouge. La pluie ruisselait sur mes cheveux et les collait à ma figure et à mon dos.

Arrivées à la rue, je vis un fiacre qui stationnait à quelque distance, et ma mère se dirigea vers la voiture, me tenant une main, tandis que la pauvre vieille servante, pleurant toujours, me prenait l'autre. Elle portait un objet carré, enveloppé d'un mouchoir et duquel, par moments, s'échappait de petits cris.

Une frayeur inexplicable s'empara de moi, et de nouveau je balbutiai tout en larmes : « Non, non, je ne veux pas aller dans l'obscurité. »

Mais ma mère ne répondit pas davantage, ouvrit précipitamment la portière du fiacre et me poussa dedans.

Au même instant un petit animal qu'on voyait à peine, mais qu'on devinait être un chien, sauta brusquement dans la voiture et se blottit au fond. Elisa se pencha vers moi, m'étreignit avec une ten-

dresse maternelle et me dit ces bizarres paroles
que je n'ai jamais oubliées : « Ne pleure donc pas,
ma petite fille ! Tu n'auras plus de vilaines leçons
à étudier et tu vas t'amuser et courir. »

Ah ! oui, la petite fille devait courir !

Rapidement, ma mère lui dit quelques mots à
voix basse, auxquels la vieille bonne répondit :
« Ne craignez rien. » Elle mit le petit objet dont
j'ai parlé sur un coussin; puis les deux femmes
s'embrassèrent et ma mère monta dans la voiture
qui partit au galop.

CHAPITRE XVI

Mon enlèvement par ma mère. — L'arrivée au Couvent de
Picpus. — L'attente à la porte. — Ma première nuit dans
le lit-cercueil. — Le départ pour la Belgique.

Oh! ces souvenirs douloureux, comme il me
semble les vivre encore, en les écrivant, après tant
d'années!

Ma mère, ramassée dans un coin de la voiture
ne cessait de pleurer en murmurant des phrases
incompréhensibles.

De temps en temps, elle me serrait contre elle,
mais ne répondait rien à mes questions. J'étais
ahurie de la soudaineté de ce qui m'arrivait, et mon
cœur d'enfant débordait de tristesse de me sentir
prise ainsi aux deux êtres que j'adorais : mon père
et Nine Jourvais.

J'en voulais à ma mère de m'enlever à eux; et
dans ce moment je n'éprouvais pour la pauvre
femme qu'un sentiment d'éloignement et presque
d'aversion.

Cette course lugubre dans la pluie et l'obscurité durait depuis deux heures, quand la voiture s'arrêta devant un grand bâtiment qui ressemblait à une prison.

Ma mère paya le cocher, prit le petit objet carré dont j'ai parlé, et me tenant la main se dirigea vers un grand portail.

Trois coups de cloche qui résonnèrent lugubrement en moi comme le glas de toutes mes joies mortes, restèrent sans réponse.

Ma mère attendit un plus long moment, puis, frissonnante sous la pluie qui l'inondait ainsi que moi, elle tira violemment la sonnette.

Cette fois un guichet s'ouvrit dans la porte, et quelque chose de macabre s'encadra dedans, éclairé de dos par une faible lumière. Je vis du noir, du blanc et deux points qui luisaient au milieu, avec des reflets de lanterne qui jouaient à cache-cache sur le tout.

Ça grimaçait et ça parlait d'une voix éteinte.

« Qui êtes-vous? et que voulez-vous si tard? »

Si tard! Il ne devait guère être plus de sept heures; mais, sans doute, dans cette maison silencieuse, la nuit se confondait avec le jour!

« Ouvrez, je vous en supplie », répondit ma mère tout oppressée. « Je suis une amie, je veux voir la mère supérieure. »

Mais la porte restait close et la pluie sans merci, coulait tranquillement sur nous.

Impassible, — comme venant d'un monde inconnu, la voix murmura : « Je vais demander à notre mère... », et sans achever la phrase le guichet se referma.

Une borne était à côté de l'entrée; ma mère s'y

assit et me prit sur ses genoux. Elle tenait mes
deux mains appuyées sur ses lèvres, et je les sentais tour à tour inondées d'eau froide et de larmes
brûlantes. Un petit être se frôlait contre nous, mais
dans l'obscurité son espèce était invisible.

Un temps qui me parut bien long s'écoula; de
nouveau le guichet s'entr'ouvrit et la voix bizarre
susurra :

« Notre mère consent à vous recevoir. On va
vous ouvrir. »

Un autre temps d'arrêt; puis avec des grincements de serrures qui semblaient la mauvaise
humeur d'une porte verrouillée, celle-ci s'ouvrit
enfin! et nous entrâmes.

Un silence de tombe régnait dans cette maison.
Le seul bruit perceptible était le glissement sur les
dalles de la petite ombre falote qui nous précédait
avec sa lanterne dans un corridor. On aurait dit
un automate monté sur des roues invisibles. Je me
souviens que cette allure spectrale frappa tellement
mon imagination d'enfant que tout bas je demandai
à ma mère :

« Est ce qu'elle est vivante, mère Miron ? »

« Chut », fit-elle.

Une salle immense était au bout du corridor. La
religieuse, — car c'en était une — nous y introduisit; et comme elle posait sa lanterne sur une
haute cheminée, j'aperçus en plein son visage.

En écrivant ces lignes, je le revois devant moi.
Qu'il était singulier et douloureux ce visage qui,
vu de la rue, m'avait fait peur.

Tout couturé, tout crevassé, tout bossué, tout
ravagé, — avec rien de vivant que deux yeux
craintifs de chien soumis. Ces yeux, elle les fixa

sur moi, et il y avait beaucoup de douceur et comme une pitié dans ce regard.

« Notre mère va venir », — dit-elle de sa voix éteinte. Et elle sortit.

Peut-être la supérieure était elle en prières ou occupée, car beaucoup de temps se passa avant qu'elle ne vînt.

L'attitude de ma mère était singulière. Elle se promenait de long en large dans le grand parloir austère ; regardait les portes, les issues ; faisait jouer les serrures et marmottait sans cesse à mi-voix, dans une sorte de fièvre incohérente.

La supérieure entra. C'était une femme déjà âgée, avec une figure grave et impassible. Chaque détail de la scène que je retrace est gravé dans ma mémoire, et, s'il ne l'était pas, ma mère a si souvent revécu avec moi, ses souvenirs, que je les retrouverais présents ici.

En voyant la religieuse elle s'élança impétueusement à sa rencontre, et sans lui donner le temps de prononcér un mot, dans l'affolement et le chaos de son esprit bouleversé, lui cria :

« Ma mère, ma mère, protégez-moi ! Trois cents soldats sont à ma poursuite. Ils vont cerner le couvent et m'arracher ma fille ! J'ai entendu dire qu'il y avait ici des souterrains ; c'est là que je dois me cacher. Je ne veux pas de chambre, je n'y serai pas en sureté. »

Immobile, — sans doute ahurie, — la religieuse restait auprès d'une porte sans dire une parole.

Je m'étais retirée dans un coin de la pièce, tout contre la muraille, avec un désir inconscient de m'y enfoncer. Je tenais à la main la vieille poupée,

qu'en sortant de ma chambrette, j'avais machinalement emportée avec moi. Sa peau, vieille et flas-
que, laissait échapper par une des jambes qui
traînait à terre, le son dont elle était remplie.

Tout près, sur une chaise, se trouvait le petit
objet carré dont j'ai parlé, et qui n'était autre que
le moineau, dans la cage promise. Il s'en échappait
de petits pépiements que j'avais reconnus et
auxquels, tout bas, je répondais : « Tais-toi, Gros
papa. »

La supérieure quitta la salle sans rien dire et
sans que ma mère parût s'en apercevoir. Elle continuait à parler, en proie à quelque aberration douloureuse et passagère.

Ce couvent était celui des Dames blanches de
Picpus ; et cette religieuse qui, sous son masque
froid, avait une âme compatissante, s'appelait la
mère Alidieu.

Elle revint au bout d'un moment, avec l'étrange
sœur converse qui nous avait introduites. En les
voyant, ma pauvre mère se mit à divaguer de nouveau, mélangeant les souterrains, les trois cents
soldats, la reine Marie-Antoinette et les trois oncles
guillotinés dans un galimatias inextricable.

« Mais, elle déraisonne cette femme », disait la
religieuse. « Que veut-elle ? Qui est-elle ? Et cette
enfant et ce chien ? »

La mère Alidieu venait juste d'apercevoir la
petite bête accroupie et crottée, qui se dissimulait
humblement près de ma mère.

« Non, non, je ne déraisonne pas », disait la
pauvre femme, — « mais je suis bien malheureuse. »

Et la voilà qui, s'exaltant, racontait à la supérieure ébahie une histoire embrouillée et navrante, où il était question d'une « sainte fille » d'une amie trompeuse et d'un grand savant qui était, pourtant, ajoutait-elle, « un bien grand nigaud » !

La mère Alidieu avait fini par comprendre que ces divagations étaient le résultat de quelque douleur soudaine et très cruelle.

« Nous causerons demain ; allez-vous reposer », disait-elle doucement. « Notre sœur va vous conduire. » Et la sœur aux allures de gnome nous conduisait, en effet, à travers un dédale de couloirs et d'escaliers jusqu'à une chambre très haut perchée. Je ne vis que deux choses en y entrant : un lit très étroit et très long dont la couverture semblait noire. A côté, une table sur laquelle une bougie allumée donnait l'impression d'une veillée mortuaire auprès d'un cercueil !

C'est dans ce lit-cercueil que je passai la première nuit de ma nouvelle existence, pendant que ma mère délirant me pressait sur son cœur, et que moi, désespérée, j'appelais : Papiche !

Le lendemain matin, la supérieure des Dames blanches de Picpus essaya doucement de persuader à ma mère de retourner au foyer conjugal. Elle lui fit entrevoir les dangers et les épreuves qui suivraient sa fuite ; mais rien ne put la convaincre ; et trois jours après, ma mère n'ayant que des ressources très minimes prenait avec moi le train de minuit pour Bruxelles.

CHAPITRE XVII

L'arrivée à Bruxelles. — La nouvelle vie. — La pauvreté. — Le travail et le courage de ma mère. — La distribution des prix chez les Dames de Marie. — La princesse Charlotte de Belgique à l'âge de 12 ans. — Les paroles qu'elle me dit et le chapelet qu'elle me donna. — Bonheur inattendu. — Une lettre de la Comtesse d'Arunchy à ma mère. — Notre visite à Dumas père à Bruxelles. — Son accoutrement en Méphistophélès. — Ses explications amusantes. — Départ de Bruxelles.

Ce que fut ce voyage dans un compartiment de troisième, avec la chienne qui suffoquait presque dans un sac de nuit où ma mère l'avait fourrée, — la cage des moineaux, les paquets, les cris et le tumulte de gens grossiers qui s'en revenaient de quelque fête, — je ne le décrirai pas en détail, tant d'autres choses me restant à dire.

Ce ne fut qu'avec des difficultés inouïes que ma mère parvint le lendemain à trouver un logis à Bruxelles.

Il avait plu, et la petite chienne crottée faisait

presque invariablement se fermer devant nous toutes les portes! On écoutait à peine ce que ma mère demandait au sujet de quelque chambre à louer; mais on donnait grande attention aux traces de boue que laissait la petite bête dans le vestibule. Et vite, avec une éponge, la minutieuse propreté flamande les nettoyait.

A la fin, cependant, une brave boulangère de la rue de la Colline nous accueillit et nous installa dans une des chambres de sa maison, au cinquième étage.

La nouvelle vie commença. Vie de luttes cruelles et d'épreuves journalières dans lesquelles ma mère déploya, pendant plus d'un an, un courage simple et admirable.

Elle avait trouvé à faire de petits tableaux à la peinture orientale, et souvent le soir quand j'étais couchée, mais non endormie, je la voyais à la lueur d'une chandelle, peignant, très tard, quelques fleurs ou quelques oiseaux extraordinaires!

La lumière lui faisait prendre le bleu pour le vert et le jour venu elle corrigeait patiemment son travail.

Parfois aussi, dans les longs soirs d'hiver, les larmes se mêlaient aux couleurs. Les pauvres joues tout humides encore, elle venait m'embrasser en me souhaitant bonne nuit, et souvent je lui disais :

« Mère, tu as la figure mouillée », croyant que c'était de l'eau !

Quelques dames de l'aristocratie bruxelloise qui connaissaient sa vie s'étaient intéressées à nous, et l'une d'elles, la comtesse Myhel, me fit entrer comme demi-pensionnaire chez les Dames de Marie.

C'est là, à une distribution de prix, que la jeune princesse Charlotte vint présider, que je vis, pour la première fois, la future et infortunée impératrice du Mexique. La supérieure, en ma qualité de petite Française m'avait choisie pour dire un compliment à la jeune Altesse et cette faveur m'avait valu bien des jalousies. L'une de mes compagnes surtout, parente de la maison royale — de la main gauche, — ainsi que je l'appris plus tard, s'était acharnée contre moi et la forme bizarre de mes pantalons, tombant en guêtres sur mes souliers, m'avait fait surnommer par elle « le pigeon pattu ».

En vain j'avais supplié ma mère de les raccourcir pour cette fête. Ses idées un peu enfantines sur la question de modestie lui faisaient trouver très séants les affreux fourreaux à la mode de 1830.

Je me vois encore le matin de cette distribution de prix, toute vêtue de blanc, mes longs cheveux m'entourant comme d'un voile et tenant obstinément les yeux fixés sur mes souliers. Des larmes que je ne pouvais plus retenir coulaient sur mes joues.

En pensée, avant d'arriver au couvent avec ma mère, je voyais le visage moqueur de Mme d'Hule ricanant de ce « pigeon pattu » qui avait l'audace de réciter un compliment à la fille d'un roi.

Beaucoup de monde, la plupart de noblesse, était déjà réuni dans la grande salle d'honneur. Une estrade dont les marches étaient recouvertes de velours rouge avait été élevée pour la jeune princesse entourée des personnes de sa suite. Et c'est devant tout ce monde-là que, déjà intimidée d'être un peu vêtue en caricature, j'avais à réciter mon petit discours.

En attendant de prendre rang avec mes compagnes, je m'étais échappée un moment pour aller dans ma classe ; et à l'aide de quelques épingles j'avais raccourci mes pantalons.

Le temps et l'expérience m'avaient manqué pour faire les deux fourreaux de hauteur égale. L'un ressemblait encore à une guêtre tandis que l'autre arrivait à mi-jambe.

On m'appelait ; et vite sans revoir ma mère, je me glissai dans le groupe des petites filles de ma classe qui allaient dans la salle s'asseoir aux places qui leur étaient désignées.

Sur mon passage j'entendis quelques réflexions des invités.

Les unes s'adressaient à mon visage de fillette qui étonnait par son expression de tristesse ; et les autres à mes cheveux éployés comme de grandes ailes flasques sur mon dos.

Tremblante, je me tapis silencieuse à ma place, attendant le moment plein d'angoisse où il me faudrait débiter à une princesse que je n'avais jamais vue un tas de choses qui me semblaient des mensonges.

Un grand silence se fit tout à coup ; et sur le seuil de la porte principale, ouverte à deux battants, un groupe apparut escortant une petite altesse qui marchait gravement.

La fillette n'avait guère qu'une douzaine d'années, mais elle en paraissait davantage avec sa taille élancée et le sérieux de sa physionomie.

De grands yeux noirs au regard triste et comme

perdus en des lointains invisibles; d'épais cheveux
bruns arrangés en longs bandeaux, une bouche
charnue, hautaine et froide, qui semblait ignorer
le sourire; le visage ovale et d'une pâleur mate,
— telle était alors en 1852 la princesse Charlotte
de Belgique.

Les personnes de sa suite, parmi lesquelles était
sa gouvernante, une comtesse d'Hule, qu'on disait
fort liée avec le roi Léopold, accompagnèrent
l'enfant jusqu'aux marches de son estrade. Puis
s'inclinant cérémonieusement devant la jeune
Charlotte, tout ce monde-là se rangea à ses côtés.

Alors le Bourgmestre, entouré de son personnel, de religieuses et de plusieurs ecclésiastiques
et hauts prélats, ouvrit avec eux la cérémonie, par
des prières, des chants et un interminable panégy-
rique des vertus du roi Léopold Ier, en particulier,
et de celles de sa noble famille en général. Après
quoi, il vint débiter un long compliment à la princesse et la distribution des prix commença enfin,
par les hautes classes.

Quand un nom sonore et un premier prix était
annoncé, la lauréate s'avançait devant l'estrade de
la jeune Charlotte, et recevait de ses mains livres
et couronnes.

Le tour de la classe des petites arriva enfin, —
et la supérieure vint me chercher pour m'intro-
duire, moi et mon discours, à la fille de Léopold.

Mon cœur battait avec force.

Naïvement, je levai mes yeux sur le visage
hiératique qui me regardait, sans paraître me voir,
— et obéissant à la religieuse je fis la révérence.

Dans ce mouvement, une des épingles de mon
pantalon s'accrocha par derrière à ma robe et

retint immobile une de mes jambes. Troublée, honteuse, je commençai mon discours vers le milieu, le continuant par la fin et l'achevant par le commencement !

Des regards courroucés étaient braqués sur moi par les religieuses ; mais elles n'osaient intervenir de peur d'aggraver la situation.

La petite princesse, d'abord indifférente, avait peu à peu semblé s'étonner ; puis elle avait légèrement souri ; et à l'ébahissement, — presque au scandale de son entourage, elle descendait de son estrade et s'approchant de moi, me disait :

« Pourquoi avez vous peur, Mademoiselle ? » Cette voix était sans nuances, comme éteinte, mais très douce.

« Je repris confiance et m'enhardissant : « Je n'ai pas peur ; mais j'ai une épingle qui me pique. »

Cette fois, le petit visage hiératique laissa choir son masque de dignité conventionnelle. Il redevint, pour une minute, celui d'une simple enfant qui, prise d'une gaieté soudaine, la laissa éclater dans un rire sincère.

Ah ! qu'elle me sembla charmante, alors, cette future et malheureuse impératrice du Mexique !

J'aurais voulu l'embrasser, et je l'aurais certainement fait, si j'eusse été seule avec elle.

Mais tous les regards d'alentour me glaçaient !

Déjà la supérieure s'était approchée, et, me toisant d'un coup d'œil indigné, m'ordonnait d'aller à ma place. Mais à ce moment, Charlotte de Belgique s'approcha de moi, et, me tendant la main, me dit ces mots que je me suis toujours rappelés : « Ne m'oubliez pas dans vos prières, quand vous ferez votre première communion. »

En même temps, l'enfant royale détachait de son poignet un petit chapelet de nacre et d'argent qui y était enroulé, et me le tendit : « Prenez et souvenez-vous de moi », dit-elle.

Puis, grave, elle remonta sur son estrade, et le visage se figea de nouveau.

Un moment après, parmi des murmures divers, — approbation ou jalousie de mes compagnes, — mon nom était appelé à court intervalle pour trois premiers prix, dans ma classe : celui de composition, celui de style et celui de géographie.

Une dernière fois je m'approchai de la princesse Charlotte qui ne riait plus.

La jeune Altesse me remit elle-même les trois livres et les trois couronnes.

Elle me fixa d'un regard indéfinissable, — triste et très profond, que je revois souvent en souvenir.

Puis, bientôt quittant l'estrade, elle disparut entourée de sa suite, par la grande porte où elle était entrée.

Le jour après cette distribution de prix, comme ma mère, courageuse et résignée, peinturlurait ses oiseaux et ses fleurs bizarres et que moi, considérant le chapelet de la princesse Charlotte, je réfléchissais naïvement aux grandeurs de la veille et aux décadences du lendemain, — le facteur apporta une lettre.

Ma mère la lut, devint pâle d'émotion et, sans rien expliquer, s'écria : « Je te l'avais toujours dit, ma pauvre fille, que Dieu était là. »

Cette lettre disait :

« Très chère Madame,

« J'apprends avec la plus grande émotion par le révérend père Delcourt, qui est de mes amis et que vous connaissez aussi, que Mme Charles Schœbel et Marcelle Falloux (par sa mère une du Rousset de Villenain) ne font qu'une. En ce cas, vous ne pouvez avoir oublié une de vos plus chères amies du Sacré-Cœur de Bordeaux morte peu de temps après votre départ du couvent : Anne de Kergozen. Elle m'avait bien souvent parlé de vous et elle a dû vous parler de moi qui suis sa sœur cadette.

« Dieu a permis que j'apprenne vos malheurs et votre existence, et je ne perds pas un instant pour vous écrire et vous dire : Venez vite au château d'Anhan chez la comtesse d'Arunchy qui vous recevra comme une sœur et votre chère enfant comme la sienne.

« Je suis veuve du général d'Arunchy et je mets tout mon bonheur dans la grande œuvre de philanthropie que j'ai commencée par le socialisme catholique. Venez m'y aider, très chère dame. Je vous attends.

« Comtesse Herminie d'Arunchy. »

Ma mère ne chercha pas à démêler ce que pouvait bien être la philanthropie par l'entremise du socialisme catholique ; mais pleine d'enthousiasme reconnaissant pour n'importe quelle entreprise de la comtesse d'Arunchy, elle répondit immédiatement que nous allions venir.

Ainsi que dans un conte de fée, brusquement,

par un coup de baguette, notre vie allait changer.

Radieuse, la joie entra dans mon cœur d'enfant,
— et elle eût été complète si la pensée de mon père
bien-aimé, de ce père que j'aurais tant voulu revoir, ne l'avait assombrie !

Le lendemain de ce jour ma mère apprit je
ne sais comment qu'Alexandre Dumas habitait
Bruxelles.

Elle n'avait jamais eu pour lui une amitié très
vive ; mais à l'étranger il lui devint cher tout à
coup. Le « mulâtre » et le « mauvais sujet, avec
sa ribambelle de bonnes amies », disparurent.
« Nous irons voir le « bon Dumas », me dit-elle
tout à coup.

Je fus surprise et joyeuse à l'idée de revoir l'ami
qui me rappelait les jours heureux de la rue Notre-
Dame-des-Champs.

J'ai gardé de cette visite un souvenir bien vif,
pendant des années ; et plus tard, vers 1867, j'en
reparlais avec Dumas qui riait de bon cœur en se
remémorant l'effarement de ma mère, à son aspect.

Elle n'avait pas tout à fait tort ; car lorsqu'une
vieille femme qu'il avait alors pour domestique
nous introduisit dans son appartement, Dumas
nous apparut sous les traits de Méphistophélès.

Il me semble encore l'entendre me raconter au
boulevard Malesherbes, comme lui seul savait
raconter, — le « pourquoi » de ce déguisement.
« Tu comprends, mon bon enfant, que ce n'est pas
pour mon plaisir que je m'habillais ainsi ; mais
voilà ! J'adorais une femme, une grande artiste,
qui ne trouvait de beau, dans *Faust*, que Méphistophélès. Alors, tu devines ? pour lui plaire et m'en

faire aimer, il me fallait lui apparaître sous ce costume quand elle venait chez moi. »

Il n'expliqua pas à ma mère en 1852 ces raisons-
là ; mais il se contenta de lui dire qu'il était ainsi
vêtu parce qu'une célèbre comédienne devait répéter chez lui le rôle de Marguerite.

J'ignore si ma pauvre mère savait au juste ce
qu'était la Marguerite de *Faust*; mais elle avait en
horreur comédiens et comédiennes. A peine entrée, et malgré l'extrême cordialité de Dumas, qui
voulait nous retenir à dîner, elle s'avança vers la
sortie.

Lui, feignit de ne pas comprendre sa grande
froideur, et avec effusion, prenant dans ses mains
diaboliques les mains de ma mère :

« Je regrette que vous ne puissiez pas rester ;
mais je connais votre adresse, et vous pouvez
annoncer ma visite, avec cette grande artiste, à la
comtesse d'Arunchy. »

En apprenant qu'il avait l'intention de venir au
château d'Anhan avec une telle femme, ma mère
resta un instant suffoquée d'émotion, puis éperdue
elle s'écria : « Non, non, je vous en supplie, « monsieur Dumas », ne venez pas avec cette dame, la
comtesse en mourrait ! »

Un formidable éclat de rire lui répondit; deux
bras puissants m'enlevèrent à la hauteur de deux
petites cornes; des lèvres charnues, pleines de tendresse, se posèrent sur mes joues, pendant qu'une
voix goguenarde, où vibrait une tristesse, murmurait :

« Pauvre petite Bruyère ! »

CHAPITRE XVIII

Notre arrivée au château d'Anhan. — Les hôtes du château.
— Récits du général Changarnier. — Ce qu'il écrivit sur
mon livre de première communion. — Le général Lamoricière. — Une vie idéale. — Les chevauchées dans les
Ardennes.

Quel rêve, quelle réalité d'extase j'ai vécu en
gravissant, avec ma mère, la route serpentine qui
conduisait au château d'Anhan.

En voyant, pour la première fois, les splendeurs
des sommets de montagnes, je me redisais, folle
de joie, les vers du petit Savoyard :

Avec leurs grands sommets, leurs glaces éternelles,
Par un soleil d'été, que les Alpes sont belles.

Il n'y avait pas de neige sur les hauteurs que
j'apercevais, et ces pics n'étaient pas ceux des
Alpes. Mais que m'importait cette différence !

La majesté des Ardennes, les teintes mordorées
des feuillages d'automne; les contours fantastiques
et puissants des massifs rocheux; le pittoresque

des petites chaumines accrochées comme des nids
branlants aux anfractuosités de la route montueuse ;
le son d'un cor de chasse, — et par-dessus tout
l'air embaumé qui me grisait doucement, voilà ce
que je voyais, entendais et respirais.

Quand notre vieille carriole s'arrêta devant la
cour d'entrée du château, une femme d'environ
soixante ans vint à notre rencontre. C'était la
comtesse d'Arunchy.

Grande, svelte et distinguée, avec des yeux restés superbes malgré l'âge, toute sa personne dégageait comme un aimant de bonté qui attirait à
elle. Simplement, elle tendit les mains à ma mère
et à moi, puis nous embrassa toutes deux avec
effusion : « — Soyez les bienvenues. Vous êtes
ici chez vous », — dit-elle.

Alors, nous fûmes présentées par la noble femme
à son frère, le comte de Kergozen, un vieux savant
très original et très bon ; à trois abbés qui, tour à
tour, avaient instruit son fils unique Félix d'Arunchy et étaient restés les commensaux de la maison ;
à un missionnaire qui revenait de la Nouvelle-
Zélande, le père Tégala, et enfin à son fils qui
arrivait à ce moment dans la cour, en costume de
chasse.

C'était un beau, grand garçon d'une trentaine
d'années, avec une apparence d'énergie si accen-
tuée que le visage en devenait presque dur. Seuls,
les yeux profonds et doux atténuaient cette expression.

« — Un sauvage », dit en riant la comtesse en
le présentant à ma mère.

Le vieux manoir du xvi⁰ siècle était une sorte

de château fort tout entouré de douves, avec un parc immense, une sorte de forêt qui s'étendait derrière lui et sur les pentes des Ardennes, entre Namur et Dinant. Non loin de l'habitation, une antique chapelle, enfouie sous des ombrages séculaires, comme un vieux nid de pierres moussues, jetait sur le beau paysage une note grave et mystique. Puis, de tous côtés, des parterres de roses et de fleurs exquises ajoutaient leur poésie de parfums et de beauté à la magnificence du décor.

Quelques instants plus tard, une présentation nouvelle eut lieu : celle d'un vieux curé de village et de sa nièce, une fillette de quatorze ans.

Nathalie Barine habitait le château, la comtesse l'aimant beaucoup malgré l'étrangeté de son caractère. Elle était la fille d'une sœur de ce vieux prêtre qui, ayant été institutrice en Russie, y avait épousé un acrobate célèbre. Tous deux, le père et la mère de Nathalie, étaient morts; et, de là surtout, par une sorte de tendre pitié, venait l'affection que lui témoignait Mme d'Arunchy. De suite, elle devint ma compagne et un grand sujet d'admiration et d'ébahissement pour moi, quand je lui vis enfourcher un vieux bouc appelé Koroko et qui lui obéissait passivement.

Alors, commença pour ma mère et moi une existence faite d'un bonheur si exceptionnel, que la logique de la vie brise le plus souvent ces exceptions avec une terrible soudaineté !

Quoique Mme d'Arunchy fût royaliste et très catholique, elle était en même temps douée d'un esprit si large et si libéral, qu'elle admettait, pour les autres, des opinions absolument contraires aux siennes.

C'est ainsi que je vis au château plusieurs des exilés du coup d'Etat, entre autres le général Changarnier et aussi le général Lamoricière, qui, après avoir bien tempêté contre le régime français d'alors, s'endormait placidement dans quelque coin isolé, la pipe aux lèvres.

Le premier de ces deux hommes venait, en général, une fois par semaine, de Malines où il habitait l'hôtel du Pélican sur la place d'Armes. Il arrivait sanglé dans sa redingote bleu barbot à boutons de cuivre, — l'air très militaire sous son habit civil. Il avait des mains très belles, — et je le vois encore, prenant dans la droite celle de la comtesse, s'incliner en la baisant avec une courtoisie charmante et vieillotte.

Quelquefois il restait plusieurs semaines au château, et racontait le soir, tantôt ses campagnes, tantôt des anecdotes de la vie africaine. Alors, le vieil homme vêtu en bourgeois disparaissait. L'œil s'animait; la parole devenait vibrante, le geste énergique.

Il mimait des charges, des commandements, des sons de clairons et de tambours, des alertes, des marches de nuit en silence, des embuscades, — et, tout à coup, d'une voix qui avait dû être belle, chantonnait quelque vieux refrain de ses soldats. .

Tous au château l'écoutaient avec un profond intérêt; mais Nathalie et moi nous étions fascinées et ne rêvions à ces moments que d'être cantinières dans quelque régiment idéal.

Le père Tégala, lui, qui avait un des plus nobles

cœurs qui aient jamais battus dans une poitrine d'homme, ne parlait guère que de ses bien aimés Maoris. Il les décrivait au moral et au physique, peignant leur vie, leur pays enchanteur où il avait vécu quatorze ans et où il voulait retourner.

Il avait fini par enthousiasmer à un tel point la comtesse d'Arunchy qu'il n'était question de rien moins pour elle, que d'aller faire tous ensemble un grand et long voyage à la Nouvelle-Zélande. Elle rêvait d'y fonder des asiles, des écoles et des hôpitaux pour ces Maoris tant aimés et tant idéalisés par le père Tégala.

Lui aussi, ce missionnaire, se transformait ; il devenait un apôtre quand, de sa voix chaude et prenante, il parlait de son sujet favori. Son visage bruni, ses cheveux de jais, ses yeux d'une douceur exquise et son sourire de bonté, découvrant ses dents blanches, avaient une attirance à laquelle il était difficile de résister.

Quant à Félix d'Arunchy il était, au premier abord, une sorte d'énigne. Il semblait dur et il possédait un cœur de tendresse infinie ; railleur mais pitoyable au point d'avoir pitié d'un insecte.

Incrédule, quoique élevé par des prêtres et adorant Dieu sans cesse dans la nature.

Plus que tout, il aimait sa mère, — et c'est d'elle qu'il tenait la bonté qu'il se plaisait à voiler sous de brusques dehors.

Pendant plus d'un an ce furent ces deux hommes d'élite, avec leurs âmes passionnément honnêtes qui m'instruisirent et me firent aimer Dieu, avec la simplicité du Christ disant : « notre Père » — sans indiquer si ce père était un Dieu « catholique » ou l'Être infini qui est Tout.

Quel souvenir ému et vivant j'ai gardé des longues excursions que tous les quatre, le père Tégala, Félix d'Arunchy, Nathalie et moi, nous faisions sous les belles futaies !

Souvent, nous ne rentrions pas à l'appel de la cloche du dîner qui s'entendait de loin.

Mais le missionnaire nous faisait à souper, sous les grands arbres. Il tirait d'une gibecière, parfois un morceau de viande pris à la ferme qu'il cuisait sous des pierres rougies au feu, — à la façon de ses chers sauvages, et, le plus souvent, rien, que des pommes de terre que, tous, nous dévorions avec délices.

Dans ces moments surtout, je pensais :

Oh ! si papiche était là !

Comme dessert, quelque étrange et plaintive mélopée que le missionnaire chantait dans l'idiome des Maoris. Puis Félix avec son cor de chasse, sonnait un hallali, — cet air si mélancolique et si pénétrant.

En général, je pleurais en l'écoutant, parce qu'un jour j'avais vu la « curée » et la mort d'un cerf, avec son beau regard douloureux, empli de larmes!

Doucement, — quelquefois par une belle lune, — qui semblait jouer à cache-cache à travers la dentelure des feuilles, nous revenions au château.

Le père Tégala et Félix parlaient ensemble dans un langage clair, sobre, mais éloquent, de hauts sujets ; du problème insondable qui est Dieu, — et je buvais leurs paroles !

Ces deux âmes n'en faisaient qu'une, tant la beauté des pensées les unissait.

D'autres jours, nous faisions à cheval, d'interminables excursions dans les Ardennes.

Je n'avais pas encore douze ans ; mais dans cette vie de plein air et de liberté, j'étais devenue agile et forte, montant comme Nathalie, n'importe quels chevaux.

Environ quinze mois après notre arrivée au château, par un beau matin, la comtesse annonça, aussi tranquillement que s'il se fut agi d'une promenade, son intention de partir avec nous, son fils et les prêtres, dans trois semaines pour la Nouvelle-Zélande.

Sa fortune étant immense, elle avait tout simplement acheté depuis quelque temps, un grand navire de commerce et l'avait fait transformer en un superbe « trois-mâts ».

Avant ce départ, je fis ma première communion dans la vieille chapelle du château. A cette occasion, le général Changarnier me donna un beau livre de prières avec couverture d'ivoire, sculptée, que je possède encore. Il avait écrit sur la première page ces singulières paroles : « à Mathilde Schoebel.

« Les douleurs d'ici bas sont passagères, ne pleurons pas sur elles, sourions à l'au-delà : l'immortalité pour le croyant ; le repos éternel pour l'athée ».

D'antiques parents de la comtesse d'Arunchy étaient arrivés de Bretagne, le pays où elle était née, afin d'assister à cette chose extraordinaire pour eux : ce voyage à la Nouvelle-Zélande !

Plusieurs de ces vieux nobles n'avaient jamais été sur un chemin de fer.

Solennels et sombres, ils parcouraient les salles

et les galeries du château, comme des portraits. d'ancêtres qui se seraient détachés de leurs cadres.

Jusqu'au dernier moment, la jeune Barine avait espéré faire partie de la lointaine excursion ; mais son oncle, le vieux curé, s'y était opposé.

De la fenêtre de ma chambre sur le parc, je l'avais entendue, pauvre fille, sangloter et supplier Félix d'Arunchy d'intercéder pour elle.

Puis les larmes s'étaient taries et des mots de colère les avaient remplacées.

« Si je ne puis aller avec vous tous », disait-elle, « je m'échapperai ; j'irai en Russie, le pays de mon père, et comme lui, je serai une acrobate ! »

Quand, bien triste, le lendemain, je voulus tendrement dire au revoir à ma compagne, elle me repoussa, — farouche, — et comme j'insistai, elle me jela ces mots : « Tu ne m'as rien fait ; mais le mal que d'autres me font retombera sur toi ! »

Que de fois, depuis ce jour j'ai songé à ces paroles !

CHAPITRE XIX

Pleurs, souhaits, sourires, poignées de main, recommandations, appréhensions et conseils, — tout le cortège habituel des adieux, était réuni le surlendemain à Anvers, près des bassins, devant le beau « trois-mâts », pavoisé des couleurs françaises et belges, le *Motupiko*, qui allait partir pour les Antipodes.

Au moment où il levait l'ancre, en mars 1854, le général Changarnier qui était à bord, descendit à terre — et de sa voix mâle qui tremblait un peu, saluant le drapeau de sa patrie : « Vive la France ! » dit-il.

De partout des hourras lui répondirent.

Cette scène m'impressionna ; c'est pourquoi elle est restée profondément gravée dans ma mémoire.

Puis, avec lenteur, glissant sur l'Escaut, le beau navire s'éloigna et peu à peu, devint pour les amis restés à terre, un point dans la brume !

Le *Motupiko* mit cent trente-cinq jours pour atteindre Auckland. Vers le milieu du voyage, à la hauteur du cap Saint-Vincent, une effroyable tempête faillit nous engloutir.

Je n'en avais jamais vue et soit inconscience ou insouciance de mon âge, l'admiration en moi, devant ce grandiose spectable, domina la peur.

Puis, le calme revint, avec des soirs de féerie où, accoudés aux bords, le père Tégala, Félix et moi, nous admirions le sillage lumineux que le navire creusait derrière lui.

C'était tantôt comme un ruissellement de pierres précieuses, de feux follets qui jouaient à cache-cache, de palais enchantés, tout en flammes sous les eaux ; puis venaient des étoiles pâles toutes éparpillées dans l'écume.

Souvent, alors, le missionnaire et le comte d'Arunchy entonnaient ensemble quelque mélodie canaque, étrange et plaintive comme des sanglots refoulés.

En bas, dans le salon du *Motupiko*, la comtesse, les trois abbés et ma mère élaboraient des plans pour le bonheur matériel des N'Capuhi, la tribu maoris chère au père Tégala.

Comme je revois, — et, je pourrais presque ajouter, — comme je ressens encore après tant d'années écoulées, l'extase d'admiration, quoique je ne fusse qu'une enfant, où me plongea la vue du sol polynésien !

Cette vision d'Auckland couchée entre l'émeraude de sa végétation merveilleuse et la pourpre liquide de ses deux havres magnifiques, Waite-mata et Manukau, sur lesquels le soleil levant mirait ses rougeurs ardentes le matin de notre arrivée, — est un de ces souvenirs qu'on n'oublie jamais !

De tous côtés, une nature d'incomparable beauté enchantait le regard.

D'abord le panorama des chaînes grandioses Waitakerai et Coromandels dominées par les triples sommets formidables d'un volcan éteint : le Ran-gitoto ; d'autres monts, parmi lesquels l'Eden, émergeaient d'un immense fouillis de verdures, de feuillages, de fleurs étranges qui se prolongeait jnsqu'au rivage ; puis des palmiers, des fougères, une débauche de couleurs et de végétation du milieu de laquelle se dressaient, bizarres comme des clous géants, les cônes innombrables de volcans éteints.

Quand le *Motupiko* eut jeté l'ancre, un autre fouillis pittoresque au plus haut degré, apparut autour du trois-mâts et bientôt sur son pont. Des Maoris, hommes, femmes, enfants, tous superbes et agiles, grimpaient à bord en poussant des cris joyeux.

Un vieux chef Maoris Te-Raihi, reconnut le père Tégala et tout ému, malgré sa native impassibilité, vint les mains tendues vers le missionnaire et, se courbant, il dit :

« Ten-a-koe E-pa ».

« Salut à vous, père ».

Puis, arrivèrent des notables d'Auckland et des missionnaires. Le soir, il y eut un festin sur le pont du navire ; des danses et des chants exécutés par les Maoris, et tard, dans la nuit, je les vis s'éloigner pour retourner à terre.

Je me souviens encore que les lueurs de torches qu'ils avaient à l'arrière des barques se reflétaient dans l'eau et sautillaient de place en place sur leurs vêtements bariolés. Ils chantaient, heureux de l'accueil reçu à bord et de la joie d'avoir de nouveau parmi eux le missionnaire qu'ils aimaient.

Deux semaines après, nous étions tous installés à bord de l'un de ces remorqueurs, déjà en usage à la Nouvelle-Zélande, et qui peuvent, à cause de leur forme et de leur volume, pénétrer, dans le dédale de ces baies si curieuses, étroites et profondes, comme les fjords de la Norvège.

L'intention de la comtesse d'Arunchy était de camper selon la fantaisie et le désir, dans tous les sites où l'on se plairait, et d'en choisir un où s'éleverait bientôt, fondés par elle, des écoles et des asiles pour les N'Capuhi, la tribu bien-aimée du père Tégala.

Et, de nouveau, comme au château d'Anhan, une vie de rêve commença pour moi.

Je répète à dessein ce mot : « rêve », — parce que les rêves ont un réveil !

Ci et là, dans les excursions et les campements, le père Tégala ayant avec lui ses porteurs maoris et les objets nécessaires au culte, célébrait la messe. J'ai souvenir de sa dernière, près d'un lieu exquis, au bord de l'Océan : Taratara.

Pour voûte, le ciel bleu profond ; pour ornements les beaux palmiers entourant un autel primitif et délicieux que des Maoris avaient construit.

En écrivant ces lignes, je le revois, là, devant

moi, cet homme noble et bon, revêtu de son aube liliale, le visage grave et doux, comme illuminé de rayons intérieurs !

La blancheur du vêtement de lin faisait ressortir le teint basané de cette belle physionomie et donnait à toute l'apparence du prêtre comme une idéale sérénité.

De mes impressions d'alors, je me rappelle aussi que le bon Dieu en ce moment prenait dans mon esprit les traits du missionnaire se faisait humain, s'offrait en sacrifice, allait mourir pour le salut des hommes!

Je le voyais au Jardin des Oliviers, puis sur sa croix. Il n'était plus le pâle, tendre et beau Nazaréen de la légende, avec ses cheveux d'or roux; non, il était l'être revêtu d'une aube blanche, avec des cheveux très noirs, un visage très doux et des lèvres ferventes qui murmuraient l'offertoire sur l'autel de Taratara!

Pauvres souvenirs!

CHAPITRE XX

Une année s'était déjà écoulée depuis que nous
étions à la Nouvelle-Zélande. La plupart des projets de Mme d'Arunchy concernant les N'Capuhi
s'étaient réalisés. Ils avaient vu s'élever, près de
leur village, une série de constructions en bois,
qui étaient pour eux un sujet inépuisable de curiosité et d'amusement.

Déjà, elle songeait à retourner en Belgique : et
ce n'est pas sans un grand serrement de cœur
qu'elle, et nous tous, y pensions !

Le père Tégala était devenu en quelque sorte
un membre de sa famille ; mais ayant obtenu l'autorisation de rester tout à fait en Nouvelle-Zélande,
il avait à différentes reprises manifesté le désir d'y
terminer sa vie, au milieu de ses chers Maoris.

Donc, après notre départ, on ne se reverrait plus! Mais, en son âme généreuse, Mme d'Arunchy se consolait en se disant qu'elle laisserait son œuvre entre des mains très nobles : celles du bon missionnaire auquel elle la confierait et qui en serait le chef.

Quoique l'hiver austral fût dans son plein, car l'on était en juillet, la comtesse résolut de faire avec nous tous un dernier voyage d'exploration autour et dans l'intérieur d'îlots très inconnus à cette époque.

L'île du sud, grandiose, sauvage et désolée, l'attirait surtout et plus encore un îlot nommé Rakiura, c'est-à-dire : « Queue de poisson », par les indigènes.

Séparé de la grande île par le détroit de Faveaux l'îlot et ces parages étaient en cette saison balayés de vents furieux; et ce n'était pas sans courir quelque danger qu'un steamlaunch comme le remorqueur pouvait s'y aventurer. Néanmoins nous y allâmes.

Comme à l'ordinaire, on s'arrêtait en route dans les petits havres qui offraient des curiosités nouvelles.

Un soir, nous fîmes halte dans celui de Whangaroa, déjà renommé pour son étrange et romantique beauté. La lune, dans son plein, éclairait là un spectacle inoubliable.

Comme tamisées par une poussière d'argent de grandes lueurs couraient au fond de passes sombres, fouillaient des grottes, des cavernes, des ravins qui bordaient l'eau.

Puis, elles glissaient sur des rochers à pic qui

étaient criblés de trous, et ressemblaient à de hautes tours percées de fenêtres. Par ces ouvertures de pâles clartés entraient et sortaient comme des lucioles volantes, se poursuivant; et brusquement de grandes nappes lumineuses escaladant les sommets les inondaient de scintillements bleuâtres, tandis que la base des rocs s'enveloppait d'ombre.

Un peu plus loin, des cascades de mille pieds tombaient du sommet de montagnes dont les pentes étaient couvertes de « Nikau Palms », ces palmiers superbes dont l'espèce était alors inconnue ailleurs.

L'eau des chutes, en rebondissant sous les reflets de la lune, devenait des diamants liquides, des pierres précieuses colorées de nuances magiques.

Des forêts profondes venaient baigner leurs végétations étranges et luxuriantes aux bases de ces montagnes dans un labyrinthe de petites anses. Plusieurs de ces anses avaient de minuscules plages, comme poudrées de sable d'or. De tous côtés on était entouré de merveilles plus dissemblables les unes que les autres, puisque, à côté d'une flore exubérante, un sol calciné et brûlant donnait passage à des jets de vapeur, d'eau chaude et de boue, lancés par d'innombrables geysers.

Une sérénité délicieuse planait sur l'ensemble de ce tableau, et le grand silence n'était troublé que par les cascades qui tombaient dans les criques.

Tous, — je m'en souviens clairement, malgré les années écoulées, — nous regardions immobiles le féerique décor que nous avions devant nous. Félix d'Arunchy très ému, — un pressentiment peut-être, — se mit à dire : « Si j'étais seul au monde, je voudrais vivre ici jusqu'à ma mort. »

Je fus frappée de ces paroles qui, plus tard, hélas! devaient si souvent revenir à ma mémoire!

Une semaine plus tard nous abordions, et non sans difficulté, à cause de la violence des vents, à cette île sauvage et grandiose de Rakiura.

Jours après jours depuis notre arrivée à ma mère et à moi au château d'Anban, j'avais vécu dans une liberté que bien peu de jeunes Françaises, — sinon d'Américaines et d'Anglaises, connaissent. Sans cesse par monts et par vaux, autrefois dans les Ardennes et alors dans les solitudes de la Nouvelle-Zélande, j'avais eu Félix d'Arunchy pour camarade, quoi qu'il eût plus du double de mon âge, — et surtout pour frère aîné dans ma profonde affection. L'idée ne venait à personne dans l'entourage de la comtesse que cette extrême liberté pût être blâmable. Et, certes, tous avaient raison!

Aujourd'hui, je me rappelle, tout émue encore, les conversations que nous avions ensemble au cours de nos longues et charmantes excursions; les pensées qu'il développait, les sentiments qu'il cherchait à m'inculquer, — force contre l'adversité; courage dans la souffrance; résignation dans les épreuves; honnêteté malgré les tentations et bonté pour tous.

Longuement aussi, il me parlait de mon père bien-aimé et de son amour pour la science.

Les germes de ces enseignements donnés par le « Grand frère », comme je l'appelais souvent, ne furent pas inutiles dans ma vie, et je leur dus parfois le peu que je valais!

Le dernier jour que l'on devait passer à Rakiura était arrivé. Le soir vint, et au lieu d'aller me reposer dans ma tente, je me mis à errer sur les bords de l'océan. Peu à peu, la nuit se fit, — une nuit claire et limpide. Je gravis un bloc de lave dont le sommet formait un petit creux tout tapissé d'herbes marines.

Je m'y blottis, heureuse d'être seule dans la magnificence de tout ce qui m'entourait.

Le ciel, d'un bleu pâle, s'était brusquement teinté de pourpre, comme si les eaux, desquelles à l'horizon il semblait sortir, l'eussent jusqu'au zénith lavé dans le sang. Puis sur ce rouge, des flammes tremblèrent, jaillirent et scintillèrent en rayons d'or, dans une apothéose de splendeur lumineuse à l'aurore boréale.

Immobile d'admiration, pétrifiée par l'étonnement, je regardais ce spectacle imposant que je n'avais jamais vu. Il me semblait quitter un monde connu, — pour être au seuil d'un grand « Inconnu » !

On était à ma recherche et Félix me trouva dans mon extase.

« Que c'est beau », disais-je tout oppressée. « Oui », me répondit-il gravement : « sublime comme tout ce qui est Dieu lui-même. »

Longtemps, nous admirâmes silencieux l'écrasante magnificence qui nous entourait de tous côtés, au ciel et sur la terre.

De grandes formes blanches bizarres et tourmentées glissaient à la surface de l'eau, irisant leurs saillies de glace à tous les feux célestes. Les unes ressemblaient à d'énormes tuyaux d'orgues, à des faisceaux de lances gigantesques et d'autres

à des fantômes de cathédrales gothiques égarés
dans les mers polaires.

« Quand nous aurons quitté ce pays », — dis-je
tout émue à mon compagnon », je n'y reviendrai
plus sans doute, mais je ne l'oublierai jamais. »

« Oui », murmura le comte d'Arunchy, comme
s'il répondait à quelque intuition mystérieuse, « je
sais, petite Mathilde, que tu ne l'oublieras pas ! »

Au matin on levait l'ancre et quelques jours
après on était de nouveau à Taratara.

Brusquement, cette vie, — je le répète une fois
de plus, — qui tenait du rêve, allait finir.

Aujourd'hui que le temps, ce grand guérisseur,
a mis son empreinte d'oubli sur bien des souffrances, j'éprouve encore une émotion profonde à
ressusciter cet épisode de mon enfance.

Nous allions tous, je l'ai dit, à l'exception du
père Tégala, retourner en Europe. Le *Motupiko*
était à l'ancre dans le havre de Waitaimata sous la
garde de son équipage, attendant l'ordre du départ.

Non loin d'Auckland, Mme d'Arunchy avait fait
retenir une villa où elle désirait rassembler dans
un dîner et une réception d'adieu les gens pleins
de cordialité qui lui avaient souhaité la bienvenue
sur le sol de la Nouvelle-Zélande.

Avant de quitter Taratara, la veille au soir, la
comtesse prit ma mère et moi sous sa tente et, à
notre ahurissement à toutes deux, nous déclara ses
intentions à mon égard.

Peut-être son projet semblait-il un peu fou !
Mais il est certain qu'il était surtout noble et généreux.

Elle désirait qu'à notre retour en Belgique, je

reçoive une haute éducation sous tous les rapports,
et qu'à l'âge de dix-huit ans, je devienne la femme
de son fils unique, qui le désirait également.

Et, c'est en souvenir de sa sœur qu'elle avait
idolâtrée, que cette femme d'un cœur si rare voulait reporter sur la fille de l'amie d'Anne de Kergozen, son affection et ses bienfaits.

Je me souviens que ma mère pleurait, — émue,
reconnaissante et surprise.

Moi, qui avais à peine dépassé ma douzième
année, je ne voyais dans le mot « mariage » qu'un
voyage perpétuel à travers le monde entier avec
un compagnon que j'aimais profondément! Et,
j'étais joyeuse de cette perspective.

Quelques larmes, beaucoup de serrements de
main ; de naïves et sincères expressions de gratitude des femmes et des enfants pour la comtesse,
et de bonne heure le lendemain matin, accom-
pagnés de nos amis Maoris, nous laissions pour
toujours Taratara et allions au cottage près
d'Auckland.

Le soir même nous y étions installés.

L'approche du départ faisait les cœurs tristes, car
ce n'était pas le beau pays seulement qu'on allait
quitter, mais ce père Tégala qui était si aimé de
tous. Lui et Félix s'étaient retirés dans un coin de
la pièce où se trouvait un piano, et le comte accompagnait en sourdine une de ces tristes et
douces mélopées que le missionnaire chantait en
maori.

La soirée était d'une idéale et singulière beauté
avec le soleil qui jetait ses derniers feux dans un
éblouissement d'or et de pourpre qui bientôt faisait

place à des nuances d'une pâleur étrange jusqu'à la lividité.

Quelques personnes amies vinrent, qui chantèrent de gais refrains d'Europe. L'on porta des toasts à la France et à la Belgique et au bon retour dans la patrie.

Les visiteurs étaient partis et il allait être minuit quand deux cavaliers N'Capuhi vinrent sonner à la grille et, haletants, annoncèrent qu'un immense cours d'eau avait débordé et menaçait d'envahir leur village et leurs habitations. Ils n'avaient encore donné aucun détail, que déjà Félix, le père Tégala et une partie des serviteurs étaient montés à cheval et précédés par les Maoris, se mettaient en route pour Taratara. Je revois encore la comtesse enveloppée dans son grand peignoir de foulard blanc, sous la véranda du cottage, avec ma mère à ses côtés.

Au moment où Félix mettait le pied à l'étrier elle s'approcha, et d'un mouvement rapide attirant à elle son fils unique, l'embrassa longuement sur les cheveux. Jamais encore je ne l'avais vue faire une démonstration de ce genre, et j'en fus si surprise et si troublée que, sans réfléchir, à mon action trop libre, je jetai mes bras au cou du jeune homme, et lui donnai un baiser, — le premier, — sur une joue. Puis j'eus honte, et je remontai dans ma chambre, pendant que la comtesse et ma mère allaient dans les leurs. Il me sembla les entendre prier, puis je m'endormis.

Le lendemain soir nos amis n'étaient pas encore revenus, et la comtesse décida que le matin suivant on irait avec des gens, des aides, des chaises à porteurs, et des chevaux au-devant d'eux vers Taratara. Elle ne voulut pas se coucher et s'étendit sur une chaise longue. Ma mère et moi restèrent près d'elle, dans sa chambre, assises dans de larges fauteuils. Mme d'Aruncby et ma mère, de nouveau priaient à voix basse.

Peu à peu, vers deux heures de la nuit, je les vis s'assoupir; mais je ne pouvais en faire autant, tenue en éveil par ce « quelque chose » d'inexplicable qu'on nomme pressentiment.

Je crois qu'il devait être le quart quand j'entendis des sons de voix très étouffés derrière le cottage.

Je me glissai doucement jusqu'à une fenêtre, et je vis des formes indistinctes qui portaient quelque chose et essayaient d'entrer par l'office. Je descendis sans bruit, retenant mon souffle et je me cachai derrière un grand rideau de la salle à manger, défaillant, je ne savais pourquoi, d'émotion et de peur, mais résolue à voir.

Des hommes entrèrent. Je reconnus les serviteurs. Ils s'étaient déchaussés et derrière eux, les mêmes N'Capuhi que la veille, venaient également pieds nus. Un des hommes avait une lanterne qui éclairait à peine, et tous gardaient un profond silence.

Les derniers entrés se baissèrent et alors, je les vis déposer sur le sol deux brancards en joncs, recouverts d'étoffes et pareils à ceux qu'on avait amenés de Taratara, l'année précédente au devant du père Tégala. Puis toujours silencieux, ces gens allèrent s'accroupir près de l'entrée du jardin, en laissant leur lanterne.

Je tremblais tellement que j'entendais mes dents s'entrechoquer sans pouvoir l'empêcher.

A présent, je n'osais plus ni partir ni rester et je

crois bien que je perdis connaissance, car je ne me souviens de rien, jusqu'au moment où j'entendis un tel cri de douleur surhumaine, que je revins à moi.

La lanterne était à côté des deux brancards. La comtesse affalée près de l'un d'eux, avait la tête enfouie dans les étoffes et semblait inanimée.

A quelques pas, ma mère debout, pâle comme un suaire regardait ! Et moi aussi, je regardais le cauchemar indicible et réel qui était devant moi : Les corps de Félix d'Arunchy et du père Tégala noyés tous deux en sauvant des êtres humains !

Tremblant de tous mes membres ; prise entre l'épouvante qu'inspire à une enfant surtout, la terrible solennité de la mort et mon désir de revoir une dernière fois le visage de mes amis, je m'approchai.

Ma mère immobile, les joues baignées de larmes, ne bougea pas quand elle me vit. Silencieusement elle priait.

Côte à côte, ils étaient là tous deux ces hommes qui, la veille encore, souriaient à la vie ! Ces deux cœurs, honnêtes entre tous, qui, pendant près de trois ans, avaient infiltré dans le mien, simplement et hautement, l'amour du beau et du bon. Qui m'avaient, pauvre petite, fait chérir la vie en la parant de tous les charmes de la liberté et de toutes les joies de la charité. Ils étaient là, — et tout était fini !

Mais quelle sérénité il y avait encore dans leurs yeux grands ouverts, comme si leurs derniers regards s'étaient fixés sur un « au-delà, visible pour eux seuls !

Je pris leurs pauvres mains froides, je les réunis

ensemble, et follement, criant, pleurant, je les couvris de baisers en répétant : « Oh ! mes amis, adieu, adieu ! »

De nouveau, je dois avoir perdu connaissance sous l'empire de la douleur, car ce n'est que le lendemain, vers le soir et malade dans mon lit, que je me rappelai le saisissant tableau de la veille !

Deux femmes que je ne connaissais pas étaient dans la chambre et préparaient des compresses qu'on me mettait sur la tête.

J'entendais et je voyais les personnes et les choses qui m'entouraient ; mais lorsque je voulus parler il me fut impossible de prononcer un mot.

Le silence était lugubre autour de moi ; et tout à coup dans cette effrayante tranquillité, j'entendis le son d'une cloche, — et je l'entends encore en écrivant ces lignes !

Les femmes se regardèrent et se mirent à genoux en joignant les mains.

Oh ! ce tintement monotone, comme le bruit sourd du marteau qui frappe un cercueil, et qui jetait d'intervalle en intervalle sa note d'angoisse, c'était le glas, le salut à la mort !

Alors, je compris et je pleurai avec délices !

Il y a des douleurs si intimes, si profondes, même pour une enfant qu'elles ne sauraient être décrites avec l'acuité ressentie.

Tel était mon cas ; tel il est aujourd'hui encore devant ce souvenir cruel qui a brisé des vies et changé la mienne !

Comment tout cela était arrivé, je n'en ai jamais rien su. Les pauvres corps avaient été trouvés enchevêtrés parmi des débris d'habitations, avec d'autres pauvres morts encore accrochés à leurs sauveteurs.

C'était une belle fin, digne de telles âmes.

Taratara avait été détruit, non par le cours d'eau débordé, mais par un raz de marée. Tout était anéanti, à l'exception de quelques pauvres gens de la tribu des N'Capuhi. Cela était venu comme viennent et disparaissent les tempêtes là-bas : Avec une soudaineté qui défie les prévisions. Et, maintenant cette noble femme, la comtesse d'Arunchy, pouvait contempler son œuvre éphémère, chimérique et détruite, — ce qui n'était rien! Mais, la mère au cœur brisé, allait rester face à face dans le retour en Europe, avec le cercueil de son fils, et l'agonie du désespoir, jusqu'à sa mort, à elle.

Quinze jours seulement après la nuit funèbre, nous embarquâmes sur le *Motupiko*.

La veille, toute faible encore, avec deux pauvres femmes secouées de sanglots, — la comtesse et ma mère, — j'étais allée dans un petit cimetière où repose dans son anéantissement terrestre, les restes de ce missionnaire au cœur pur qui fut l'ami rapide de ces jours de mon enfance!

Ses vœux étaient exaucés.

Le père Tégala dormait parmi ces tribus auxquelles il avait donné sa vie, — et nous venions lui dire adieu, — le dernier!

Le salon du trois-mâts avait été converti en chapelle ardente et le corps de Félix d'Arunchy, dans son triple cercueil, reposait au milieu.

Ce fut un nouveau capitaine, à l'air sombre et taciturne, qui prit le commandement du *Motupiko*, l'autre, trop malade, étant obligé de rester à Auckland. Seul, l'équipage était le même.

Lès pauvres abbés, ces anciens précepteurs du mort qui était là sous sa triple enveloppe, semblaient anéantis, et je ne puis me souvenir avoir entendu leurs voix, si ce n'est pour psalmodier des prières au pied du catafalque de Félix!

Oh! ce retour! Cet effondrement! Ce néant de toutes les espérances d'ici-bas; ce déchirement de mère et de femme qui perd à la fois un fils et le dernier d'une race!

Elle avait fait placer, la malheureuse, une chaise longue dans ce salon qui avait retenti des rires heureux de son enfant; et la nuit, j'entendais de ma cabine sangloter cette femme qui avait personnifié l'énergie.

A présent elle restait affaissée au pied de ce catafalque, dans l'éparpillement de ses jupes, comme une pauvre guenille humaine que plus rien ne soutient!

Parfois, elle attirait ma mère près d'elle, lui prenait les mains, et je l'entendais dire :

« Vous ne me quitterez jamais, ma chère amie, vous et notre fille »

Mais chaque jour de ce voyage funèbre, elle s'affaiblissait un peu plus!

Le nouveau capitaine, superstitieux et brutal, auquel cette traversée avec un cercueil à bord inspirait un sentiment qui ressemblait à l'effroi, ne venait jamais dans le salon transformé en chapelle. Il s'enfermait dans sa cabine et la plupart du temps laissant le trois-mâts sous les ordres de son second, il s'enivrait.

Comme à l'aller, une nuit, la tempête éclata menaçante. Et, tout à coup, une scène odieuse et macabre se produisit au milieu des hurlements du vent, des longs craquements sinistres et des paquets de mer s'effondrant sur le pont.

Le capitaine ivre, en chemise de nuit, une bougie à la main, venant de sa cabine par le couloir, entra dans le salon en vociférant :

« Jetez ce chien mort à la mer. C'est lui qui nous porte malheur avec ses gémissements. »

Et avant qu'on ait pu saisir cet homme, il se mit à frapper de grands coups sur le cercueil!

Le second officier et quelques matelots s'emparèrent de lui, et jusqu'à la fin du triste voyage, ce capitaine, — un Irlandais, — ne reparut plus.

La tempête dura trois jours, pendant lesquels la pauvre mère, indifférente à tout, ne quitta pas le catafalque de son fils, auquel elle se tenait cramponnée.

Quand le calme fut revenu, je me tins presque constamment sur le pont. Quoique je ne fusse qu'une enfant, je ressentais le chagrin, avec une grande intensité.

. Les souvenirs si récents de cordialité, d'affection et de camaraderie charmantes que chaque endroit sur ce navire me rappelait et qui ne seraient jamais plus que des souvenirs, me torturaient! L'effondrement de toutes ces joies, de tous ces espoirs, avait été si brusque, si inattendu! Parfois, m'asseyant sur un tas de cordages, comme je l'avais fait avec mon compagnon, je fermais les yeux, je m'absorbais dans tous les détails des heures que j'avais passées là, écoutant Félix parler de hautes et belles choses, ou riant avec lui de quelque conte, de quelque fable qu'il narrait ou mimait avec tant de gaieté! Et j'avais l'illusion pendant un moment que tout n'était pas fini, mais seulement interrompu!

Très vite! la réalité par quelque sanglot, quelque psalmodie ou quelque prière venus d'en bas, me rouvrait les yeux! Je me reprochais alors de trop penser à cet ami si vite disparu et d'oublier l'autre ce père Tégala qui avait réuni en lui, pour mes croyances d'enfant, l'idéal d'un disciple de Jésus!

Il restait seul, là-bas, lui, dans la terre étrangère, tandis que Félix allait reposer près des siens!

Et alors j'allais chercher dans ma cabine sa pauvre petite photographie que je possède encore!

. Je regardais longuement, — et même pourquoi ne l'avouerai-je pas? J'embrassais ce visage où rien de bas ou d'égoïste n'avait de place; mais où tout respirait une bonté, une simplicité que je n'ai jamais retrouvées dans les prêtres que j'ai connus depuis.

Après tout, c'était bien là sa vraie place, ce petit cimetière des Maoris, reposer au milieu d'eux qu'il avait aimés jusqu'à leur donner sa vie!

CHAPITRE XXI

Je ne me sens pas le courage, et, pour dire vrai, je n'ai pas le désir de raconter en détail le lugubre débarquement à Anvers, les formalités triviales, les incidents, les condoléances, les curiosités et tous les menus faits qui se produisirent jusqu'au moment où, sur un corbillard, par une exquise matinée de printemps, le corps de Félix d'Arunchy, monta, depuis Dinant, la rampe du chemin pittoresque qui conduisait au château d'Anhan.

Là une scène grandiose dans sa spontanéité se produisit.

Le vieux comte de Kergozen, suivi de tout le personnel et des paysans d'alentour, vint au-devant de ce neveu, parti plein de vie, et qui lui revenait un cadavre !

Tous, la tête baissée et découverte, se mirent à

genoux sur le passage de la funèbre voiture, sans un mot, sans un geste, mais avec des larmes qui étaient de bien belles paroles.

Quand on arriva devant la grille du château, la cloche de la vieille chapelle tinta ; les oiseaux sur les arbres d'alentour gazouillèrent comme autrefois, et le soleil resplendissant saluèrent le mort qui rentrait chez lui.

Livide, la comtesse soutenue par ma mère et une de ses femmes essaya de descendre de voiture. Mais alors la force lui manqua et, comme le corbillard franchissait l'entrée de la cour d'honneur, la pauvre mère tombait évanouie derrière lui. On la porta dans ses appartements, pendant qu'à la petite église on célébrait la messe des morts pour son fils!

Sur une estrade, il était là ce jeune homme qui, plein de vie si peu de temps avant, avait assisté dans ce vieux sanctuaire aux communions de Nathalie et de moi! Et quand l'orgue gémit ses sons funéraires, il me semblait encore entendre la belle voix de Félix qu'y s'y mêlait, en chantant ces mélopées plaintives des cantiques maoris, restés là-bas!

L'évanouissement de la comtesse avait duré plusieurs heures.

Quand elle reprit connaissance sa faiblesse était si grande qu'il lui fut impossible de se lever.

Alors, avec une volonté peu ordinaire, elle ordonna qu'on la porte dans la chapelle, et quoi qu'on pût lui dire, elle maintint cet ordre.

C'était un tableau pitoyable et imposant que celui de cette mère, qui venait de passer plus de trois mois en tête à tête avec le cercueil de son fils, sur le *Motupiko*, et qui, bientôt, allant le voir disparaître dans le caveau familial, voulait rester avec lui jusqu'au dernier instant.

Soutenue par ses femmes, elle essaya dans la chapelle de s'agenouiller contre l'estrade sur laquelle la bière était posée. Elle ne put pas et fut obligée de s'asseoir.

Je me dissimulais dans un coin sombre, parce que j'avais entendu la comtesse dire qu'elle voulait être seule; mais une sorte de fascination me faisait rester là.

Le soir tombait, et par les fenêtres de la chapelle de grandes raies d'atomes lumineux venaient danser sur les draperies noires du cercueil. Peu à peu, l'ombre envahissait tout, rendant plus brillante la clarté jaune des cierges et plus distincte la petite flamme bleue qui brûlait dans la veilleuse du sanctuaire.

Je ne sais pourquoi ces lumières me firent penser à Nathalie. Je m'étonnais qu'elle ne fût pas sortie du couvent pour une si cruelle circonstance; mais la pauvre fille qui était, je l'appris, chez les Ursulines de Bruges, placée là par son oncle, n'avait peut-être pas de permission; peut-être même, ignorait-elle la mort de Félix d'Arunchy!

Le comte de Kergozen vint chercher sa sœur dans la chapelle et, de nouveau, on dut la porter à sa chambre. Un moment après, elle fit dire à ma mère et à moi d'aller la retrouver.

La comtesse était étendue sur une chaise longue; elle était très pâle et d'un calme singulier.

« Je sens », dit-elle à ma mère, en lui prenant affectueusement la main et en m'appelant aussi près d'elle, « que quoique l'on fasse, je suivrai bientôt mon fils. Demain matin, mon notaire sera ici, et votre sort, mes amies, sera assuré comme si vous étiez avec moi. Je vous ferai appeler toutes deux. Maintenant, venez que je vous embrasse et laissez-moi seule. »

Ma mère suffoquait, toute secouée par les sanglots. Nous nous étions baissées, toutes deux, près de son visage, et, quoiqu'elle fût d'une extrême faiblesse, la comtesse nous réunit dans une commune étreinte, nous tint un grand moment serrées contre elle en disant : « La volonté de Dieu est insondable ! Oh ! mes enfants ! Félix, Mathilde ! », puis elle répéta : « A demain matin. » Et nous sortîmes de sa chambre. Hélas ! avant que l'aube nouvelle se levât, la noble femme qui nous avait généreusement fait partager sa vie et qui voulait faire de moi sa fille avait été rejoindre son fils dans l'éternel sommeil !

La douloureuse émotion que ces souvenirs lointains éveillent encore en moi me les fait raconter peut-être trop brièvement. Mais j'aurais tant de choses à dire qu'il me faudrait des volumes si je m'étendais sur toutes !

Trois jours après cette mort, on ensevelit ensemble dans le caveau de famille, au château d'Anhan, les dépouilles mortelles d'Herminie et de Félix d'Arunchy.

Toute la famille des héritiers, indifférents et froids, des étrangers pour ma mère et moi étaient là. Le pauvre vieux savant, le comte de Kergozen, y était aussi ; mais le choc avait été trop fort pour son esprit déjà bizarre, et il était brusquement retombé dans une sorte d'enfance, sans joie et sans tristesse.

Quand les dernières prières eurent été dites sur les cercueils, ma mère alla dans sa chambre et m'y fit venir. Elle rangeait dans des malles ses effets et les miens.

« Ma pauvre fille », me dit-elle, tu auras connu et vu de bonne heure, et peut-être pour ton bien, beaucoup de souffrances et un peu de bonheur. Dieu est là. Courage ! La rente minime qui me vient de ma nièce Sophie nous aidera à vivre. C'est tout ce qui nous appartient et demain nous aurons quitté ce château pour toujours. »

« Où donc allons-nous, mère ? » lui dis-je.

« En France », me répondit-elle avec exaltation. « Arrive que pourra, je veux y retourner. »

Et ainsi fut fait.

CHAPITRE XXII

Un mois après les événements douloureux qui
ont clos la première partie de mon enfance, je me
réveillai un matin de novembre, — matin triste et
gris, — dans un petit lit aux rideaux de percale
blanche. Une figure froide et douce, encadrée de
tuyautés en linge et d'un voile noir, était à mon
chevet.

Dans la distance un cor de chasse sonnait
l'hallali.

« Eh bien, mon enfant, vous sentez-vous mieux,
ce matin », dit une voix.

Je me rappelle intensément, après tant d'années,
que pour toute réponse, j'éclatai en sanglots.

Comme un éclair, toute ma pauvre jeune vie
passée, toutes mes joies dernières, venaient de
luire et de disparaître.

J'étais couchée dans l'infirmerie du couvent du Sacré-Cœur d'Amiens, sérieusement malade, — et depuis une semaine, délirant de fièvre, le premier moment de lucidité m'apportait la douleur du souvenir !

Comment je me trouvais là? En voici la raison.

Ma mère, malgré mes supplications, n'avait pas consenti à venir à Paris pour me laisser revoir mon père.

Elle craignait, pauvre femme, qu'il ne voulût, à son tour, me garder avec lui et elle ne pouvait se résigner à cette pensée.

Une cousine éloignée de la comtesse d'Arunchy habitait Amiens ; ma mère le savait et cette raison la détermina à choisir cette ville pour séjour.

Mⁱˡᵉ de Roimont était une vieille fille extrêmement dévote et austère ; et je me souviens que lors de notre première visite chez elle à Saint-Acheul, quand ma mère lui raconta naïvement de quelle façon j'avais vécu au château d'Anhan et en Nouvelle-Zélande, la chère vieille en eut presque une pâmoison !

« Oh ! doux Jésus », — ne cessait-elle de répéter, — « cette enfant allait être perdue ! C'est la providence qui a tout mené à bonne fin. Vous n'auriez jamais su élever cette petite fille, ni ma cousine d'Arunchy non plus. »

Alors, elle expliqua à ma mère abasourdie qu'il fallait me placer au Sacré-Cœur. Et, comme ma pauvre mère expliquait que ses moyens ne lui permettaient pas une institution de ce prix, pour moi, Mⁱˡᵉ de Roimont coupa court à cette objection en disant qu'elle voulait, en souvenir de sa parente, se charger des frais de mon éducation.

Quels que fussent ses motifs, que j'ai appris plus tard, — m'offrir au bon Dieu comme une religieuse en herbe, — l'acte n'en était pas moins généreux.

Mais, alors, j'étais loin de le trouver tel! Les grandioses horizons de la Nouvelle-Zélande étaient encore trop proches de moi, et ma liberté sans limites trop récente, pour que les murs d'un couvent ne me semblassent pas ceux d'une prison.

Quand nous fûmes de retour à notre logis, — ma mère, qui sentait les avantages d'une bonne éducation pour son enfant, sans approfondir les motifs de Mlle de Roimont, — et qui, en même temps, ne pouvait se décider à se séparer de moi, me demanda mon avis.

Le chagrin m'avait mûrie ; et sans hésiter je lui dis que je désirais entrer au Sacré-Cœur. Nous nous serrâmes dans les bras l'une de l'autre en pleurant; mais le lendemain matin Mlle de Roimont, elle-même, me conduisit au couvent.

L'effort avait été trop grand pour mes forces! Huit jours durant, je luttai contre le chagrin dans ce nouveau milieu; mais il fut le plus fort. Je ne me plaignis pas ; je ne demandai pas à retourner près de ma mère. Seulement, pleurant la nuit sous mes draps et mangeant à peine, la fièvre me saisit, me terrassa, me fit délirer, et, pour la première fois, depuis huit jours, je venais de me réveiller comme d'un cauchemar, ce triste matin de novembre.

Oh ! cette sonnerie du cor de chasse, comme elle résonnait en moi! Et, les belles images de chevauchées dans les Ardennes qu'elle évoquait dans ma mémoire, pendant que la dame du Sacré-Cœur,

— une jeune convertie d'Ecosse, qui s'appelait :
« Smith », — me racontait des histoires de miracles.
Peu à peu, cependant, mon chagrin s'assoupit. Je
n'étais qu'une enfant et des moments de gaieté me
revinrent. J'obéissais à ma double nature, ce
mélange bizarre de sang du nord et de sang du
midi, qui me mettait tour à tour au cœur la mélancolie des légendes brumeuses et les soleils radieux
des cieux d'azur!

Mais, le soir, couchée dans mon lit, je revivais
toutes mes tristesses récentes, et je me reprochais,
alors, de rire, d'être gaie parfois, étant si près
encore de cette nuit funèbre où, pour la dernière
fois, j'avais vu dans leur sommeil éternel ces deux
nobles figures de Félix d'Arunchy et du père
Tégala!

Bientôt, les longues stations que l'on me faisait
faire à la chapelle devant l'une des vierges qui
accordait les grâces particulières, le marmotte-
ment du chapelet dans le grand silence et le calme
engourdissant de ce lieu me transformèrent et le
microbe des vocations subites m'envahit.

J'avais pour m'y conduire la voix persuasive
d'un jésuite, le père Barbier. Toutes les grandes
filles voulaient aller se confesser à lui.

Mais, comme régulièrement plusieurs d'entre
elles avaient, après la confession, des crises que les
dames du Sacré-Cœur nommaient, « extatiques »
et que les médecins appellent « hystériques », on
leur défendit le bon père. Du reste, il disparut
bientôt, en allant dans quelque lointaine mission.

Environ un an après mon entrée au Sacré-Cœur,

brusquement, un soir, je me trouvai face à face avec mon père !

Il avait appris, je ne sais plus comment, notre arrivée en France et mon séjour au couvent, et venait, accompagné d'un avoué et fort de ses droits, me chercher pour me conduire à Paris, immédiatement.

Notre entrevue, — il est presque inutile de le dire, — fut émouvante ; j'avais pour lui l'affection la plus profonde ; mais je l'avais aussi pour ma mère ; et l'idée de partir ainsi, sans la revoir, me brisait le cœur. Néanmoins, je pus lui envoyer un mot et elle vint à Paris presque en même temps que moi.

J'appris, dans le trajet d'Amiens à la capitale, que Nine Jourvais était dans son pays pour plusieurs mois encore, et j'en fus heureuse. Il m'aurait été trop pénible de la revoir, d'être obligée de repousser cette femme que j'avais idolâtrée, mais qui n'en était pas moins la cause des larmes et des épreuves de ma mère. Ce que mon père déciderait à mon sujet, après le retour de Nine Jourvais, je n'en savais rien !

Le lendemain matin, j'étais installée dans une petite pièce du pavillon qu'occupait mon père, dans la rue Sainte-Geneviève.

Oh ! les trois mois délicieux que j'ai passés là, entre ce père que j'admirais autant que je l'aimais et cette chambre studieuse, calme, pleine de livres, où tout parlait de travail et de science.

Quelle joie ce fut pour moi, quand j'y vis apparaître le beau et sévère visage de Claude Bernard, comme autrefois, dans le « home » de la rue Notre-

Dame-des-Champs. Mais, alors, il ne faisait aucune attention à moi ; tandis qu'en me revoyant presque adolescente il m'écoutait, lui, le grand savant, avec curiosité, quand je racontai à mon père et à lui ce superbe et douloureux voyage de la Nouvelle-Zélande !

Il s'intéressait à chaque détail, quelque petit qu'il fût, sur la flore, la faune et le sol de cette terre de merveilles.

En plaisantant, il disait avec son sourire grave : « Il faudrait en faire un explorateur de cette enfant. »

Quelques jours plus tard, j'eus la surprise de voir entrer Ernest Renan dans le cabinet de travail de mon père. Je n'avais gardé de lui qu'un souvenir très léger et tout d'abord sa présence ne me causa aucune émotion.

Mais, quand il m'eut parlé, — comme il savait parler ! — de quelques souvenirs de ma première enfance, je me sentis invinciblement attirée vers lui.

Il venait causer avec mon père de quelques inscriptions cunéiformes très curieuses, paraît-il, mais que malgré sa grande science il ne parvenait pas à déchiffrer clairement.

Renan était alors un des membres de l'Académie des inscriptions.

Des entretiens de ce genre étaient hors de ma compétence d'enfant ; et pourtant j'écoutais avec une avide curiosité les discussions qu'ils eurent ensemble sur ce sujet.

Charles Schœbel, savant orientaliste, était profondément versé dans cette science ; mais Ernest Renan le savant philologue ne l'était guère moins, et il discutait ces choses arides avec un charme d'expressions qui résonnait à mes oreilles comme une harmonie parlée.

J'eus la grande joie de le voir chez mon père, ci et là. Il était si simple, que je lui parlais comme s'il eût été un vieil ami pour moi.

Il me laissait tout dire, mais il se gardait bien d'aborder, — que nous fussions seuls ou non, — le sujet pénible et délicat de mon enlèvement par ma mère.

De moi-même, je lui fis le récit, comme à Claude Bernard, du voyage de la Nouvelle-Zélande et des morts tragiques.

J'avais intéressé Claude Bernard; mais Renan lui, fut surtout ému. Il me fit répéter plusieurs fois tout ce qui touchait au père Tégala et me dit ces jolies paroles : « Si ce bon missionnaire avait vécu au temps de Jésus, comme le Maître l'aurait aimé. »

On était en 1856 et Renan allait bientôt se marier. Deux ou trois fois je l'entendis, quand il parlait à mon père, prononcer le nom de sa fiancée, Cornélie Sheffer et celui de sa sœur Henriette, — les deux amours profonds de sa vie!

Quelque pressentiment me disait que bientôt je ne le reverrais pas de longtemps; et, par une sorte d'intuition, sentant plus que comprenant à mon âge la valeur morale d'un tel homme, je tâchais de l'accaparer chaque fois qu'il venait chez mon père pour l'entendre causer.

Il n'essayait pas de descendre jusqu'à ma compréhension d'enfant, non par dédain, mais parce que son savoir n'aurait pu se plier à l'a, b, c, de la science. Il me racontait ci et là quelques curieuses légendes bretonnes, me regardait de ses yeux doux, calmes, et dont l'expression profonde était comme voilée de mélancolie, puis il me disait : « Plus tard, quand vous serez une jeune fille ou une jeune femme, nous reprendrons nos entretiens et nous parlerons de choses sérieuses. »

Et nous les avons repris, en effet, ces entretiens dont je me souviendrai jusqu'à la mort. Mais avec les changements perpétuels de ma vie d'alors, je ne devais le revoir, — avant son retour d'Orient en 1861, — qu'une seule fois encore.

C'était un vendredi soir que Renan vint vers l'heure du dîner. Il avait fait, disait-il à mon père, des recherches prolongées à la bibliothèque, alors impériale, pour retrouver certaines Inscriptions Hébraïques qui l'intéressaient. Il était très fatigué et mon père l'invita cordialement à partager notre repas. Très simple, Renan accepta et se mit à causer de science avec sa gravité douce.

Il mangeait distraitement quand tout à coup, regardant le contenu de son assiette, il se mit à rire avec gaieté disant : « Ah ! si les bons prêtres de Bretagne qui ont si honnêtement pris soin de mon âme d'enfant avaient pu prévoir que leur élève mangerait du porc un vendredi, quel chagrin ils auraient eu ! »

Mon père me rappelait plus tard qu'il y avait une sorte d'émotion dans le rire de ce savant qui ne pouvait plus partager les croyances simplistes de jadis, mais qui aimait toujours ses vieux maîtres.

Un matin, je me réveillai sous l'impression d'une

étreinte et de baisers sur mes joues. J'avais devant
moi Nine Jourvais!

La lutte entre mon affection d'autrefois pour elle
— et, dans le présent, la pensée de ma mère, — fut
courte mais cruelle.

Doucement, sans rien dire, les yeux dans ses
yeux, je la repoussai et je me levai. Elle me laissait
faire et pleurait sans bruit, murmurant : « Oh! ma
petite Mathilde, ma petite Mathilde! »

Je sentais qu'il me fallait lui dire quelque chose
à cette femme qui m'avait soignée dès ma naissance avec idolâtrie. Mais, quoi lui dire qui ne fût
une blessure pour elle, ou une injure à ma mère!

Pourtant, comme le temps pressait, mon père
pouvant arriver, je lui dis : « Je n'oublierai jamais
les soins que vous avez donnés à mes premières
années; mais je ne puis oublier ce qu'a souffert et
souffre ma mère. J'ignorais où vous étiez. Puisque
vous voilà, moi, je m'en irai et je vais prier « mon
père de me remettre dans un couvent ».

Elle répétait au milieu de sanglots, m'appelant
comme autrefois :

« Ma fille, tu n'as pas raison de me mépriser! »

A ce moment, mon père entra.

Sans un mot, il comprit tout.

Très grave, très pâle et très triste, il me dit :
« Mets ton chapeau; sortons mon enfant ».

Et quand nous fûmes dans la rue il demanda :
« Tu ne veux pas rester chez moi, n'est-ce pas? »

« Non père », lui dis-je, « pas avec elle ».

« Bien », répondit-il laconiquement.

Il prit une voiture, et pendant plusieurs heures
nous allâmes d'institutions en institutions, laïques
et religieuses.

Comme je restais dans la voiture j'ignore ce que mon père leur disait touchant les conditions de mon séjour et celles qu'il exigeait au sujet de ma mère; mais je puis croire qu'on ne voulait point les accepter, puisque la journée entière s'écoula sans qu'il eût trouvé un seul établissement qui consentît à me recevoir.

La nuit allait tomber; et la voiture nous conduisit dans une dernière institution qui était le couvent des Dames de l'Immaculée-Conception.

Pendant que mon père allait parler à la supérieure, je restai de nouveau seule dans le fiacre, revivant mon calvaire passé et futur, avec les pauvres stations de joie qui si vite se changeaient en étapes douloureuses!

Il revint et me dit :

« Viens ma fille; c'est là où tu vas rester ».

Brièvement, je fus présentée à la supérieure, — la mère Séraphine, — à la physionomie dure, énergique et intelligente. Mon père m'embrassa sans émotion apparente, mais ses lèvres tremblaient.

« Au revoir, à bientôt », me dit-il.

« Demain, je t'enverrai tes effets ».

On me donna une légère collation, puis une méditation à la chapelle et enfin, le suprême refuge des malheureux : Le lit où l'on va endormir ses peines!

Je ne raconterai pas en détail, — tant de choses me restant à dire, — l'année que je passai encore dans ce nouveau couvent.

Je n'avais pas vu ma mère depuis trois mois, — mon père craignant, à son tour, qu'elle ne me reprît à lui. Néanmoins, au bout d'une semaine, avec les droits qu'elle possédait, elle aussi, j'eus la joie d'aller l'embrasser au parloir.

« Patience, ma fille », me dit-elle, « M. Chaix d'Estange a pris ma cause en main. Tu sortiras de ce couvent j'espère, et tu me seras rendue. »

Hélas ! ma jeune vie était alors ce qu'est celle des enfants dont les parents sont divisés, — mais qui, tous deux, aiment l'être qui leur doit la vie.

En attendant que ma mère perde ou gagne le procès qu'elle entamait grâce à l'aide puissante et désintéressée du célèbre avocat, j'étudiais et de plus en plus m'enfonçais dans ce que j'appelais ma « vocation céleste ». Mon père venait au couvent trois fois par semaine me donner des leçons d'allemand, et fort souvent Claude Bernard l'accompagnait.

Un jour j'eus la grande surprise de voir venir avec eux Ernest Renan. Je sus plus tard que les religieuses ignoraient à ce moment le loup hérétique qui entrait dans leur bergerie !

Heureuse de revoir ce charmeur, et ne pouvant à l'âge que j'avais approfondir ses croyances, je lui fis naïvement part des miennes et surtout de ma fameuse, et j'ajoutai « inébranlable » vocation. Je puis répéter mot à mot, — les ayant écrites peu après, — les paroles qu'il me dit à ce sujet avec une douce ironie :

« Vous êtes au seuil de la vie, ma pauvre enfant; attendez d'y être pleinement entrée. Vous retrouverez ou vous perdrez alors votre « inébranlable » vocation. »

Stupidement, j'eus la maladresse de répéter ces paroles à la mère Séraphine.

« Qui est cet ami de votre père? » me demanda-t-elle.

« M. Ernest Renan », répondis-je en toute innocence.

« Ah ! » fit simplement la supérieure. Mais ce « Ah » voulait dire bien des choses, sans doute, car l'illustre savant ne fut plus reçu à l'Immaculée-Conception.

Quant à Claude Bernard, qui ne s'occupait pas de questions religieuses, il put continuer à venir avec mon père. Lui aussi, — à sa manière, — était un charmeur, mais d'un genre trop abstrait, trop scientifique pour une fillette de mon âge. Je l'écoutais, un peu intimidée devant sa haute et sévère physionomie, me parler de sujets qu'il ne parvenait pas à rapetisser au niveau de mon intelligence, et qui, pour cette raison, me restaient, à part quelques exceptions, incompréhensibles.

Plus tard seulement, je pus apprécier le savant illustre et l'homme de fer qu'était Claude Bernard, et j'en reparlerai.

J'avais mieux compris Renan, parce qu'il n'abordait pas de questions scientifiques avec moi, — même les plus simples.

Il m'avait enchanté par ses légendes armoricaines; par le charme de ses descriptions, et je pourrais ajouter, — si bizarre que cela puisse sembler, — par l'idéale façon dont il m'avait raconté l'Evangile chez mon père.

Mais, de même que pour Claude Bernard, il m'était impossible alors de juger, à mon petit point de vue, cet homme illustre, — de si vaste et superbe intelligence. Au physique un être épais, presque difforme, lui si amoureux de la forme ; un homme qui réunissait en lui la trinité du Breton, du savant et de l'ambitieux.

Un tel jugement n'était pas de mon âge, et ce n'est que vers 1862 que je le formulai en « moi-même », quand je revis Ernest Renan.

Avant l'année écoulée, ma mère gagna son procès. Je quittai le couvent. De nouveau, je revins près d'elle et, de nouveau, hélas ! je fus séparée de mon père bien-aimé !

Je lui écrivis avec une profonde tristesse ; mais sans doute, surpris ou blessé que je n'eusse pas résisté ou protesté de lui être encore reprise, il garda le silence.

CHAPITRE XXIII

Chez ma mère, à Bellevue. — Notre visite à Dumas fils. — Mes confidences à lui sur ma vocation religieuse. — Sa fine et spirituelle lettre à moi sur ce sujet. — Notre départ pour Naples.

Une vie nouvelle recommença pour moi dans la maisonnette qu'habitait ma mère près de Bellevue. Elle faisait tout au monde pour me distraire et me consacrait la plus grande partie de la faible rente que sa nièce lui avait léguée.

D'abord, ma tristesse fut immense! Le savoir et les leçons de mon père me manquaient cruellement.

Il n'avait pas répondu à ma lettre; et ma mère, redoutant un quatrième enlèvement, ne me laissait jamais sortir seule et m'empêchait de le revoir!

Au fond de moi-même sommeillait ma vocation religieuse. Ci et là, il y avait des réveils, puis des assoupissements.

Des mois passèrent.

Ma mère écrivaillait beaucoup, et moi, je lisais à tort et à travers, des livres qui, sans être mauvais, n'étaient pas absolument religieux. C'est ainsi que je lui avais lu quelques passages du *Chevalier de Maison-Rouge* par notre vieil ami Dumas père.

« Quel dévouement pour la sainte reine Marie-Antoinette », ne cessait-elle de répéter.

Ma mère ignorait lequel des deux Dumas avait écrit ce roman et me le demanda. Sans hésiter, je lui répondis : « Dumas fils. »

Je ne savais trop moi-même si c'était bien lui; mais je me disais que de si belles choses ne pouvaient avoir été écrites que par un homme jeune.

Quelques jours après, elle m'annonça : « Nous irons voir Dumas fils; je lui offrirai quelques notes sur ma vie et je lui demanderai d'écrire mon histoire. »

Elevée comme je l'étais depuis ma petite enfance, vivant un roman, plutôt qu'une vie réelle, je trouvai toute simple l'idée de ma mère, et encore plus simple de l'accompagner dans cette singulière visite

Quoique Dumas père fût un de nos vieux amis, son fils nous était « personnellement » inconnu.

A cette époque, en 1857, il habitait un petit hôtel dans la rue de Boulogne.

Je le vois encore, entrant dans le salon, avec sa haute stature, son air froid, un pli hautain lui barrant le front, et la raillerie s'aiguisant déjà dans l'œil scrutateur.

Il s'inclina légèrement dans une muette interrogation. Cet accueil, un tantinet glacial, n'intimida nullement ma mère.

« Je vois que vous ne me connaissez pas », dit-elle; et avec volubilité, elle lui débita pêle-mêle son nom, nos relations d'amitié avec son père, notre vie errante, ses malheurs et que sais-je !

Impassible, il l'écoutait, étudiant, peut-être, quelque type nouveau.

Pourtant, quand ma mère lui eut montré quelques lettres originales et charmantes que l'auteur des *Trois Mousquetaires* lui avait autrefois écrites, — Dumas fils s'humanisa et parut brusquement s'intéresser à son récit.

« Soit », dit-il. « Envoyez-moi vos notes. J'écrirai volontiers votre histoire, qui n'est pas banale, et », ajouta-t-il loyalement : « Si j'en tire quelque chose, comme je l'espère, nous partagerons. »

J'étais si étonnée et si heureuse de ce résultat que, sans réfléchir, je m'écriai : « Quel bonheur ! »

Le grand jeune homme se tourna de mon côté, et alors de sa voix mordante :

« Et vous, mademoiselle, vous n'avez rien à conter? »

Mes joues brûlèrent un peu. Je sentis qu'il raillait.

« Je n'ai rien à conter, monsieur », lui dis-je, « parce que je veux être une religieuse. »

« Ah ! bah ! » fut toute sa réponse, qu'il ponctua d'un léger haussement d'épaules et d'un coup l'œil aigu.

Puis, à ma mère, gravement, cette fois, avec un mélange d'âpreté et de cœur : « Votre fille doit beaucoup vous aimer, Madame, car vous avez beaucoup souffert pour elle ! Distrayez-la donc, un peu, de toutes ces pensées monacales, propres aux hystéries de quinze ans ! Un beau voyage et cette petite maladie passera à Mademoiselle. »

Je n'avais jamais entendu un homme parler ainsi ; et je me trouvais prise entre une sorte d'admiration et de colère pour Dumas III qui se traduisit, hors de sa présence, par un déluge de larmes dans mon mouchoir.

« Ne pleure pas », me disait ma pauvre dévouée et amusante mère. « Cet homme, malgré son grand esprit, ne comprend rien aux vocations. Nous nous ferons religieuses, toutes deux ! »

Elle oubliait, chère femme, que mon père n'était pas mort et le divorce non encore rétabli en France.

De retour à la maison, blessée au vif par l'incrédulité de Dumas fils et ses sarcasmes touchant ma vocation, je ne trouvai rien de mieux, pour la lui prouver, que de la lui confirmer en... poésie !

Comme une fillette toquée, je lui écrivis en secret des vers... et quels vers ! à lui, le grand ironiste, et cela, par hasard, un 1er avril.

Mais, je ne les ai jamais regrettés, ces vers, puisqu'ils me valurent une spirituelle réponse où la raillerie et le cœur se mélangeaient.

Voici cette lettre :

« Paris, 3 avril 1857.

« Mademoiselle,

« Il y a en France une tradition qui permet le 1er avril de faire une plaisanterie par lettre aux gens que l'on connaît et même aux gens que l'on ne connaît pas. On appelle cela un poisson d'avril.

« J'ignore l'origine de cette coutume et l'étymologie de ce mot, mais c'est une des premières choses inutiles que les enfants apprennent en naissant ou au couvent. Ce qui me prouve que vous n'avez appris, heureusement pour vous, Mademoiselle, que des choses utiles.

« Pardonnez-moi donc d'avoir douté de votre sainte vocation, et de lui avoir attribué une autre cause que la véritable.

« Nous qui restons dans le monde, nous sommes sujets à l'erreur, et s'il n'en était ainsi, à quoi nous servirait la foi de ceux et de celles qui le quittent. Je ne doute donc plus et je fais mes compliments à Dieu, de vous avoir seul inspirée dans une lutte où l'on ne songe guère à lui que par désespoir ou par calcul. Mais permettez-moi de vous le demander, Mademoiselle, que va devenir votre mère que vous aimez tant, et ne craignez-vous pas de commencer par une preuve d'égoïsme cette belle carrière d'amour universel. Dans cet abandon du monde où votre mère restera seule, je vois bien la chrétienne qui aime son Dieu, mais je ne vois plus la fille qui aime sa mère.

« Peut-être cette petite considération vous arrêtera-t-elle au moment décisif, et Dieu vous pardonnera, car il n'a pas fait qu'un chemin pour aller à lui.

« Cependant, comme j'ignore quand nous nous rencontrerons, je vous renvoie ici les vers que vous avez bien voulu me confier sur vos projets religieux. Malgré la ferveur qui les anime, ils s'en vont encore en trébuchant comme des conscrits qui font l'exercice pour la première fois.

« Recevez, etc.

« A. Dumas. »

La leçon quoique dure était juste. Mais je n'en fus pas moins bien mortifiée et ma mère encore plus. Je n'imaginais guère à ce moment, que j'en rirais un jour avec lui !

Ce qui paraît certain, est que cette lettre eut pour résultat de faire réfléchir ma mère sur ma « vocation » religieuse et de refroidir son enthousiasme d'entrer au couvent comme « dame agrégée ».

Les extrêmes étaient dans la nature méridionale de la chère femme ; et un beau matin du printemps de 1858, elle me proposa, sans rime ni raison, d'aller, elle et moi, demeurer en Italie.

Ses motifs étaient à la fois, tristes, touchants et comiques. Elle trouvait qu'il était cruel que je fus si près de mon père et que je ne le vis pas.

Mais, si je le voyais, il y aurait un cinquième enlèvement ; et pour résoudre le dilemme, la distance lui semblait un remède !

Puis, ce beau pays était le paradis des couvents ; et si ma vocation était réelle, je trouverais le bon Dieu en Italie aussi bien qu'en France, assurait naïvement ma mère.

Elle me chargea de découvrir la cité future de notre résidence en me disant : « Toi, ma fille, qui connais si bien la géographie, tu choisiras le lieu qui convient à nos pauvres ressources ».

Je ne sais pas si je connaissais, alors, très bien la géographie ; mais je connaissais, en secret, la Graziella de Lamartine, — et de suite, Naples m'apparut !

Quand je dis Naples, — surtout son golfe merveilleux et les rochers du Pausilippe avec ses grottes.

« Tu ne sais pas, Mère, puisque nous sommes pauvres, nous irons demeurer dans des grottes », lui dis-je.

Sans faire la moindre objection, ma mère acquiesça. Elle trouvait ça tout naturel d'habiter une grotte !

N'avions-nous pas habité des tentes à la Nouvelle-Zélande, en plein air et en pleine sauvagerie !

Et puis, ajoutait ma mère :

« Après tout, notre vie n'est pas celle de tout le monde ».

Ah ! non, pour sûr, elle ne l'était pas !

CHAPITRE XXIV

Notre arrivée à Naples. — Naples en 1858. — Les ruines. —
Notre demeure dans la grotte de la pointe du Pausilippe.
Louis de Bourbon, comte d'Aquila. — Sa bonté, sa simplicité, son amitié pour ma mère et moi. — Il me sauve
la vie. — Les San Martino. — Le duc de Calabre, plus
tard François II. — François II en moine. — Retour à
Naples. — Procession de gala de François II et de la jeune
reine Marie-Sophie à la pia di grotta. — Antonio Sanchez
le brigand. — Son amour. Sa mort. — Lettre de Claude
Bernard à moi.

Une quinzaine après nous débarquions du petit
« bateau à vapeur », comme on disait alors, qui de
Marseille, neus amenait dans le royaume du roi
Bomba !

Décrire Naples me semble enfantin, car aucun
pays au monde n'est plus décrit, plus connu ou
plus peinturluré. Pourtant, chacun a son impression particulière ; et il est certain que le Naples de
1858, avec ses moines bariolés, leurs paniers de
provisions au bras, et ses « lazzarones » vautrés
dans le sable ou la poussière, comme de grands

11

lézards bruns, — ne ressemblait pas au Naples d'à présent!

Quel fouillis, quel tohu-bohu, quels cris et quel tableau mouvant nous avions le soir, de notre fenêtre à l'hôtel de Genève près de la Chiaja!

Emerveillées, — ma mère et moi, en avions oublié la recherche des grottes! Mais, l'hôtel et ses prix nous y firent songer bien vite.

Le matin, nous prîmes à la Margellina une barque, dont le patron connaissait un peu le français, et qui, pour un prix modique, inconnu aujourd'hui, devait nous conduire à la pointe du Pausilippe, en s'arrêtant à tous les endroits où nous voudrions descendre et visiter grottes ou ruines.

La première, sur notre droite, fût le vieux château de la reine Jeanne.

Enthousiasmée des grandes salles nues, délabrées, branlantes, mais d'où la vue était sans prix, — ma mère qui ne tenait pas absolument à des grottes, demanda au batelier qui nous avait accompagnées, si l'on voudrait louer une de ces pièces.

L'homme ébahi n'en savait rien, mais ne croyait pas.

Un peu plus loin, un ancien couvent de moines, la façade sur pilotis et l'entrée sur les rochers, derrière, arrêta notre attention.

« Et ici », dit ma mère, « nous louerait-on quelque chose? »

De plus en plus ébahi, l'homme répondit : « Si Signora ».

« Eh bien, visitons », dit-elle. Et de nouveau, nous débarquâmes.

Ah! les belles pièces, la plupart sans portes, froides, nues, avec pour plancher, leurs grands

carrés de lave qui ressemblaient à des pierres funéraires.

Toutes deux, nous étions ravies.

Çà et là, il y avait bien quelque fente dans le
plancher et le plafond, mais ce détail était négli-
geable devant la beauté de l'ensemble.

Tout à coup, ma mère avisa dans un coin une
sorte de dalle qui n'était pas en pierre, mais en
bois.

« Qu'est cela? demanda-t-elle au batelier.

« Une trappe », répondit celui-ci.

« Une trappe! Et pourquoi faire? »

« Pour descendre à la mer qui est au-dessous de
la salle. Oh! ce n'est pas profond », ajouta l'homme
qui se méprit à l'air effrayé de ma mère, — « et
l'on peut attacher une barque aux pilotis ».

« Ah! doux Jésus », s'exclama-t-elle « on pourrait alors venir pendant notre sommeil en montant par cette ouverture, nous voler ou nous
égorger! »

Le batelier se mit à rire, — d'un bon rire honnête qui découvrait ses dents blanches; et de sa
voix caressante : « Oh! non, non, Signora, les
gens, ils étaient des « bounes » gens par ici ».

Mais le charme était rompu. J'eus beau prier ma
mère de choisir une de ces pièces pour demeure,
elle les voyait toutes remplies de trappes et de sur-
prises nocturnes.

Nous redescendîmes, et bientôt la barque nous
déposa à la pointe du Pausilippe, sur une petite
plage idéale, une vision de paradis. Et ce qu'il y
avait de plus singulier, est que nous avions devant
nous, à ras du sol, une grotte immense, — comme
un décor magique fait à plaisir.

Un escalier primitif, taillé dans le roc, conduisait à une petite terrasse sur laquelle s'ouvrait encore une autre grotte munie d'une fenêtre, celle-là.

Un peu sur la gauche, une route en zigzag, celle de Naples, montait au sommet des collines enveloppées d'une végétation de rêve.

Des orangers, des citronniers, des grenadiers, un fouillis de figuiers d'Inde avec leurs fruits savoureux et glacés; des jasmins, des roses, toute une végétation en délire, s'étalait, s'accrochait, s'entassait là, ivre de vie.

La grotte du rez-de-chaussée était un lieu de rendez-vous pour les pêcheurs d'alentour.

Une vieille femme veuve et sa fille, qui s'appelait « Annonciade », l'habitaient, et avaient là un petit commerce de sardines à l'huile, de vin et de pain.

Nous entrâmes, et de suite ma mère s'informa de la grotte située en haut du petit escalier. Nous apprîmes alors, que les deux grottes et cette partie du rocher, étaient la propriété de M. Avolio, un riche marchand de corail qui demeurait à Naples devant la Villa-réale.

Il venait y passer, avec sa famille, la journée du dimanche, nous dit la vieille; elle ne croyait pas qu'il voulût rien louer de ce petit pied-à-terre.

Amicalement, la bonne femme, qui en avait la clef, nous offrit de nous en montrer l'intérieur. Inutile de dire que ma mère et moi acceptâmes.

C'était bien la demeure la plus pittoresque, — et j'ajoute. la plus exquise dans sa nudité, qu'un artiste eut jamais pu rêver!

Que de fois dans mes lointains et beaux voyages,

j'ai revu en fermant les yeux, cet intérieur étrange, cette grotte creusée en plein roc, avec son unique fenêtre donnant sur l'étroite terrasse.

Et, tout au bout de cette terrasse, la cuisine minuscule, creusée de même, dans le rocher. De là, dominant la petite plage et l'azur de ce golfe, — quel tableau inoubliable.

En face la beauté souveraine de ce Vésuve avec la lave en ébullition, coulant sur le revers qui domine Torre del Greco, et dont les reflets rouges, chaque soir, ensanglantaient la baie.

Aucuns meubles dans la grotte. Des nattes à terre; voilà tout.

Nous ne pouvions, ma mère et moi, détacher nos regards du spectacle féerique qui se déroulait devant nous. Toute la journée, nous la passâmes à errer sur la petite plage et à visiter chaque recoin. Il y en avait en quantité; et, sur l'extrémité du rivage, du côté de Naples, s'étendaient les ruines d'une ancienne poudrière qui firent nos délices. Elle était située sur des rochers, séparés les uns des autres, par des fentes plus ou moins profondes, et remplies d'une eau si limpide qu'on y voyait circuler, comme en un cristal bleuté, toutes sortes de petits poissons et de crustacés.

Le soir était venu avant que nous pussions nous décider à quitter ce lieu charmant.

Le batelier avait allumé à l'arrière de sa barque une torche qui jetait de grandes clartés que l'eau multipliait à l'infini. Et, nonchalant et heureux, il chantait, avec un compagnon qu'il ramenait à Naples, des refrains du pays.

De suite, en débarquant, ma mère voulut aller voir M. Avolio.

Aimable et plein de bonhomie, il ne semblait pourtant pas disposé à louer sa grotte. J'ignore quels arguments ma mère employa pour l'y décider; mais au bout d'une demi-heure le marché était conclu à vingt francs par mois.

Un tel trésor pour vingt francs !

Un logis dont le toit était fait d'un fouillis d'arbustes et de plantes odorants, où les serpents, il est vrai, aimaient à se promener comme nous en eûmes la preuve bientôt. Mais, ceci faisait partie du paysage napolitain.

Trois jours après, nous étions installées avec deux malles immenses dont l'une avait toujours suivi ma mère, depuis son enfance; quelques casseroles, deux chaises, deux matelas et du linge.

Monsieur Avolio avait laissé les nattes.

Sous le rapport du confortable, notre première nuit dans la grotte avait laissé à désirer.

Couchées sur les matelas que nous avions placés sur les nattes, nous avions entendu dans la nuit des frôlements, des glissements, des bruissements, toute une vie mystérieuse s'agiter autour de nous.

Mais tous les conforts du monde n'auraient pu donner l'enchantement du réveil avec son divin panorama.

Une surprise originale attendait ma mère.

Dans la grande marmite, sans couvercle, qu'elle avait placée sur le fourneau de la cuisine pour y faire bouillir quelques épis de maïs, elle trouva le matin, paisiblement enroulé sur lui-même, un beau serpent à tête plate.

« Ma fille, ma fille », cria-t-elle, « n'approche
pas. Il y a là un boa ! »

Un boa sur le Pausilippe !

Tartarin de Tarascon était pourtant dans les
limbes, alors !

Elle appela un pêcheur qui, tout d'abord, couvrit
la marmite, puis, sans se presser, alla jeter le tout
à l'eau. L'ustensille de cuisine sombra, tandis que
le reptile, dépliant ses anneaux, nageait tranquillement vers la rive.

« Mais le voilà qui revient », disait ma mère
inquiète.

Cette fois, la tête du serpent reçut un coup d'avi-
ron qui fit plonger le corps tout entier. Il disparut,
pour reparaître bientôt, mollement bercé par les
ondulations de l'eau.

Mais il était trépassé.

Une semaine environ après notre arrivée, des-
cendant à la grotte d'en bas acheter notre provision
de sardines, nous vîmes, ma mère et moi, un
homme à l'air distingué causer avec la vieille mar-
chande. Il était accompagné de deux jeunes femmes
qui riaient gaiement. Ces trois personnes avaient
l'air d'être très connues des pêcheurs qui les
saluaient familièrement, quoiqu'avec une déférence marquée.

Comme nous entrions, l'homme s'inclina devant
ma mère et sortit avec ses compagnes.

Nous le prîmes pour quelque châtelain des environs, ce qui était vrai en partie ; mais ni ma mère
ni moi n'éprouvâmes la moindre curiosité de savoir
son nom.

Presque chaque jour, il venait à présent sur la

petite plage, tantôt seul, tantôt accompagné. Il s'asseyait sur le rebord de quelque vieille barque échouée, ou sur quelque rocher, lisant ou causant avec les marins.

Tous les dimanches un prêtre venait dire la messe dans une antique chapelle qui se trouvait à mi-côte sur la route de Naples. Nous y allions ; et, un matin, à la sortie, ma mère venant de laisser tomber son livre de prières, le monsieur « distingué » le lui ramassa.

Comme elle remerciait, il lui dit dans un français très pur : « Cela ne vaut pas la peine d'un remerciement, Madame » ; puis en riant il ajouta : « entre voisins, il faut toujours se rendre service ».

Ce fut toute la conversation pour ce jour-là ; mais les suivants, la glace étant rompue, ma mère et moi parlions souvent avec lui et les marins sur la petite plage.

Parfois, toute seule, je descendais de notre nid d'aigle et j'allais lire ou rêver dans la vieille poudrière.

Ci et là, notre voisin venait m'y rejoindre. Son air distingué, ses manières cordiales et ses paroles simples et honnêtes m'avaient de suite inspiré confiance.

L'idée de savoir son nom ne me venait même pas. Et, puisque tous les gens le connaissaient sur cette pointe du Pausilippe, que m'importait de le savoir.

Peu à peu, je lui avais raconté quantité de choses de ma jeune vie.

Je lui avais surtout parlé de mon père, et ce sujet avait semblé l'intéresser profondément.

Un jour il me dit : « Je serai toujours votre ami, mon enfant, de près ou de loin. »

J'eus alors la tentation de lui demander son nom ; mais je ne sais pourquoi, je n'osai pas.

J'allais cependant l'apprendre bientôt.

Une après-midi, j'étais allée vers la poudrière, quand j'aperçus dans un trou de rocher les pinces d'un homard. Une fente étroite et profonde, remplie d'eau, se trouvait entre moi et le crustacé. Je m'allongeai et j'étendis le bras pour le saisir.

Mais il se recula, tandis que moi, imprudemment j'avançai le buste qui, ainsi se trouva sur le vide.

Sentant que j'allais peut-être glisser dans la fente, j'essayai, moi aussi, de reculer ; mais je ne le pus, n'ayant aucun appui pour mes mains qui n'atteignaient pas l'autre bord et ne pouvaient revenir en arrière.

Qu'allait-il arriver?

J'ai souvent pensé depuis, que ma vie n'avait tenu là qu'à un fil! Si j'étais tombée dans cette, fente, nul être humain n'eut pu me sauver, car elle était trop étroite pour qu'un nageur pût s'y mouvoir.

Le sueur froide de l'angoisse qui précède l'évanouissement, perlait déjà à mon front, quand je me sentis soulever à la ceinture, par une main puissante, le buste hors du vide, et bientôt assise doucement sur le rocher.

J'avais à peine conscience de ce qui m'arrivait, toute étourdie encore du danger couru.

Une voix grave et douce me tira de cette torpeur : « Que faisiez vous donc là, mon enfant? »

C'était le « voisin » qui me parlait, et c'était lui, qui venait de me sauver, juste à temps!

« Merci, merci », était tout ce que je pouvais dire.

« Attendez-moi là, sans bouger surtout; je reviens de suite », dit-il.

Je n'aurais eu garde de bouger; mes membres tremblaient tellement que tout mouvement m'était impossible.

Au bout de quelques minutes, je vis arriver le « voisin », suivi d'un domestique qui portait une masse de petites choses dans un panier.

D'abord on me fit respirer des sels ; le « voisin » me frictionna la paume des mains et le front; puis me fit doucement avaler un liquide qui me causa un grand bien-être.

Alors, il m'aida à me soulever; et comme il donnait tout bas un ordre au domestique, j'entendis celui-ci répondre : « Oui, Monseigneur ».

Monseigneur! Qui donc était ce Monseigneur?

Toute effarée, je regardais le maître et le serviteur, ne sachant que dire.

Ce fut le « voisin » qui parla, — et, tristement : « Ah! mon enfant, je regrette que vous ayez entendu. Nos relations d'amitié avec votre bonne mère et vous, étaient si cordiales, si naturelles. Je crains bien que ce Monseigneur-là, gâte tout ».

« Mais », lui dis-je, « qui donc êtes vous, Monsieur? »

« Oh! tout simplement, Louis de Bourbon, comte d'Aquila. »

Et, comme il vit que je ne réalisais pas encore très bien sa personnalité, il ajouta en souriant :

« Je suis le frère du roi. »

Ma mère était en train de dire son chapelet,

comme elle le faisait chaque jour, quand elle vit
arriver sa fille soutenue par le frère de Ferdinand II
et son domestique.

Etonnée de voir cette livrée avec le « voisin », et
moi entre eux, elle allait m'interroger ; mais le
prince lui raconta très vite mon aventure ; puis
alors, avec une dignité simple, il déclina son nom.

« Ah ! Monsieur, ah ! Prince, ah ! Monseigneur »,
disait ma pauvre mère, qui, dans son trouble, ne
savait plus trop quel nom lui donner ; « que de
reconnaissance nous vous devons. »

« Mais non, mais non », disait-il cordialement.
« Pourtant si vous croyez m'en devoir, prouvez-le
en ne changeant que ceci à nos relations : la
famille de San Martino dont vous avez vu les deux
filles avec moi, tient beaucoup à vous connaître
toutes deux. On viendra vous chercher quelque
après-midi ; ne refusez pas. »

Quand le prince fut parti, ma mère me dit :

« Comment veux-tu que nous allions dans ce
monde-là, ma pauvre fille ! Nous n'avons pas la
toilette nécessaire. »

« Bah ! J'ai toujours la robe blanche de ma première communion ; il y a quantité de plis et comme
j'ai grandi, je les déferai. Voilà ma toilette trouvée.

Quant à toi, mère, tu as encore, dans la vieille
malle, le costume que tu avais ce jour-là. »

» C'est vrai », dit-elle.

Et les pauvres reliques du château d'Anhan,
enfouies dans la grande malle avec des roses
séchées, revirent le jour dans la grotte du Pausilippe. »

J'eus des nuits blanches !

Comment ne pas en avoir avec une si bizarre existence, — mais j'ajoute, presque avec un remords, heureuse existence; car ce prélude à mes chagrins futurs fut un bonheur si radieux pendant près de deux ans, que le souvenir en rayonne encore en moi.

Quand je dis « remords », c'est en songeant à mon père. Certes, je ne l'oubliais pas; mais comme il ne répondait à aucune de mes lettres, je compris qu'il trouvait que j'aurais dû protester contre mon départ du couvent. Non qu'il fût satisfait que j'y sois élevée, mais du moins il pouvait me voir là et surtout m'y instruire.

Et de cette pensée me venait ce remords; car telle est la nature humaine que je me sentais heureuse dans cette atmosphère exubérante qui chantait la vie et la joie, par son ciel et sa terre!

De ma « vocation » religieuse il ne restait rien qu'un sentiment inné qui me portait toujours vers Dieu dans son œuvre infinie.

J'étais une jeune fille et la petite cloche des illusions faisait parfois tinter mon cœur!

A présent, deux ou trois fois par semaine, les demoiselles de San Martino venaient chercher ma mère et moi pour aller à leur villa de marbre, cachée parmi les orangers.

Nous passions là avec leur père et mère les après-midi et les soirées les plus étranges et les plus délicieuses qu'on puisse imaginer.

Ces deux sœurs de dix-huit et vingt-ans très belles toutes deux, étaient déconcertantes.

Je les avais vues à la petite chapelle, vautrées à terre, dans un effondrement extatique de tout leur être devant le Saint-Sacrement, et je les retrouvais chez elles fumant la cigarette, grimpant aux arbres et flirtant en enragées avec des élèves en théologie et en robes qui, amis de cette famille, passaient là leurs vacances.

Le comte d'Aquila y venait très souvent et semblait porter une grande affection à tous les San Martino.

En vérité, je n'ai jamais connu des gens plus hospitaliers et plus simples malgré leur haute naissance et leurs relations.

Tous, avec une délicatesse extrême, avaient fait semblant de croire que ma mère et moi n'habitions notre grotte, vide de tous meubles, que par originalité artistique.

Mais ils essayaient d'ingénieuse façon de la peupler de toute sorte de cadeaux alimentaires.

Parfois le comte amenait ses jeunes fils avec lui. Sa femme, sœur de Don Pedro qui, empereur du Brésil, était plus fier de son titre d'académicien que dè son titre de roi, était, elle aussi, simple et bonne. Très retirée, par goût, elle sortait rarement de l'idéale et vaste propriété que le prince avait près de la pointe du Pausilippe. Ces goûts de retraite et de simplicité, elle les conserva lorsqu'en 1868, vivant à Paris, Avenue de l'Impératrice, elle allait solitairement chaque grand matin, vêtue d'une robe d'indienne et suivie d'un petit chien, faire sa promenade journalière au bois de Boulogne.

Une visite singulière et peu banale, fut celle qui arriva un soir à la villa des San Martino.

Deux jeunes moines, ou du moins vêtus en moines, vinrent sous la véranda, pendant que ma

mère et moi prenions des glaces avec les parents
et le comte d'Aquila.

De suite, les jeunes filles s'enfoncèrent dans les
bois d'orangers avec les nouveaux venus.

Mais bientôt l'une d'elles qui s'appelait « Immaculée », vint me chercher et dans son joli gazouil-
lis, « français napolitain » me dit :

« Le petit « houme » qui est avec ma sœur, il
n'est pas « oune houme » comme tous les autres.
Regardez-le bien. »

J'essayai de suivre le conseil.

Mais le « petit homme » qui n'était pas absolument petit, mais plutôt frêle, tenait la tête baissée
sous son capuchon de moine. Il avait l'air timide,
embarrassé de lui-même et comme effaré de la vita-
lité des deux sœurs Immaculée et Incarnation.

Le prince alla de son côté et lui dit quelques
mots. A ce moment, il releva la tête et je vis un
visage long, étroit et maigre, pourvu d'un grand
nez et de deux yeux mélancoliques et craintifs.

Mais je ne le connaissais pas. Pourtant j'appris
son nom par Immaculée. C'était le duc de Calabre,
— bientôt François II roi de Naples, accompagné
de son frère le comte de Caserte.

A ce moment, rien ne faisait encore prévoir que
ce futur roi accuserait de trahison et bannirait de
Naples, sous les apparences d'une mission à remplir l'homme libéral et excellent qu'était son oncle,
le comte d'Aquila.

Ah! si tous les Bourbons avaient ressemblé à
celui-là et même à son frère le comte de Syracuse!

J'avais narré à Claude Bernard les détails de
notre installation peu banale, le suppliant en même

temps d'intervenir auprès de mon père pour qu'il
me réponde.

En juillet 1858 le célèbre physiologiste m'écrivit
quelques lignes charmantes où il me disait :   .

« Si, comme des naufragés en détresse, votre
mère et vous, n'avez trouvé pour refuge qu'un rocher, je vous plains d'y être à la merci des scorpions, des rats et des serpents. Mais, combien je
vous félicite d'avoir pour vis-à-vis ce superbe Vésuve et ses coulées de lave en fusion dont vous me
décrivez si pittoresquement les reflets sur les eaux
du golfe.

« Continuez, ma chère enfant, à vous perfec-
tionner de plus en plus, dans cette belle langue
italienne que vous aimez tant. Espérez dans l'avenir; croyez à l'affection de votre père, qui, je le
sais, vit étroitement en pensée avec vous. Et, dans
la limite de vos forces, suivez l'exemple de travail
incessant, que vous donne Charles Schœbel, le
grand savant dont l'amitié m'honore.

« Votre ami dévoué

« CLAUDE BERNARD ».

Je me résignai à ne recevoir aucune lettre de
mon père; et en attendant que quelque espoir devienne réalité dans l'avenir, je me mis à jouir intensément du bonheur de vivre jeune et forte, dans
ce coin de paradis terrestre !

Vers la fin de l'automne, le comte d'Aquila et sa
famille quittèrent leur propriété de Pausilippe
pour aller habiter le palais royal de Naples.

Les San Martino les suivirent bientôt et la solitude se fit très grande sur la petite plage.

Seuls, le soir, les mariniers pêchant aux flambeaux, mettaient une note vivace dans le grand silence Ils chantaient, assis à la prouc de leur embarcation, tout en tirant leurs filets.

Les écailles nacrées des poissons brillaient à travers les mailles avec des lueurs de pierres précieuses.

Ces hommes aux torses nus, le bonnet phrygien de laine rouge, rejeté en arrière, le jarret tendu pour hisser leur butin, avaient sans les chercher, des poses sculpturales. Et ce tableau, était dans son cadre, débordant de poésie latine.

Mais, un matin que ma mère avait descendu l'escalier rocheux sans relever ses jupes, elle aperçut le soir en les ôtant une jolie quantité de scorpions qui s'étaient blottis dans les plis. Sans chercher à les tuer, dans sa frayeur, elle jeta le tout par dessus le parapet de la terrasse.

Et, le lendemain elle avait résolu de quitter la grotte enchantée où, malgré la compagnie des reptiles et des insectes, nous venions de passer, moi surtout, presque une année de bonheur inoubliable !

Ce fut sur la riviera di Chiaja, devant la villa réale, que nous allâmes demeurer dans un modeste logis meublé, qui était presque un rez-de-chaussée.

Il avait fallu toucher à quelques économies placées pour moi, et ma mère se le reprochait, comme si elle m'eût fait un vol, sans penser un moment qu'elle m'avait consacré, sans presque en rien garder pour elle, la petite rente dont elle avait hérité.

Chaque matin, nous allions faire une longue tournée sous les chênes-lièges et parmi les buissons de roses de la villa réale, et presque toujours nous nous y rencontrions avec les nombreuses demi-sœurs du futur François II.

Gaiement, sans apparat, avec une simplicité primitive, les filles de la seconde femme du roi Bomba venaient s'ébattre au bord du golfe, sur la grève de sable dorée qui longeait la villa réale.

A force de se rencontrer on finissait de part et d'autre, par se saluer.

Parfois, le comte de Trani accompagnait ses sœurs, ou quelque moine ou prêtre, comme l'abbé de Sanclières qui, malgré la différence de leurs idées, était un ami du comte d'Aquila.

Mais la plus précieuse de nos rencontres, à ma mère et à moi, était celle de notre ami du Pausilippe, Louis de Bourbon.

De loin, il nous apparaissait entouré, non de courtisans, mais de gens du peuple avec lesquels il s'entretenait familièrement. Aussi quelle adoration avaient pour lui les Napolitains! En revanche, la puissante et fanatique Camarilla le détestait.

Il le savait; et tranquillement n'en restait pas moins un libéral sincère.

Le temps avait passé. Le roi Ferdinand venait de mourir et, le 22 mai 1859, François II était roi des Deux-Siciles.

Un matin, ma mère rencontrant le comte d'Aquila, il lui dit :

« Venez donc me trouver au palais avec votre fille la semaine prochaine, tel jour et telle heure. Je vous ferai voir des choses intéressantes. »

Ma mère remercia et accepta.

Mais de retour au logis, l'éternelle question de toilette recommença.

Nous avions chacune un mantelet. Le sien garni de dentelles, était très long; le mien, bordé de galons, était court.

Dans son amour maternel, elle me disait : « Je ne tiens pas à mettre ce mantelet; et s'il te plait mieux que le tien, prends-le. »

J'eus l'égoïsme de le prendre et le ridicule de m'affubler d'une grande chasuble qui me donnait des airs de douairière, pendant que ma mère mettait tranquillement le mien qui la faisait ressembler à une fillette d'âge mûr.

Ainsi affublées, nous allâmes au château royal.

On entrait là, comme dans un lieu public, sans aucune cérémonie.

Sous les vastes portiques du rez-de-chaussée, dormaient, allongés le long des murailles et enveloppés de manteaux, des hommes qui pouvaient aussi bien être des serviteurs au repos comme des mendiants jouissant d'un calme farniente.

Nous montâmes au premier étage, croisant quelques personnes, mais sans rencontrer de domestique officiel.

Sur un long et large vestibule, plusieurs portes débouchaient. L'une d'elles, celle d'une grande salle, était ouverte, et devant une haute fenêtre qui faisait face à l'entrée, un homme, assez mal habillé, se tenait debout, nous tournant le dos.

Son occupation était bizarre.

Il soufflait sur la vitre; puis avec son doigt, il traçait, sur la buée humide, une croix et, vite, il y posait ses lèvres.

Ma mère me dit tout bas :

« C'est un fou, pour sûr. » Et, comme un domestique galonné se montrait enfin, ma mère lui demanda : « Qui est ce pauvre homme là, dans cette salle, qui souffle sur la vitre et l'embrasse? »

Le serviteur devint rouge d'indignation. Un moment il toisa ma mère sans répondre; puis d'une voix magistrale : « Il re, signora! Il re! »

Le « pauvre homme », d'un mouvement las, comme ennuyé, retourna vers nous son long visage maigre et morne. Ses yeux noirs, petits et voilés eurent comme une étincelle. Puis tout s'éteignit. Et l'homme s'éloigna.

C'était François II.

Ma mère raconta l'aventure au comte d'Aquila que, parmi le dédale des salles, nous avions fini par trouver. Il en rit de bon cœur. En écrivant ces lignes, j'ai devant moi sa photographie qu'il me donna à Paris en 1868; et je crois voir sourire encore cette figure cordiale, fine, remplie de bonhomie, qui me fait songer à celle du « Vert Galant. »

Une des distractions favorites de François II était les pèlerinages aux nombreux sanctuaires qui abondaient à Naples et dans les environs. Son privilégié semblait être celui de la « Pià di grotta », et je revois encore en souvenir les splendeurs espagnoles de la procession qu'il y fit dans l'été de 1859.

Les deux fenêtres à balcon de notre logis, n'étaient guère qu'à un mètre du sol; et nous pûmes à loisir, ma mère et moi, voir se dérouler ce curieux spectacle.

On peut dire que sous les rayons du soleil, une fournaise d'or se mouvait. Dignitaires de la cour,

généraux, voitures, domestiques, chevaux, tout
était rutilant. Un immense carrosse, les glaces
relevées, traîné par huit chevaux que des serviteurs pourpre et or tenaient en main, s'avançait au
pas, nullement entouré de gardes, mais simplement suivi par les autres équipages, François II
était assis, avec son air mélancolique, à côté de sa
jeune, belle et vivace compagne, la reine Marie-
Sophie.

Parée, comme une châsse, de pierres précieuses,
elle était éblouissante.

Une immense crinoline l'encerclait et s'étalait,
en partie, sur les genoux du roi. D'un geste lent et
patient, François II repoussait l'envahissement qui
rebondissait de nouveau sur les cuisses royales.

C'était très amusant à voir et nous ne pouvions
nous empêcher de rire. Par hasard, sans doute, le
souverain tourna la tête de notre côté. Il eut sur
les lèvres comme un sourire pâle et s'inclina
légèrement.

Ma mère, très royaliste, se courba à l'ancienne
façon, tandis que moi, plus moderne, oubliant de
saluer, je regardais curieusement dans son nouvel
attirail, le pseudo-moine du Pausilippe.

Suivant le mot favori de ma mère, toute une
« ribambelle » de peuple suivait l'interminable
cortège royal qui se déroulait sur la chiaja, dans
sa pompe solennelle et fastueuse, comme une
vision des siècles passés.

Un beau garçon vêtu en Calabrais, hardi et
bien campé, qui se trouvait dans la foule, s'approcha de notre balcon et, prestement, mit à mes
pieds un bouquet de fleurs d'oranger et de roses
rouges.

« Quel effronté », dit ma mère qui voulut rejeter les fleurs.

En riant, je m'en emparai. Dans ce milieu, en un clin d'œil, j'avais rêvé de troubadours, d'échelles de soie et de sérénades !

Mais je n'en dis rien.

A quelques jours de là, comme ma mère, selon son habitude, était allée vers le soir faire ses dévotions à l'église et que, seule, j'étais assise sur le balcon, je vis venir mon bel inconnu. Il me fit un grand salut que je trouvai très chevaleresque, et de nouveau déposa un bouquet de fleurs près de moi.

Cette fois, je n'eus pas envie de l'accepter, et je lui dis : « Merci, monsieur, mais je n'ai pas le plaisir de vous connaître. »

Il ne sembla ni s'étonner, ni s'émouvoir de mes paroles et me raconta alors, en italien, la plus étrange, la plus invraisemblable et pourtant la plus véridique histoire qui se puisse imaginer.

Je me hâte de dire que cette histoire, avec les mœurs et les lois nouvelles de l'Italie ne pourrait se renouveler aujourd'hui; mais alors, avec des usages qui étaient comme le dernier vestige d'une antique et mourante dynastie, de telles choses se voyaient.

Le beau garçon était tout simplement un bandit de marque qui avait ses quartiers je ne suis trop où, dans les Abruzzes. Il était affilié à quelque société secrète et toute-puissante, comme il y en avait alors dans le royaume des Deux-Siciles. Un jugement bizarre l'avait condamné à mort, puis en cassation à l'exil.

Il n'avait souffert ni la mort ni l'exil et avait continué, paraît-il, son joli train de vie.

Il avait, — chose incroyable! — des terres et des propriétés, qui lui appartenaient, près de Téramo, et c'est à cause d'elles qu'il était à Naples.

Voici où ce fait, parfaitement vrai, devient curieux.

Antonio Sanchez, — c'était son nom, — avait obtenu avec un sauf conduit, une sorte de congé et d'autorisation pour quitter sa province et venir à Naples passer quinze jours, y régler certaines affaires d'intérêt.

Mais, — car il y avait un mais, — s'il dépassait ce terme, ne fût-ce que d'une heure, il était arrêté et le premier jugement redevenait valable!

Voilà ce que le malheureux me raconta.

Or, il y avait trois jours qu'il était à Naples, douze lui restaient encore « à me consacrer » disait-il!

Elevée différemment, j'aurais sans doute fermé la fenêtre devant le bandit et ses discours. Mais, ainsi [que j'étais alors, je trouvais intéressant de parler à un tel homme, au moins du balcon à la rue.

Je lui demandai donc tranquillement ce qu'il désirait de moi.

Sa réponse fut catégorique.

« Vous prendre devant un prêtre et faire de vous ma femme, gentilissima signorina ».

Cette fois, je fus bien amusée, et du haut de mes seize ans sonnés, je lui fis une petite morale qui parut glisser sur lui, comme l'eau sur le marbre.

Ma mère pouvant arriver d'un instant à l'autre, je ne vis plus qu'un moyen de terminer l'entretien. Je quittai le balcon et fermai la fenêtre.

Pendant une semaine des bouquets arrivèrent chaque soir; puis le son de la mandoline accompagna les fleurs, et enfin une lettre.

Pauvre petit papier jauni!...

J'eus la faiblesse de le lire et, après tant d'années, je puis bien avouer que j'ai eu celle de le garder, — je vais dire pourquoi.

Antonio Sanchez me suppliait de venir une dernière fois sur le balcon, la veille de son retour dans les Abruzzes. Il voulait me dire adieu. Alors, pendant que ma mère était encore à son église, je vins sur le balcon.

Les beaux yeux de diamant noir étaient pleins de larmes; la bouche, d'un dessin parfait, murmurait des mots harmonieux, protestait qu'on n'avait jamais volé, mais tué quelques ennemis, — « la vendetta, Signorina ! »

On priait, on suppliait pour de la pitié et de l'affection, et je m'oubliais à écouter le banni et le réprouvé! « Si à l'aube, je n'ai pas quitté Naples, c'est la mort qui m'attend », — disait-il.

« Partez donc », suppliai-je. Et je voulus m'éloigner.

« Votre main, Signorina » implora l'homme.

Je me baissai et, m'accroupissant, je tendis au malheureux, à travers les barreaux, mes doigts qui tremblaient.

Longuement, il y posa ses lèvres en balbutiant : « Gracia, gracia, adio. »

Je le vis s'éloigner et je refermai la fenêtre, toute oppressée.

Un peu avant que le jour parût il me sembla, comme dans un rêve, entendre la mélodie exquise qu'Antonio Sanchez avait déjà jouée pour moi.

Puis je m'endormis.

Environ quinze jours après, ma mère me dit en rentrant de l'église : « Un moine a prêché ce soir et a demandé des prières pour un grand criminel qui vient de payer sa dette à la justice. »

« Il a été exécuté. Il paraît que cet homme avait une permission de rester quelques jours à Naples, mais il l'a dépassée d'une heure et on l'a arrêté. »

« Sais-tu son nom? demandai-je en tremblant.

« Oui. Antonio Sanchez. »

Sa dernière sérénade l'avait perdu; c'est pourquoi j'ai gardé le petit papier jauni !

Un matin ma mère reçut quelques mots du comte d'Aquila qui, bientôt, allait être banni de Naples par son royal neveu. Il écrivait : « Venez donc me voir au palais quelque après-midi. Je voudrais, vous parler de l'avenir de votre chère fille. »

Ma mère voulait aller seule; mais j'insistai pour l'accompagner.

Nous trouvâmes le prince triste et pensif, mais toujours profondément bon. Il me dit :

« Parfois, sur la grève du Pausilippe, je vous ai entendue chanter, mon enfant. Vous avez une jolie voix, aimeriez vous la cultiver ou étudier l'art dramatique? Pour une chose ou l'autre, je serais heureux de vous en faciliter les moyens. »

De suite, sans hésiter, je répondis : « Oh! oui, prince, je serais heureuse d'étudier, surtout l'art dramatique. »

Ma mère n'avait rien dit.

Tout à oup, elle demanda :

« Serait-ce, Monseigneur, pour que ma fille entre au théâtre plus tard? »

« Oui, certainement, et elle y ferait son chemin, » répondit le comte d'Aquila.

« Jamais! » et la chère femme ajouta comme les mères nobles dans les mélodrames : « Ma fille sur les planches, avec toutes ces femmes perdues! Ah! non! »

En bloc, ma mère prenait toutes les actrices pour des prostituées.

Doucement, le prince essaya de lui faire entendre qu'une artiste n'est pas nécessairement une femme malhonnête, et il lui citait de jolis exemples. Mais rien, hélas! ne put prévaloir contre son aversion pour la vie de théâtre.

« Alors, à quoi, à quel état destinez-vous cette enfant? » interrogea affectueusement le prince.

« Oh! mon Dieu, à aucun, tant que j'aurai de quoi la nourrir; et plus tard, si c'est nécessaire, à donner des leçons ».

« Des leçons de quoi? » demanda-t-il.

« De français », répondit pompeusement ma mère.

Je me mis à rire, pensant en toute vérité que j'aurais eu grand besoin d'en recevoir.

Nous restâmes longtemps à causer avec cet homme excellent, si simple et si loyal, mais rien ne put changer les idées de ma mère.

De même qu'un jour, dans mon enfance, Dumas m'avait dit : « Pauvre petite Bruyère », — de même le prince me dit, comme nous le quittions : « Pauvre mademoiselle Mathilde! »

CHAPITRE XXV

Je vais toucher ici à un point culminant de ma vie ; mais je le ferai aussi brièvement que possible, et même je voudrais n'en point parler, s'il n'était nécessaire que je le fasse.

Il est des douleurs profondes et si intimes qu'elles ne sont du domaine public que dans un roman ! Ici ce sont des pages vraies que le souvenir mouille encore de larmes !

Ce fut à une soirée donnée par le consul de France à Naples, dans le printemps de 1860, que je connus le jeune homme qui devint mon mari, le 18 août suivant, à Paris. Il appartenait à une famille autrichienne, riche et des plus honorables, mais de religion différente que la mienne.

Il m'aima spontanément, profondément et abjura sa religion pour m'épouser.

Ma mère voulut ce mariage où elle crut voir mon

bonheur; mon père y consentit, non sans objections, quand il put juger, de près le caractère jaloux de mon fiancé.

Il entrevoyait là, dans un avenir plus ou moins éloigné, un dénouement ou des chagrins qui ne se firent point attendre. Mais la position et la loyauté de mon futur mari vainquirent l'hésitation de mon père.

Quatre savants et hommes de lettres furent nos témoins : Claude Bernard, Lucien de Valroger, le professeur Boistel du collège Rollin et Léon de Rosny.

J'ai dit que je passerai brièvement sur cette époque de ma vie et je le fais. C'est pour moi un double devoir, et comme mère et comme femme, puisque ce mari étant mort n'est plus là pour répondre aux accusations que je pourrais porter contre lui.

Seulement, je dois établir une chose vraie : moins de deux ans après mon mariage, j'obtins à Genève ma séparation contre lui, et, je tiens à dire que, ni de son coté ni du mien, l'adultère n'en fût la cause !

Quand le président du tribunal qui nous connaissait déjà et était notre ami, nous pria de venir à son cabinet avant d'entamer ce court et cruel procès de séparation, il nous parla, — des larmes pleins les yeux — non en juge mais en père, et je l'entends encore dire : « Vous êtes si jeunes tous deux, et l'avenir est encore si lointain pour vous, mes enfants. Réfléchissez ! Vous avez un fils, un petit être charmant; pour lui, au moins », dit-il, s'adressant à moi « renoncez à votre demande. »

Puis, comme je restai silencieuse, il s'adressa

à mon mari : « Et vous, qu'avez vous à dire ? »

« J'ai à dire que les accusations de ma femme sont vraies et que je suis pour moi-même mon plus impitoyable témoin. Pourtant, je l'adore ; mais je ne puis maîtriser mon caractère.

« Quelque jour, peut-être, je la tuerais, mais je me tuerais après ! »

Alors, avec une solennité et une tristesse indéfinissables, le président dit ces paroles : « Votre vie ne rachèterait pas la sienne ! Que votre sort s'accomplisse donc à tous deux, hélas ! »

Et, nous tendant à chacun la main, il nous regarda sortir par des portes différentes, tandis que deux larmes qu'il ne cherchait pas à retenir, coulaient librement sur ses joues.

Je revois encore, après tant d'années, chaque détail de cette scène, et, je pourrais dire de cette agonie, qui ne devait pas être la dernière de mon existence !

Tout étant clair dans mon cas, les débats furent courts et j'obtins ma séparation. J'aurais pu obtenir mon divorce par une simple signature, mais ma mère me conjura de n'en rien faire, ses sentiments religieux lui faisant regarder le divorce comme un crime !

Pendant que se déroulait ce drame de ma vie, — trop jeune pour le supporter sans en chercher la force dans l'idéal divin auquel je croyais, alors, je voyais souvent Mgr M........ qui n'était, à ce moment, que curé de Notre-Dame à Genève. Il semblait s'intéresser profondément à ma situation.

D'abord un certain mysticisme qui sommeillait au fond de ma nature se réveilla au feu du sien.

Il me tenait des discours étranges et chaleureux qui, d'abord m'étonnèrent ; puis dans l'état douloureux de mes nerfs, m'exaltèrent d'une façon bizarre.

Sans vouloir me comparer à une sainte, j'ai souvent pensé, depuis, que mon état d'esprit à ce moment, où j'étais avide de consolations, devait avoir quelque chose d'analogue à celui de sainte Thérèse avec ses visions moitié célestes et moitié réelles !

Dans l'état d'âme où ·je me trouvais, pleurant sans cesse, et par cela même, le corps affaibli, j'ignore où les discours enflammés de Mgr M........ sur « l'amour divin et la jouissance de la douleur en s'appuyant sur le cœur de Jésus », — m'auraient conduite ! Mais, je crois sincèrement à un détraquement final !

Je n'ai contre ce prélat pas plus qu'envers aucun autre prêtre ou religieuse de parti pris ; et j'ai montré dans ces pages, que j'admire et respecte les nobles cœurs que j'ai rencontrés parmi eux. Mais, ici, je le répète encore, j'écris des pages vraies, pour le bien comme pour le mal et je dirai l'un et l'autre.

Eh ! bien, je relaterai sans commentaire la scène extraordinaire qui mit fin à mon exaltation mystique.

C'était dans le printemps de 1862.

J'étais allée vers le soir, sur un mot de M. M........, le retrouver chez lui. D'abord, ses paroles douces et onctueuses me firent du bien.

Il avait la science du maniement des âmes, à la condition qu'elles fussent simples et aveuglément croyantes.

Sans doute, la mienne n'était pas ainsi.

« Oui », me disait-il, ma chère enfant, la Foi peut vous montrer Jésus, non en esprit mais dans sa forme humaine. Souhaitez ardemment le voir apparaître et vous le verrez !

« Alors, vous connaîtrez les délices de cet amour divin que vous n'avez pas encore entrevu. »

Et, pendant plus d'une demi-heure, il me parla de sa voix vibrante qui avait des sonorités, de clairon, et des sourdines d'harpe éolienne.

Je me souviens de tout ceci avec une grande netteté à cause de l'impression que m'a laissée la scène que je raconte.

Le prélat disparut un moment en emportant la lampe qui était sur une petite table devant nous.

« Priez, priez », me dit-il en refermant la porte.

Je me sentais comme étourdie, toute remuée par ces discours et ces exhortations.

Je ne sais combien de temps s'écoula, pendant que, seule dans la chambre, je priai sincèrement.

Tout était silencieux et tranquille, et les objets se distinguaient à peine dans la pièce privée de lumière.

Très doucement, je vis la porte se rouvrir, et une forme blanche s'approcha de moi. Il m'était impossible de voir le visage qu'une sorte de draperie recouvrait.

Sans un mot, cette ombre s'approcha de moi et alors me dit :

« Pauvre âme souffrante, viens à ton consolateur. »

Et, avant que je ne me rendisse compte quelle était cette voix très changée, deux bras m'enlaçaient et me pressaient sur une poitrine.

Alors, l'épouvante me saisit.

L'hystérie religieuse où m'avaient plongée les discours s'envola brusquement. Je me dégageai et m'enfuis, sans retourner la tête.

Je n'ai jamais revu Mgr M........!

La séparation prononcée, mon mari était parti pour la Russie, et ma mère voulait retourner en France avec moi et mon enfant.

Avant de quitter la Suisse, elle désira revoir l'homme éminent qui avait autrefois honoré de sa présence et de son amitié le « home » à jamais disparu de la rue Notre-Dame-des-Champs : Edgar Quinet.

Ce fut par une matinée délicieuse du mois d'avril qu'arrivées par le bateau du lac à Chillon, nous nous fîmes conduire au petit village de Veytaux, que le noble penseur habitait alors avec sa femme.

Quel paradis était leur habitation, ou plutôt le lieu où elle était située, sur une pente verdoyante qui dominait le lac de Genève et embrassait un horizon d'une beauté inoubliable !

De tous côtés, des pics neigeux que le soleil teintait de nuances éblouissantes ; d'autres, noirs et déchiquetés, avec des sapins funèbres qui semblaient, de la base au sommet, monter à l'assaut de la cime. Puis, çà et là, le vert cru des prés et des arbres fruitiers, que l'ombre de la montagne gardait au matin, scintillants de rosée.

Que ce tableau était grandiose ! et que la description en est pâle à côté de sa sublimité !

Bientôt, sur le seuil d'une porte, deux mains

cordiales se tendaient, et une exclamation de surprise et de plaisir se faisait entendre.

Ma mère, dont ni chagrins ni malheurs n'avaient changé la nature méridionale, s'exclama avec volubilité :

« Ah ! cher monsieur Quinet, après tant d'années, nous vous revoyons donc enfin ! »

Et, sans lui laisser le temps de répondre, à tort et à travers, voulant tout dire à la fois, elle lui narra, d'incohérente façon, notre existence depuis douze ans. Mais il comprit ; peut-être en connaissait-il quelque chose de cette vie-là, car il était resté en relations avec mon père.

Oh ! les belles lettres que j'ai vues de lui, plus tard, entre les mains de Charles Schœbel, et qui, à sa mort, moi étant en Amérique, ont mystérieusement disparu !

Bientôt, la compagne si raffinée d'esprit et d'intelligence du grand écrivain vint nous rejoindre dans la petite pièce où le soleil entrait rire par chaque ouverture. Et, alors, un épisode comique se produisit.

Je ne me rappelle plus si ma mère ignorait la mort de la première femme de Quinet, qu'elle avait connue et reçue à la rue Notre-Dame-des-Champs ; mais, ce qui me paraît certain, c'est qu'elle ne savait pas qu'il fût remarié.

Elle prit Mme Quinet pour une parente, et, tout à coup, se mit à parler avec effusion de l'ancienne épouse sans faire aucune allusion à sa mort.

Il y eut un instant de silence gênant, qu'Edgar Quinet rompit bientôt avec une simplicité grave.

« Ma femme, que vous avez connue, dit-il, est morte ; je vois que vous l'ignoriez ! »

Et, comme ma mère un peu confuse ne répondait pas : « Madame Quinet », fit-il, en présentant celle qui venait d'entrer.

Elle avait certainement beaucoup de tact, et de cœur aussi, je le crois, cette seconde épouse; car, avec une grande aisance et un grand charme, elle engagea la conversation et sembla prendre plaisir à écouter ma mère.

Pendant ce temps, Edgar Quinet, lui, s'était approché de moi, et bientôt m'avait doucement rappelé quelques souvenirs de ma petite enfance, évitant avec une délicatesse exquise les incidents pénibles de ce passé !

Il m'avait attirée sur le seuil, et bientôt nous fûmes tous dans le verger où, sous de grands arbres, se trouvaient des sièges.

Ma mère et Mme Quinet, toujours causant, s'y assirent, pendant que son mari et moi nous marchions lentement sous les ombrages. Alors, je repris le sujet de mon enfance et, brièvement, je lui racontai ma vie jusqu'à ce moment-là.

Il me semble que si j'étais peintre, je pourrais aujourd'hui, de souvenir, reproduire le beau et douloureux visage que j'eus alors devant moi.

« Quoi », disait cet homme éminent, « tel a été votre sort, ma pauvre enfant! Et l'avenir que va-t-il être! »

« L'inconnu! » lui répondis-je, « mais, sans doute, les tristesses inconnues! »

« Que comptez-vous faire? » me demanda-t-il.

« Ah! vraiment, je n'en sais rien », lui dis-je avec conviction. Puis, tout à coup, me rappelant les offres que le comte d'Aquila avait faites à ma mère pour que j'étudie l'art dramatique, je lui en parlai.

« C'est une vie scabreuse pour une femme aussi jeune que vous, et plus encore dans votre situation. Mais une âme droite et forte le reste partout. » Et il ajouta ces paroles, qui se sont gravées textuelles dans ma mémoire : « L'âme faible succombe, fût-elle défendue par un Dieu ; car ce Dieu est un mythe et la tentation est un fait. »

Il me pria d'user de son nom, s'il pouvait m'être bon à quelque chose à Paris ; puis il me parla longuement de mon père, et ce furent des choses émues, une admiration loyale, qu'il manifesta pour le savoir de Charles Schœbel.

Edgar Quinet et sa femme nous retinrent jusqu'au soir ; et c'est en plein air, devant le royal décor des Alpes, qu'une jolie paysanne nous servit les repas.

Quelles choses grandes et élevées, quelle éloquence naturelle, quelles vastes et nobles pensées j'entendis de la bouche de cet homme illustre, dans ces heures sans retour ! Je dis sans retour, car, hélas ! lorsqu'il revint en France, j'étais loin d'elle.

J'éprouve quelque orgueil à me souvenir qu'il parla de sujets profonds, comme s'il me faisait l'honneur de croire que je pusse les comprendre. Et, en vérité, il exprimait en termes si clairs des idées, des espoirs qui l'étaient aussi, que, sans effort, je m'élevai jusqu'à lui.

Comme il aimait la France ! et comme il aimait la libre-pensée, non celle du désordre, mais celle de la Raison !

Il en prédisait avec force la victoire finale, et, souvent maintenant, je pense à cette prédiction.

Ce n'est pas à moi, pauvre inconnue, à faire

l'apologie d'un tel homme qui appartient à l'histoire et à l'avenir; mais j'ai le droit d'en parler en ce qui me touche et en ce que j'ai vu et entendu de lui. Peut-être, s'il eût été à Paris, pendant que j'y étais, son influence eût-elle changée ma destinée. Mais, je ne le revis plus que deux autres fois avant notre départ de Genève. Je reçus de lui plusieurs lettres que je donnai à mon père et qui ont eu le sort de celles qu'Edgar Quinet lui écrivit, à lui-même : C'est-à-dire, volées, avec les manuscrits de Charles Schœbel, dans la chambre où il est mort !

CHAPITRE XXVI

Nous revînmes en France vers la fin de 1862 et,
pour la première fois depuis tant d'années, j'eus le
bonheur de voir, d'entendre et de rester librement
le temps qu'il me plaisait, auprès de mon père.

Nine Journais était morte peu de temps après
mon mariage et, désormais, plus rien, si ce n'est
le souvenir des années cruelles n'était entre mon
père et moi!

Lui, corps et âme se donnait à la science, et y
trouvait les seules et hautes joies encore possibles
à sa vie solitaire et brisée.

Chez lui je revis Ernest Renan qui allait bientôt
devenir l'homme dont on discuterait passionnément les opinions.

Avec sérénité, mais non sans tristesse, il parlait à mon père de tous les incidents, — surtout de toutes les persécutions, — que lui valaient cette libre-pensée, qui était le fruit de ses études et le reflet de sa conscience honnête.

De toute mon âme, je l'écoutais; et je ne puis me rappeler l'avoir jamais entendu railler ces croyances religieuses que sa science et sa raison l'obligeaient à rejeter. Il avait sinon le culte, encore le respect d'une foi qu'il avait perdue, mais qui lui avait été enseignée par de vieux maîtres qu'il honorait.

Je puis dire que j'eus avec quelques privilégiés, — bien avant le grand public, — la primeur de ce livre de charme et de poésie biblique qu'est la *Vie de Jésus*, car Renan lisait souvent à mon père des extraits de son manuscrit.

Je n'ai pas la prétention d'analyser Renan, pas plus que je ne me serais permis de le faire pour Edgar Quinet.

De tels hommes ne peuvent être jugés que par leurs pairs; je n'ai que le droit de dire mes impressions sur eux et je le fais en toute simplicité, les ayant beaucoup admirés et affectionnés aussi.

Et, pourtant, Renan ne fut jamais un ami pour moi dans l'acception de ce mot. Il était un historien trop profond un peintre trop grave des événements religieux et politiques des vieilles civilisations pour descendre jusqu'aux pauvres petits événements modernes et douloureux de ma vie! Sa nature douce, concentrée et tenace de Breton l'inclinait à m'écouter lui dire mes peines. Mais pendant ce temps, son âme feuilletait sans doute quelque antique poème sémitique, car ses réponses,

ses conseils étaient aussi insaisissables pour ma vie pratique, que le vent du désert!

N'importe! je dois à Renan des heures, des jours et des mois, d'un charme si suave, que les chagrins de ma vie, à celte époque, en étaient comme imprégnés, comme absorbés par lui.

Positivement, quand je venais chez mon père et, qu'y trouvant Renan, je commençais le récit de quelque chagrin matériel qu'il écoutait affectueusement — et pourquoi ne pas ajouter, — distraitement, puis qu'il me répondait par quelque description exquise d'un site de Galilée, j'oubliais le chagrin pour suivre le narrateur en Palestine.

Sauf la profondeur de son savoir, je trouvais beaucoup d'analogie entre certaines idées de Renan sur Dieu, et celles du noble et regretté père Tégala. Comme le missionnaire il croyait en Dieu; mais comme lui, aussi, il croyait impossible de le définir, et surtout repoussait l'idée d'un Dieu de telle ou telle religion.

Ce grand savant le définissait, sans le savoir, un peu comme les Indiens de l'Ouest américain qui l'appellent : « The great one above », c'est-à-dire le « Grand un au-dessus ».

« Ma pauvre enfant, me disait-il un soir très simplement, les hommes peignent Dieu avec les formules, les descriptions et les abstractions fantaisistes. »

Ce système aboutit au vide. J'aime mieux l'étudier dans la nature.

Avec moi, Renan ne discutait pas scientifiquement ce sujet délicat; mais il le faisait avec mon père ; et j'ai noté bien des passages de ces conversations qui formeraient presque un petit volume particulier que je ne puis, ayant beaucoup à dire, reproduire ici.

On pourrait affirmer que l'homme, en Renan, était moralement divisé en deux parties : Le savant qui n'admettait ni surnaturel ni suppositions; et le Breton qui chérissait ses vieilles légendes d'Armorique qui abondent en miracles. Et là, sans doute, se trouve la raison de la tolérance qu'il garde au milieu de ses plus vives discussions théologiques, quand l'érudit et le poète parlent tour à tour.

J'avais demandé conseil à Renan sur le choix d'une carrière pour moi. Les moyens de ma mère dévouée étaient faibles et elle me les consacraient presque entièrement à mon enfant et à moi. J'avais honte de les accepter, tout en ne pouvant faire autrement.

Dans l'espoir de me décider à retourner avec lui, mon mari qui était en Russie et dans une bonne position, ne m'envoyait absolument aucun secours, pour me faire vivre, mon enfant et moi.

Quant à mon père bien aimé, il ignorait complètement ma véritable situation pécuniaire, ma pauvre mère m'ayant suppliée de la lui taire.

Il était d'ailleurs, pour tous et pour lui-même, d'une incroyable indifférence pour tout ce qui touchait aux questions matérielles de la vie. Je puis dire qu'il vivait et a vécu jusqu'à sa mort dans l'amour infini de la science et du travail, n'accordant au corps que le strict nécessaire pour l'alimenter et soutenir l'esprit. Renan, Claude Bernard et Charles Schœbel, me conseillaient tous trois d'étudier. Mais quoi? Et, jusqu'à quand?

Je me souviens à ce propos, et non sans sourire, que M. de Rosny, auquel j'avais aussi demandé son avis, me conseilla d'étudier le chinois, et que j'allai gravement à la Bibliothèque impériale demander les ouvrages qu'il m'avait désignés.

Je vois encore la figure ébahie du vieux Monsieur auquel je les demandai. Il faut croire qu'on ne les réclamait pas souvent; car j'attendis près d'une heure avant de les avoir.

Quand j'ouvris l'un des livres, je trouvai des maximes et des contes où l'amour chinois entre fiancés était très chastement et très drôlatiquement traduit en français, en face de la version chinoise. Tout n'était que fleurs, oiseaux et gâteaux au miel. D'autres livres renfermaient les premiers principes de cette langue bizarre, mais ne pouvaient en donner les intonations extraordinaires que j'ai depuis entendues dans le « Chinatown » de San Francisco.

Eh bien, pendant plusieurs semaines, j'eus le courage, ou la stupidité, de venir presque chaque jour, à l'ébahissement ou l'admiration, — je ne sais trop, — des gardiens, demander mes livres chinois et essayer de les comprendre! Je n'ai pas besoin d'ajouter que cela ne servit à rien, sinon à amuser mes voisins d'étude.

Pourtant, et toujours sur les conseils de M. de Rosny qui s'obtinait à voir en moi quelque George Sand future, le galimatias de l'amour chinois m'inspira l'idée de composer un article sur l'amour qui était l'amitié, ou le revers, je ne sais plus.

Et, quand j'eus fait ce chef-d'œuvre, je me revois dans mon immense crinoline qui bouffait par devant, aussi grave que si j'eus porté le saint sacrement, mon pauvre petit manuscrit roulé, à la main, sonnant à la porte de la « Revue des Deux-Mondes ». Rien que ça, pour mon premier chef-d'œuvre !

M. de Mars voulut bien me recevoir.

« Que désirez-vous, ma chère demoiselle? » me demanda-t-il avec bonté.

Je lui dis d'abord mon nom. Il sourit et reprit : « Ah ! pardon, ma chère petite dame. »

Ce mot de « petite » m'offusqua, me troubla.

« Je désirerais, Monsieur, vous soumettre un article pour la « Revue des Deux-Mondes ».

Il sourit de nouveau.

« Le sujet, s'il vous plaît? »

Je ne le savais pas moi-même, n'ayant pas mis de titre; mais j'essayai d'expliquer que c'était sur un « amour amical ».

Le sourire s'accentua; et moi je sentis venir les larmes.

« Eh bien, ma chère dame, laissez-moi votre manuscrit. Je le lirai et vous aurez la réponse dans huit jours. »

Toute émue, je remerciais et partis.

Ah ! les rêves d'avenir que je fis sur mon « amour amical » pendant cette semaine-là !

Quand elle fut écoulée, je retournai à la « Revue des Deux-Mondes ».

Cette fois, M. de Mars ne riait plus.

Il avait à la main mon rouleau, et avec une sorte de tristesse, très doucement, il me dit :

« Je regrette de ne pouvoir accepter votre petit article : mais il n'entre pas dans le cadre de notre revue. »

Je crois bien qu'il n'y entrait pas, dans ce « cadre », ni dans aucun autre pour sûr !

Le cher Monsieur murmura quelques bonnes paroles; me tendit mon chef-d'œuvre et, poliment, m'escorta vers la sortie.

Puis, la porte se referma sur moi, et mon « amour amical ».

Ainsi s'anéantit, mon premier espoir littéraire, né du chinois!

Cet échec comique et triste aurait du me décourager à jamais.

Mais la jeunesse est le réservoir aux illusions! Je me gardai bien, toutefois, d'en parler à mon père ni à personne, voulant essayer de me frayer, seule, à l'aide de quelque autre chef-d'œuvre, le chemin difficile de la littérature.

Cette fois, je changeai de sujet et j'écrivis quelque petit conte champêtre et mélancolique que j'intitulai : « Sous les saules ».

Et sur un conseil de femme, — méchant, peut-être, — je m'adressai, cette fois, à M. de Villemessant, le directeur du *Figaro*.

Ah! celui-là, par exemple, ne me découragea pas. Sa diplomatie était les atermoiements.

Pendant plusieurs semaines je retournai le voir, — le journal, selon lui, — n'ayant pas encore de place pour mon second chef-d'œuvre. Puis, par degré, sans que je m'en rendis compte, il devint de cordial, amical; et d'amical quelque chose plus accentué.

La dernière fois que j'y allai il me dit de sa voix goguenarde et éraillée :

« Voyons, voyons, ma chère petite dame, » — (celui-là aussi disait « petite ») avez-vous bien réfléchi au métier que vous voulez entreprendre?

Vous avez certes un joli talent (et là-dessus il se
mit à broder d'ébouriffants mensonges); mais voyez-
vous, à votre âge, l'expérience manque et il faut
attendre, etc... Puis, brusquement, les yeux luisants, il me dit :

« Venez donc vous asseoir, ici, près de moi ; nous
causerons mieux. » Et il m'indiquait un petit sofa
dans un coin.

Il appela et fit porter une bouteille de quelque
chose, des biscuits et une petite table devant le
canapé. Et quand nous fûmes seuls :

« Maintenant, causons et écoutez-moi. Je vous
l'ai dit, vous avez un joli talent », continua-t-il en
souriant de cette flatterie banale qu'il croyait me
toucher; « mais il faut autre chose pour réussir!
Si vous saviez écrire de petites bêtises parisiennes,
bien pimentées, voilà qui vous ferait avancer.

Que vous sachiez les écrire ou non, tenez, un
bon conseil : vous êtes trop charmante pour ce dur
métier. Je vais être franc; vous n'arriverez à rien
qu'après des années de lutte, peut-être; et, en
attendant quoi? La misère; — la jeunesse et la
beauté qui se flétrissent!

« Prenez donc un amant! »

Stupéfaite, ignorante encore de cette vie, de cet
enfer parisien, sur lequel brusquement le journaliste m'ouvrait les yeux, je lui répondis, étouffant
de larmes :

« Mais, Monsieur, je suis et je veux rester honnête, et j'espère bien ne jamais manquer à l'honneur. »

Alors, M. de Villemessant me dit en ricanant ces
paroles que, rentrée chez moi, je notais aussitôt
comme tout ce qui me frappait :

« Ta, ta, ta ! Voilà les grands mots ! Pauvre petite, savez-vous au juste où se trouve l'honneur d'une femme ? Eh bien, il est placé entre ses jambes, voilà tout ; et quand cette femme est bien habillée, personne ne s'inquiète si l'honneur est encore là ! »

Et, d'un geste brusque, m'enlaçant la taille, il me planta ses lèvres sur ma bouche !

Elles me brûlèrent, non comme le feu sacré d'une double extase, mais comme une cicatrice empoisonnée !

Lui, riait. « Buvez donc, buvez donc, et ne vous troublez pas ainsi. Vous en verrez bien d'autres, » ajouta-t-il cyniquement.

Cette fois, je ne répondis ni grands ni petits mots. Un calme singulier m'était revenu, fait de dégoût et de tristesse. Je pris tranquillement la bouteille qui contenait un vin d'Espagne et, je répandis quelques gouttes de liquide sur le coin de mon mouchoir, pendant que, surpris, il me regardait faire. Vivement, je frottai mes lèvres ; puis jetant à terre le chiffon taché, je sortis, sans parler, sans regarder l'homme qui ne bougeait pas.

Et cette visite fut la dernière.

L'expérience me venait peu à peu, maintenant. La petite fleur bleue des illusions que j'avais gardée si longtemps dans mon cœur, malgré mes peines, devenait bien noire à présent. Mais pourtant, je croyais encore au bien ! Aujourd'hui, après tant d'épreuves, je pense encore que je n'ai pas tort d'y croire ; mais de même que d'ordinaire les pierres précieuses ne se trouvent pas dans la rue, de même je ne rencontrais guère ce bien !

Je ne disais rien à ma mère, toujours dévouée,

toujours optimiste et qui, de temps en temps, me voyant songeuse, me répétait : « Ne t'inquiète pas, ma Titille; nous avons bien peu; c'est presque la misère ; mais le bon Dieu est là et puis, au pis aller, tu donneras des leçons de français ».

Chère naïve femme! qu'elle était amusante et touchante aussi avec ses « leçons de français »!

En ce temps-là, j'écrivais encore l'adverbe « bien » avec un « S » à la fin!

Je résolus d'aller voir le bon et loyal ami de mes beaux jours de Naples, le comte d'Aquila, qui habitait au 48 de l'avenue de l'Impératrice.

Quand je me présentai, un portier galonné et guindé me répondit : « Monseigneur ne reçoit pas sans lettre d'audience. En avez-vous une? »

« Non », dis-je, « mais le prince me connaît. »

L'homme toisa avec dédain ma pauvre robe simplette, et répliqua : « J'ai des ordres, Madame; écrivez à son Altesse. »

Je ne voulus pas insister et, froid à l'âme, j'allais me retirer quand je vis, dans le jardin, un grand terre-neuve tout blanc, qui accourait vers moi, amicalement. D'un geste impulsif je caressai l'animal quand une voix connue l'appela : « Turc, Turc, viens ici. » Je levai la tête et, aussitôt, une exclamation joyeuse retentit.

« Vous, vous, ma chère enfant! » et deux mains s'approchaient, tendues.

C'était le prince.

Quand je repense à ceci, je revois la figure effarée et comique du portier galonné qui, bien certainement, ne comprenait rien à la familiarité de l'Altesse!

Doucement, d'un geste exquis d'amitié vraie,

Louis de Bourbon passa son bras sous le mien et me conduisit à un salon du rez-de-chaussée.

Là, il s'assit sur un large divan en m'indiquant une place près de lui. Et comme, un peu confuse, je n'osai pas, le grand chien vint tranquillement s'y mettre.

Le prince éclata d'un bon rire et me dit : « Eh bien, asseyez-vous au moins près de lui. » Ce que je fis.

D'abord, notre conversation roula sur nos souvenirs du Pausilippe. Il me rappela quantité de choses que mes chagrins m'avaient fait oublier et dont l'une, certainement, m'est encore bien précieuse aujourd'hui : Une esquisse qu'Eugène Delacroix, le grand peintre, avait un jour fait de mes mains, près de la poudrière, au Pausilippe.

Il cherchait, pour une vierge qu'il peignait alors, un modèle de mains effilées, croisées sur la poitrine; et ayant aperçu les miennes comme je causais avec le prince, m'avait demandé à les peindre. En riant, j'avais consenti, et quelques jours plus tard, il m'en envoyait la copie signée, que je possède toujours.

Puis, le comte d'Aquila m'interrogea sur ma présente situation qu'il ignorait. Je lui racontai tout et je lui exprimai mon vif désir, ma volonté de faire un travail quelconque. Il me faudrait trop de pages pour écrire ici notre entretien qui dura plus de deux heures. Je le résumerai. Très ému, très attristé, il voulait d'abord assurer le côté matériel de ma situation. Reconnaissante, mais ferme, je refusai. Il n'y avait à vrai dire, aucune nécessité absolue pour moi d'accepter. Pauvre, oui ; mais ayant néanmoins le nécessaire, je ne songeais, je n'ambitionnais qu'une occupation quelconque. La difficulté était de trouver pour moi, qui n'avais aucun talent particulier, une telle chose.

« Et le théâtre? » me dit le prince.

« Oh! cela, plus que tout si je pouvais », répondis-je.

Il réfléchit un instant :

« J'ai un ami », me dit-il, « un professeur de déclamation, qui enseigne aussi l'art dramatique aux jeunes femmes du monde, riches et amateurs. Je vais vous donner un mot pour lui. Vous lui réciterez quelque chose et il vous dira franchement, ce que vous pouvez espérer de ce côté-là. »

Et le prince ajouta :

« C'est un ami très intime de l'administrateur de la Comédie-Française; s'il vous trouve du talent, vous pourriez être sauvée. »

Oh! comme je me suis retenue alors de ne pas, dans ma joie, sauter au cou du prince pour le remercier avec toute l'effusion que je ressentais! Mais il comprit sans paroles.

Il se leva, m'attira vers lui et paternellement il me mit sur le front un long et doux baiser!

Quelle différence il y avait entre ce baiser-là et celui du journaliste!...

Trois jours après, m'étant attifée de mes plus beaux atours, je me présentai rue Saint-Dominique, chez M. Alvarez, l'ami du prince.

Je crois me rappeler que c'était un juif; et quoique je n'aie dans ma famille aucune attache à cette race que certains catholiques vilipendent, je suis heureuse de déclarer ici, que c'est parmi eux que j'ai trouvé des cœurs d'une noblesse et d'une bonté exceptionnelles.

Il lut le billet du comte d'Aquila et, de suite, cordialement, me reçut en ami. Il me demanda : « Savez-vous quelque çhose par cœur, que vous puissiez me dire? J'aimerais vous entendre. »

Je savais plusieurs choses, mais j'avais une prédilection pour la scène entre Phèdre et Hippolyte.

. Je la lui récitai non classiquement mais avec mon genre de nature. Très grave, M. Alvarez me dit : « Ce serait mal de ma part de vous donner des espérances qui ne pourraient jamais se réaliser; mais, honnêtement, je puis vous affirmer que si vous dites de la même façon cette scène de *Phèdre*, à mon ami Edouard Thierry, vous en verrez l'excellent résultat pour vous.

Allez le voir demain. Je vais vous donner un mot pour lui.

Je rentrai à la maison, absolument folle de joie et d'espoir.

Nous habitions un petit pavillon, entre Sèvres et Bellevue, et, courant haletante, sans rien expliquer, je dis à ma mère en entrant :

« Mère, mère, je crois que nous serons sauvées. »

« Qu'y a-t-il? » me demanda-t-elle surprise.

Alors, je lui parlai de ma visite à M. Alvarez et de celle que j'allais faire le lendemain à l'administrateur de la Comédie-Française.

Froidement, ma mère, m'interrompit. « Tu ne parles pas sérieusement ma fille? Toi, aller sur les planches, être une comédienne, une femme perdue?

« Non, non », dis-je violemment, « pas une

femme perdue mais une artiste qui travaillera et
arrivera. »

La discussion, très âpre, très cruelle, dura plus
d'une heure entre ma mère et moi. Elle faisait
valoir ses raisons qui reposaient en partie sur des
préjugés, des idées d'un autre âge, et surtout sur
ses idées religieuses.

De mon côté, énergiquement, je faisais valoir
ma vie brisée, ma jeunesse, mon abandon et mon
désir ardent, honnête de devenir « quelqu'un » par
l'étude, le travail et mes goûts pour l'art dramatique.

Alors, voyant que j'échappais à sa volonté que,
jusqu'alors, j'avais toujours respectée autant par
affection que par habitude, elle me dit avec une
dureté que je ne lui avais jamais connue :

« Si tu persistes dans une telle intention et que
tu choisisses cette honteuse carrière, je briserai
mon cœur et le tien, ma fille, mais j'aviserai ton
mari, et il reprendra son enfant ! »

Arrivée à ce degré, la scène fut extrêmement
pénible entre elle et moi. « Tu ne ferais pas une
telle chose, mère ? » lui dis-je en pleurant. « Si,
ma fille, je le ferais plutôt que de te voir devenir
une comédienne ! »

Et tout le mépris de son âme honnête et étroite
s'exhalait dans ce mot.

« Mais, je suis ma maîtresse, lui criai-je révol-
tée. J'ai assez souffert pour avoir acheté ma liberté ;
et mon père, au moins, me donnera raison. »

« Soit ! adresse toi à lui ; mais à l'instant une
lettre avertira ton mari de ta détermination, et ton
enfant lui sera remis. »

« Non », lui dis-je encore, « il ne lui sera pas

remis, parce qu'il ne peut m'être repris que si j'étais une malhonnête femme. »

« Et qu'est-ce donc qu'une comédienne, sinon une prostituée! » me répliqua-t-elle.

Alors, brisée, sachant que dans un moment de folie, avec sa nature méridionale, elle ferait peut-être ce qu'elle disait, — quitte à le regretter amèrement après, — je m'enfermai dans ma chambrette et, toute la nuit je la passai à sangloter.

Quand, plus tard, je racontai cette scène à Dumas, il me disait, moitié ému et moitié colère :

« C'est bien fait pour toi, on ne peut pas être bébête à ce point. Il fallait prendre ton rejeton et aller au diable avec lui, plutôt que de rester avec une mère pareille. »

« Et tous ses sacrifices, depuis tant d'années, fallait-il les oublier aussi? » lui répliquai-je.

Il haussait les épaules, mais ne disait plus rien !

Pendant plusieurs jours je fus malade de chagrin et d'amère déception! Mais j'adorai mon jeune fils et l'idée que je pourrais le perdre par ma faute était encore pour moi la plus cruelle de toutes!

Je repris mes petites démarches niaises pour entrer dans la littérature; mais elles n'aboutirent qu'à me montrer de près de très laides choses que je n'avais pas encore soupçonnées et qui auraient pu me servir pour toute une série d'études sur les dessous cachés des chambres de journaux!

Mais cette pensée ne me vint pas au milieu de mon amer découragement et de mon inerte résignation.

Mes seules joies étaient les jours où j'allais chez mon père et où j'y rencontrais soit Renan, soit

Claude Bernard. Mais, ni les uns ni les autres ne
se doutaient de l'état de mon âme. Je ne me plai-
gnais à aucun d'eux, parce qu'ils planaient trop
haut dans les sphères scientifiques pour descendre
dans mes pauvres douleurs de vie domestique.

J'entendais là de belles choses; je me grisais de
haute culture; puis je revenais à mon humble
demeure où j'apprenais à lire à mon enfant, pendant que ma mère, qui m'aimait à sa façon, mais
profondément, me répétait comme un refrain,
quand elle me voyait triste : « Ne t'inquiètes pas ;
avec ma petite rente nous ne mourrons pas de
faim, et puis, si c'était nécessaire, tu donnerais des
leçons de français ! »

Cette léthargie, où la sève de ma belle jeunesse
allait s'épuisant, dura deux années !

Ci et là, mon père, comme s'il eût été un ancien
ami, venait nous voir à la campagne. Tout ce qui
avait trait au passé, était évité avec soin, par ma
mère ; et, de son côté, Charles Schœbel ne parlait
que de science ou de découvertes nouvelles. Sa vie
se concentrait dans ses travaux. L'étude était son
dieu et son but sur la terre !

Jamais il ne se plaignait de rien, et nous faisions
de même.

Je tâchais, sinon à oublier, tout au moins à
adoucir mes tristesses, en voyant le plus souvent
possible les deux hommes qui résumaient à mes
yeux la perfection idéale des connaissances humaines : Renan et Claude Bernard.

Le premier était à l'apogée de sa gloire, et c'est
alors que se précisa en moi mon opinion person-

nelle sur sa « vraie » nature, cette « trinité » dont j'ai déjà parlé.

On était en 1864. Sans compter le bruit qu'avait fait sa révocation de professeur au Collège de France, après l'exposé de ses croyances sur la « non » divinité du Christ, Renan avait atteint par les attaques, les critiques, les polémiques, les louanges et les colères que suscita la « Vie de Jésus » le sommet de la célébrité.

Il causait de tout ceci sans amertume apparente. Je l'entendis plusieurs fois parler avec sympathie du prince Napoléon à mon père, mais il criblait de fins sarcasmes l'esprit borné et la « bigoterie » de l'Impératrice.

Il attribuait, sans aucun doute, à son influence directe sur l'Empereur l'interdiction de son cours au Collège de France.

Après la mort de Nine Jourvais, mon père avait quitté la rue Neuve-Sainte-Geneviève pour s'installer dans le logis de la rue Campagne-Première où il est mort. Au bas de ses fenêtres s'étalait un jardin embroussaillé et touffu comme une forêt vierge en miniature. Il y avait au milieu de ce fouillis un vieux banc de pierre sculpté, que Renan trouvait curieux et où il aimait à s'asseoir en été quand, après quelque voyage, il venait causer science et découvertes, avec Charles Schœbel.

Peut-être ce vieux banc évoquait-il, dans son âme éprise de poésie, quelque lointain souvenir de Bretagne, car c'est là que souvent il contait ses souvenirs du pays natal.

Je le revois encore, parlant à mon père et à moi de quelques épisodes de son enfance. Il les vivait en les narrant, et sous le calme et l'incrédulité de sa science positive, on le sentait tressaillant encore au souffle de la Foi perdue!

C'est à ces moments que Renan m'apparaissait dans toute sa plénitude de vérité et de diversité, parce que, cordial et confiant en Charles Schœbel, il étalait, entière, sa vraie nature.

Moi, je ne comptais pas, ou pour si peu, qu'un jour m'étant absentée une demi-heure pour aller dans la chambre de mon père chercher un livre qu'il désirait montrer à Renan, celui-ci me dit quand je revins :

« Eh bien, mon enfant, la petite histoire de Jeannick et de l'Immaculée-Conception, vous a-t-elle intéressée? »

Il l'avait racontée à mon père pendant ma courte absence, de laquelle il ne s'était point aperçu.

C'était une fillette, une compagne cette Jeannick, qui jouait souvent avec lui après la sortie du collège à Tréguier; et un peu plus tard, quand il partit pour le séminaire à Paris, elle lui fit cadeau d'une médaille bénie de l'Immaculée-Conception.

« Tant que vous la porterez, » me disait-elle, « vous serez sans tache, comme Marie Immaculée. Ainsi ne la perdez jamais. »

Et Renan ajoutait avec sa fine ironie :

« J'ai gardé la médaille pendant beaucoup d'années, et un jour, je ne sais comment, elle a disparu. »

Il accentuait ces paroles, insignifiantes en apparence, d'un léger sourire qui, lui, signifiait beaucoup de choses. Il est probable que l'historiette contée à mon père était un peu plus détaillée, mais je n'en eus que cette bribe.

Je montrai un jour à Renan, curieuse de savoir ce qu'il dirait, une petite et antique statuette de vierge en ivoire que ma mère avait eu l'habitude de porter toujours sur elle, comme une amulette sacrée.

Depuis notre retour en France, elle m'en avait fait cadeau.

Je n'aperçus aucune ironie sur le visage de Renan. Il prit le petit objet et sembla l'admirer en connaisseur. Puis, doucement, avec le fin sourire qui lui était particulier, il me la rendit en disant simplement : « J'ai vu dans ma jeunesse de braves gens en extase devant des statues de vierge merveilleuses de laideur. Celle-ci est au moins bien jolie et méritait un culte. »

Je ne pus savoir s'il raillait ou parlait sérieusement ; mais en tout cas, ma conviction sur Renan est, qu'au fond du savant, le Breton demeura jusqu'au dernier jour.

Le savant condamnait l'idolâtrie ; mais il aimait en « artiste » le culte des vieilles idoles archaïques et catholiques de sa terre de granit.

Ambitieux, Renan l'était, mais d'une ambition si étroitement liée à la recherche absolue de la science sous tous ses aspects, que l'ambition d'être très haut devenait un orgueil très noble.

Claude Bernard me parlant un jour de lui disait : « Les souvenirs de son enfance cléricale à Tréguier sont pour lui la « robe de Nessus ».

Peut-être ! mais il aimait cette robe.

De temps à autre, je voyais aussi Claude Bernard soit chez lui, rue du Luxembourg, ou parfois quand il accompagnait mon père à Bellevue.

Un jour que, dans les premiers de 1864, j'allais lui rendre visite, je lui présentai un explorateur de l'Afrique et du Niger, Jules-Charles Girard que M. Malte-Brun, le fils de l'illustre géographe, m'avait fait connaître, il y avait quelques années.

Jules Girard fut reçu plus tard membre de la Société de Géographie par suite de ses intéressantes découvertes aux sources du Niger. Il venait d'en arriver et, pour le moment, avait rapporté de ce long voyage toute une collection de poisons rares du règne végétal et minéral.

Je savais que Claude Bernard s'intéressait tout particulièrement, dans ses belles expériences, aux effets des poisons, et je priai Jules Girard d'en apporter quelques-uns avec lui.

Claude Bernard l'accueillit, — un peu à ma surprise, — avec une grande déférence et voulut absolument nous retenir tous deux à dîner chez lui, désirant après le repas faire quelques expériences devant Girard dans le petit laboratoire qui attenait à son appartement.

Claude Bernard que des chagrins domestiques faisaient vivre en célibataire, avait, ce jour-là, donné congé à son domestique.

Avec une simplicité charmante et amusante, il nous expliqua qu'il allait lui-même faire le dîner pour nous trois. « Je ne vous croyais pas ici », dit-il à Girard, « et je me réjouis que vous ayez pu obtenir un congé. »

Celui-ci me parut ne pas comprendre de quel congé il était question, et sans doute il allait répondre, quand Claude Bernard ajouta :

« Et d'abord, que je vous félicite, monsieur, sur vos derniers exploits. Combien de lions avez-vous tués? je ne me le rappelle plus. »

« Oh! » répondit Girard ahuri, « vous m'accordez un honneur que je ne mérite pas, monsieur. Tout au plus une pauvre petite panthère ci et là; mais de lions, jamais! »

« Allons, allons, je vois que vous voulez faire le modeste; mais vous devriez savoir que votre renommée vous a devancé à Paris. »

Girard, de plus en plus ébahi, protesta, toujours sans comprendre, pendant que moi, avec la gaieté native qui était le fond de ma nature, je toussais éperdument dans mon mouchoir pour étouffer mon envie de rire. Il ne fallait pas être très malin pour deviner que le grand savant prenait Jules Girard pour Jules Gérard, le tueur de lions.

D'un mot, il était facile de le détromper; mais cela aurait refroidi le dîner et je le gardai pour le dessert.

Claude Bernard prit, d'ailleurs cette découverte et son erreur avec beaucoup d'esprit.

« Si vous n'avez pas tué de lions, monsieur Girard, les poisons que vous voulez bien me donner serviront peut-être à détruire des germes morbides (on ne disait pas encore les microbes), et ainsi vous aurez plus fait pour l'humanité qu'en tuant des fauves. »

Nous passâmes, Girard et moi, une soirée des plus curieuses et des plus intéressantes, au milieu des ustensiles du petit laboratoire de Claude Bernard, et surtout en entendant ses explications.

Il y avait bien dans un des coins une forme tant soit peu étrange, recouverte de lustrine noire;

mais comme rien ne bougeait, je crus qu'elle dissimulait quelque statue.

A un moment, il me sembla entendre une sorte de plainte très faible, mais qui cessa aussitôt.

J'appris plus tard par Julien, le domestique du savant, que la forme immobile était celle d'un pauvre chien « à expériences », rapporté du Collège de France ! Et je n'eus plus jamais envie de déjeuner ou dîner chez Claude Bernard !

Un matin de février 1865, je reçus de Marseille, venant d'un ancien ami de Méry et de notre famille, M. Berteaux, une lettre où il me priait d'en remettre une autre, en mains propres, à Dumas père que je croyais encore en Italie.

Il lui avait écrit à plusieurs reprises, en Belgique et en Italie, sans recevoir de réponse, et il croyait ses lettres interceptées. Il le savait maintenant à Paris, mais ignorait son adresse. Je l'appris au *Petit Journal*.

Tout comme pour la comédie, ma mère voulut m'empêcher d'aller chez ce « libertin », comme elle l'appelait. Mais, j'étais lasse de me soumettre et, cette fois, je passai outre.

CHAPITRE XXVII

Ah! la singulière réception qui m'attendait
quand je sonnai à son second étage de la rue Saint-
Lazare, le cœur fort ému, ma foi, à l'idée de revoir
le vieil ami de mon enfance.

Une jeune servante ébouriffée et duvetée, comme
si elle s'était roulée sur un lit de plumes, entr'-
ouvrit à peine la porte et me demanda, d'une voix
impertinente, ce que je voulais.

« Voir M. Dumas, je vous prie. »

Elle parut embarrassée.

« C'est que... c'est que... »

Mais une voix de colère, à l'accent italien et qui
venait de l'intérieur, ne la laissa pas achever sa
phrase.

« C'est « oune » femme? »

Et sans attendre de réponse :

« Dites « loui » qué M. Doumas, il est malade et qu'elle s'en aille. »

En un instant, je compris que le « libertin » était avec quelque « libertine ». Pourtant, voulant savoir, je demandai :

« Qui est cette personne qui veut que je m'en aille? »

« C'est madame. »

« Qui ça, madame? M. Dumas s'est donc marié? »

« Oh! marié... marié... », et la soubrette se mit à rire.

J'en savais assez et je me disposai à redescendre, fort triste, je l'avoue, quand tout un « fla fla » de mousseline et de patchouli se précipita sur moi.

C'était comme une boule blanche d'où émergeait une autre petite noire, avec des yeux de braise. Et, haletante, une bouche rageuse me criait :

« Dites, dites, quoi « loui » voulez-vous à Doumas? »

Cette colère me fut contagieuse.

« Que me voulez-vous vous-même? » demandai-je au petit être noiraud, « et qui êtes-vous? »

« Je souis » la Gordosa et je veux, vous entendez, que vous laissiez M. Doumas tranquille. Le pauvre « houme » il est malade, et il n'a pas besoin à voir une autre femme. »

Je ne connaissais pas ce nom, mais je compris ce qu'était la femme.

Je me tournai vers la servante et, sérieusement, je lui dis :

« Cela ne ressemble pas mal à une maison de fous ici. Puis-je compter que vous remettrez une carte à M. Dumas, si je vous la donne?

« Oui madame », me répondit simplement la fille.

Alors, à côté de mon nom de femme que Dumas ignorait sans doute, j'écrivis sur le petit carton : « Bruyère qui a une lettre de votre ami Berteaux à vous remettre en mains propres. » — Et, sans prolonger la conversation, je me sauvai.

Le lendemain, je reçus de Dumas le mot suivant :

« Je te remercie, mon bon enfant, de n'avoir douté ni de mon intelligence ni de mon cœur, en pensant que je te reconnaîtrais sous le nom de Bruyère. » Viens, jeudi, après-demain, dîner avec moi. Je t'expliquerai tout. J'ai ma réception habituelle après dîner, et tu verras des choses curieuses.

« Mille tendresses.

« A. Dumas. »

Dumas ne disait jamais, ainsi que je l'ai déjà mentionné, « ma », qu'il s'adressât à une femme ou à un homme.

Son mot me fit plaisir, quoi qu'il n'expliquât rien. Mais il promettait de me renseigner.

Je n'avais guère envie de retourner rue Saint-Lazare et je fus assez longue à m'y décider. Néanmoins mon amitié pour Dumas l'emporta.

Cette fois, rien d'anormal ne se produisit; et ce fut presque cérémonieusement que la servante m'introduisit.

« Monsieur attend Madame », me dit-elle; mais auparavant Mme Gordosa voudrait dire un mot à Madame. »

Toutes ces « Madame » me firent rire, et je consentis à revoir l'irascible petite femme de ma première visite. Mais c'est ici où j'éprouve quelque gêne pour raconter, en détails scrupuleusement vrais, ce que je vis dans la chambre de la Gordosa.

Vêtue, — ou plutôt dévêtue, — d'un peignoir si transparent qu'il soulignait en s'y collant comme une toile d'araignée, les monticules et les vallées qu'il était censé cacher, — la Gordosa trônait, assise sur un meuble intime qui, lui-même, était posé sur le lit.

Quoique je m'attendisse à du nouveau, je restai un peu ébahie, et je pensai à ma pauvre mère si elle avait vu ça!

Mais la petite femme n'avait l'air nullement embarrassée.

« Jé souis malade comme oune chienne », me dit-elle pour débuter; mais « jé voulais vous voir parce qué Doumas il m'a dit qu'il vous connaissait « avant » votre naissance, et jé vous prie à me pardonner. »

« Il vient ici une foule de femmes qui veulent voir Doumas, et jé me souis trompée. »

En même temps, elle me tendit la main que je touchai très à contre-cœur, je l'avoue.

Je riais de cette phrase « que Dumas me connaissait » avant « ma naissance », quand un petit coup fût frappé à la porte. Et, sur le « entrez » qui me déconcerta, un jeune homme de famélique apparence, se montra sur le seuil.

« Venez, venez, povero Doubreuil », disait tranquillement la Gordosa, sans changer d'attitude!

J'étais ébahie; et tout le monde l'aurait été, je crois.

Le pauvre garçon, proprement, mais pauvrement vêtu, s'approcha du lit comme on s'approcherait de l'autel : Timide, les yeux baissés et portant dans ses bras, avec mille précautions, une gerbe de lilas blanc qui avait dû lui coûter, j'imagine, bien des jours de privations !

Délicatement, il la posa au pied du petit trône, en disant d'une voix chevrotante : « Madame, daignez accepter..... »

Mais la volubilité de l'Italienne l'interrompit :

« Oui, oui, povero, merci. Allez m'attendre au salon. Je vais m'habiller, et nous chanterons ensemble ce soir. »

Il courba l'échine et se retira à reculons.

Le malheureux avait à peine disparu, que la Gordosa, d'un geste violent, envoyait les fleurs délicates rejoindre, dans un coin, d'autres fleurs fanées, en disant avec rage :

« Il m'ennouie cet houmme, avec ses fleurs et sa mousique. »

Quand je fus hors de la chambre, la bonne me dit d'un air important :

« C'est un grand poète, ce monsieur-là, qui fait des vers et de la musique tout le temps, pour Madame. »

Pauvre garçon ! la petite soubrette l'appréciait au moins.

Le salon que la servante me fit traverser pour me conduire au cabinet de Dumas, ressemblait à celui de quelque tireuse de cartes à la mode. Il y avait de tout, là-dedans, et de tout ce qui est bizarre, surtout : Un trombone fraternisait dans un coin avec une harpe ; et des luths et des violons s'étalaient pêle-mêle avec des partitions, sur des divans.

Mais le plus curieux était un tableau cabalistique, compris seulement des initiés, et, où les lunes, les étoiles, les soleils et les firmaments les plus inconnus, étaient peints sous une grande main ouverte qui semblait les avoir plaqués là.

Je m'amusai à regarder ces charades, quand Dumas entra, vêtu lui aussi, non d'un peignoir transparent, mais de ce fourreau complet de flanelle rouge qui le faisait ressembler à un pacifique grand diable. Il ne me donna pas le temps de m'étonner et ouvrant tout grands ses bras, me pressa, avec une affection très sincère, sur sa poitrine de bon géant. — Très ému, il répétait : « Mon petit balai de bruyère, te voilà donc ! »

Il me prit dans son cabinet de travail et me dit :

« Causons, bavardons; nous avons le temps avant le dîner, et tant de choses à nous dire. »

Je lui racontai la visite de ma mère et de moi chez son fils; mes confidences, à lui, en vers ! — sur ma vocation religieuse, et sa jolie lettre, pétillante de fine ironie, qui m'avait si bien récompensée !

« Il aime les thèses et les morales », me dit Dumas, « et toi, non plus, tu n'y a pas échappé. »

Et, cherchant dans son secrétaire, au milieu de plusieurs lettres, il m'en fit lire une dans laquelle, à la fin de digressions intimes, se trouvait ce passage qui me rappela « Jocelyn » exhortant « Laurence » mourante : « Crois, aime, espère ! » Et, un peu plus bas : « Et, attends pour nier Dieu qu'on t'ait prouvé qu'il n'existe pas. »

« Il m'a déjà écrit ceci sur un livre. Donc, si cette lettre te fait plaisir, tu peux l'avoir. »

Naturellement, j'acceptai ; et il me la donna.

Il lut la lettre de son ami Berteaux, puis me parla enfin de la Gordosa. Il entra dans toutes sortes de détails, avec une naïveté et une crédulité charmantes chez un homme qui, par métier, âge et expérience, ne devait plus croire à grand'chose, — et se laissait quand même attraper comme ses semblables par « l'éternel féminin ».

Selon Dumas, Fanny Gordosa était la victime d'un mari brutal, un baron autrichien, qui avait eu la cruauté de vouloir lui faire porter des serviettes mouillées autour des reins.

Dégoûtée du régime hydrothérapique, elle avait quitté son époux, changé de nom, et s'était installée chanteuse de grand opéra à Naples. C'est là qu'il l'avait rencontrée, — et, ajoutait-il, avec une fatuité enfantine de bon « mulâtre » : « C'est là qu'elle est tombée folle de moi. »

Bref, il l'avait prise, emmenée et installée chez lui.

« Elle est un peu bizarre », me disait-il. (Moi, je trouvais qu'elle l'était beaucoup.) « Mais, elle a un cœur excellent. Tous les jeudis, à cause d'elle, je donne un dîner, une réception et un concert où l'on chante tous les opéras. Tu verras ça.

« Moi, à vrai dire, qui déteste la musique, je me sauve ici, dans mon cabinet, pendant qu'ils « miaulent » au salon. Tu verras bien d'autres choses curieuses », ajouta Dumas. « Les Desbarolles seront là, — la femme et le mari. Tous deux m'ont prédit des choses extraordinaires, qu'ils ont lues dans ma main. »

Puis, il me parla de sa dernière fille « connue », la petite Émilie Micaëlla, l'enfant de « l'amiral », comme il avait surnommé, l'espèce de « maîtresse fillette » qu'il avait emmenée avec lui, sur *l'Emma*, faire une tournée en Sicile. « Tu verras mon amour de petit bébé. Justement, on me l'envoie aujourd'hui. »

Puis, Marie Petel, sa fille, et son fils eurent leur tour. Longuement, il me parla d'eux. Il était fier de son fils, sous le rapport intellectuel, mais très amer contre lui, sous beaucoup d'autres rapports !

« Tiens, voilà un de ses derniers livres. Regarde ce qu'il a écrit dessus en me le dédiant. » Et, je lus :

« A mon cher père, son grand fils et petit confrère. »

« Il s'est trompé de place dans ses adjectifs pour me faire plaisir ; mais il n'en pense pas un mot ! »

Une espèce de « cosaque » que Dumas avait transformé en « bon à tout faire », vint gravement annoncer que « Madame » était servie, quoiqu'on ne sut trop où se trouvait « Madame ».

Bientôt, cependant, la Gordosa apparut, entourée de ses jeunes courtisans, poètes, littérateurs, musiciens, plus ou moins compris, mais tous briguant son appui auprès de Dumas.

Lui, souriait à tout le monde, et pensait à autre chose.

Pourtant, quand il vit ses vieux amis, Noël Parfait, Charles Yriarte, Nestor Roqueplan, Roger de Beauvoir, et surtout cette charmante femme restée jeune dans sa vieillesse, — la comtesse Dash, — la figure de Dumas s'éclaira d'une expression joyeuse.

« Ah ! Gabrio », dit-il avec tendresse, en allant à elle.

Puis, arrivèrent d'autres invités, parmi lesquels une jeune femme qu'il me désigna sous le nom de « Précieuse ».

« Pourquoi ce nom ? » lui demandai-je tout bas.

« Parce qu'elle m'embête avec ses poésies de « lune dorée ». As-tu jamais vu une « lune dorée », toi ? »

« Oui, certainement, la lune d'avril, quand elle est rousse. »

« Tiens, tiens, tiens, tu as trouvé ça ? »

Et, le cher grand homme se mit à rire comme un enfant.

Pendant le dîner, il ne se fit pas faute de lancer des épigrammes à l'adresse de la « Précieuse ».

Il devait l'avoir prise en grippe ayant, d'ailleurs, une sorte d'aversion pour les femmes « écrivains », qu'il désignait indistinctement sous le nom de « Bas bleus ».

J'étais assise à côté de Dumas ; et, tout à coup, il me dit en voyant entrer une femme qui était en retard : « Ah ! celle-ci, regarde-la bien ; elle ne fait pas des vers à la lune, mais elle est dompteuse. »

« Ah ! vraiment », fis-je, « elle a une ménagerie ? »

« Je crois bien », dit-il en riant, « et peuplée de toutes les plus grandes bêtes à deux pattes. »

Je ne comprenais plus. Il ajouta :

« Elle a sur sa voiture un blason qui tient toute la portière ; et ce n'est pas trop, puisqu'elle l'a formé avec ceux de douzaines d'amants. Elle s'appelle « Anna Deslions », et sa devise est : « Je les dompte ».

Ah! ma pauvre mère, si elle avait été là!

« Gabrio » se recula en voyant la « dompteuse » s'approcher pour prendre une place auprès d'elle; et les deux femmes échangèrent un regard qui n'avait rien de tendre.

Entre huit et neuf heures, des intimes dont les noms furent, et sont encore célèbres, quoique leurs propriétaires soient dans un monde meilleur, arrivèrent pour la soirée et le concert. Et, presqu'aussitôt d'aigres petits grincements de violons qu'on accorde firent dire à Dumas : « Voici le charivari qui va commencer. Sauvons-nous, mon bon enfant ». Et, il m'entraîna vers son cabinet de travail.

« Tiens, entends-tu leurs trémolos? Les murs en tressaillent », me disait-il, pendant que le « povero » Doubreuil et la Gordosa sanglotaient le duo du *Trouvère*.

Vers dix heures, le cosaque vint frapper à la porte avec la légèreté d'un coup de poing de boxeur, et annonça à Dumas, dans une langue bizarre, que le couple Desbarolles était arrivé.

« C'est une espèce de patois russe qu'il parle, ce bon Ivanick, » me dit-il. Et, il ajouta avec cette vanité enfantine qui le caractérisait :

« Je les comprends presque tous. » Je ne sais, en tout cas, où il pouvait bien les avoir appris.

En écrivant ces souvenirs qui sont tellement vivants dans ma pensée, il me semble voir Mme Desbarolles fixant sur moi ses yeux de « jettatore ». Ah! la peu banale créature qu'était cette pythonisse moderne!

La coiffure qu'elle portait était une trouvaille.

Une guirlande, ou plutôt un fouillis de feuilles triangulaires d'un aspect vénéneux, parmi lesquelles de petites choses longues à tête plate s'agitaient.

C'étaient tout simplement de mignons serpents en caoutchouc, si parfaitement imités, que leur vue inspirait un certain malaise.

Lui, le mari, n'avait rien de remarquable, que d'être le mari d'une telle femme.

Avec un sérieux d'autant plus comique, qu'il était « sérieux », Dumas vint annoncer à la devineresse que tout ce qu'elle lui avait prédit était « arrivé ».

J'ignore ce qu'elle lui avait prédit ; mais la vie de Dumas n'était pas compliquée, et les prédictions étaient faciles : D'un côté, un travail acharné, et de l'autre, cette occupation sans répit, qu'il appelait cyniquement : « Faire l'amour ! »

Entre ces deux travaux, l'homme donnait très peu de temps au sommeil et à la table.

La comtesse Dash vint se faire prédire je ne sais quoi, tout bas ; mais cela devait être drôle, car elle se tordait de rire.

Tout au contraire, la Gordosa qui voulait aussi avoir sa prédiction, sanglotait bruyamment, pendant que la Desbarolles la lui faisait à mi-voix.

« Et toi », me dit mon vieil ami, « tu ne veux donc rien demander ? »

« Je ne crois pas à tout ça, » lui dis-je.

« Baste, essaie toujours. »

Mme Desbarolles prit ma main gauche et me dit, après en avoir un instant examiné les lignes :

« Que de souffrances ! que d'agitations ! Que d'événements ! »

Ces paroles me laissèrent indifférente, car Dumas, peut-être, lui avait parlé de moi. Elle ajouta :

« Rarement une femme aura été escortée par autant de chances de bonheur que vous. Mais, vous passerez à côté! » Elle ne voulut ou ne put en dire plus.

Sa prédiction ne m'émut pas. Mais j'y ai souvent pensé depuis.

Quelques moments plus tard on annonça le comte de Noé, c'est-à-dire « Cham ».

La comtesse Dash qui avait beaucoup d'affection pour lui, battit joyeusement des mains.

On causa; et tout à coup Dumas demanda au célèbre caricaturiste : « Que pourrai-je donc bien donner à P... qui m'a invité si souvent à chasser dans ses terres? Voici bientôt sa fête. A sa femme j'avais donné un éventail; mais au mari, quoi?

Je regardais Cham que je n'avais jamais vu et qui, souriant placidement, mais avec une ironie exquise, avait les yeux fixés au-dessus de la porte de la salle à manger, où se trouvait la tête d'un superbe « dix cors ».

« Si vous ne tenez pas absolument à ces bois magnifiques, envoyez-lui ça. Entre chasseurs, ça fait toujours plaisir. »

Tous, nous fûmes pris d'un fou rire.

La soirée s'avançait quand on apporta à Dumas, de la part de Mme Petel, sa fille, une boîte assez grande.

Tout joyeux, il l'ouvrit.

« Viens voir, » me dit-il. « Elle m'avait promis d'habiller deux poupées pour ma petite Emilie. Elle a tenu parole. »

Et cet homme déjà vieux avait un plaisir d'enfant à contempler une Pompadour enrubannée, couchée tout de son long sur un « Louis le bien-aimé » frisé et pomponné comme un caniche. Tous deux étaient ensevelis sous de beaux habits de rechange.

« Pourvu que mon petit bijou vienne », disait cet étrange père.

Le « petit bijou » que je n'avais jamais vu arriva et Dumas, sans plus s'inquiéter de l'assistance, couvrit de baisers un petit être chétif, l'assit dans le creux de sa main et, triomphalement, le promena autour du salon.

La petite avait son bras gentiment autour du cou de Dumas et serrait contre elle, toute ravie, la Pompadour et son royal amant.

C'était une petite créature de cinq ou six ans, malingre et donnant bien l'impression d'être le fruit d'une paternité de vieillard. Laide, elle l'était certainement, avec ses petites joues de cire jaune et sa grande bouche aux lèvres invisibles. Mais, toutes ces laideurs étaient rachetées par une suprême beauté : l'intelligence des yeux. Il y avait un charme inexprimable dans ce regard d'enfant ; de la tendresse et comme une profonde mélancolie qui sondait l'avenir !

Dumas me raconta qu'il aurait été heureux de reconnaître l'enfant, ce que, d'ailleurs, avec un orgueil comique de « père gigogne », il était toujours prêt à faire.

Mais la mère, « ce stupide petit amiral », disait-il, n'avait pas voulu, parce que Dumas ne lui avait pas été fidèle.

Pauvre « amiral » ! Dans quelle eau miraculeuse

avait-elle péché des illusions sur la « fidélité » de Dumas !

Elle aurait dû l'entendre me dire un jour d'un air convaincu : « Je ne voudrais pas exagérer; mais je crois bien, que j'ai de par le monde plus de cinq cents enfants! » Et il ajoutait 'avec une vanité malpropre :

« C'est par humanité que j'ai « des » maîtresses. Si je n'en avais « qu'une », elle serait morte avant huit jours ! »

En attendant la preuve de sa paternité « mormonne », je lui ai connu cinq enfants dont deux ont porté son nom : Son fils Alexandre et sa fille Marie Petel.

Puis, non reconnus, un jeune homme qui avait alors, en 1865, environ dit-huit ans et dont la mère était mariée; puis, une charmante et honnête jeune femme mariée, que j'ai connue et affectionnée, plus tard, en Amérique dans la troupe de Sarah Bernhardt; et enfin la petite Emilie Micaëlla, filleule de Garibaldi.

« Et quand tu penses », me disait une fois Dumas « en s'esclaffant », que ce vaillant soldat était si naïf, qu'il a pris « l'amiral » pour un jeune garçon !

« Je lui avais raconté que c'était mon neveu. Tout de même, un jour il m'a dit : « Mon cher Dumas, je ne sais pas si vous êtes parents; mais en ce cas, votre neveu est une nièce. »

« Il s'était aperçu de ça! »

Et, Dumas plus naïf encore que Garibaldi, s'en étonnait !

Je vis plusieurs fois l'aimable comtesse Dash

chez Dumas, tant qu'il demeura dans la rue Saint-Lazare.

Il la plaisantait, — non sans une certaine malice, sur ses « moutonneries », comme il appelait quelques-uns de ses romans trop « romantiques », ou comme il disait encore, « trop talons rouges ».

Elle répliquait, sans se fâcher, par de petites réponses qui ne manquaient ni d'à-propos, ni d'esprit.

« Que voulez-vous », disait la comtesse Dash, dont j'ai noté les paroles et celles de Dumas, « talons rouges » ou « brebis », je fais le plus souvent appel à mes souvenirs en écrivant, et je mets, autant que possible, un frein à mon imagination. »

« Ce en quoi, vous avez bien tort, ma chère amie », ripostait Dumas; « car l'imagination est, certes, le plus précieux de tous les dons. Que serions-nous sans elle ! Nous nous verrions tels que nous sommes, et, pour beaucoup de nous, cette vue ne serait pas agréable.

« Avec l'imagination nous quittons la terre, nous traversons l'espace, nous découvrons des soleils, nous faisons descendre les hommes des singes, et nous contrôlons la nature !

« Puis, surtout, elle est le pilote d'un navire merveilleux qui, toujours, nous emporte vers l'espérance ! »

« Et », termina finement la charmante femme, « nous dépose sur les rives de l'éternelle jeunesse ! »

« Bien touché », conclut Dumas en riant.

Il était à prévoir que le faux ménage de Dumas avec la Gordosa n'irait pas sans orages !

Une tempête éclata bientôt, dans laquelle une

carafe de cristal joua le rôle de la foudre, en tombant fort près de l'Italienne.

Dumas la lui avait lancée, dans une explosion de fureur atavique.

L'occasion étant bonne pour une syncope, précédée de crises de nerfs, Fanny Gordosa, qui connaissait son grand homme, n'eut garde de la laisser échapper.

Dumas ennuyé, plus que désolé, appliqua sur le tout une guérison radicale.

Il couvrit d'eau et de bijoux son Italienne; puis, prétextant, lui aussi, de trop fortes émotions et un grand besoin de solitude, il alla se calmer à Saint-Gratien. Seulement, quand il eut retrouvé ce calme, il se garda bien de le ramener à la rue Saint-Lazare. Il fit une cure radicale et alla se terrer au 107 du boulevard Malesherbes, avec sa fille, Marie Pétel.

Il m'apprit cette nouvelle par un petit mot.

« Je serais enchanté de te revoir, mon bon enfant, après les semaines d'ennuis que je viens de traverser; je t'attendrai chez moi, boulevard Malesherbes, 107, où je demeure avec ma fille. Elle a quitté le couvent qu'elle avait choisi pour retraite, et elle exécute des enluminures merveilleuses, sur de vieux missels.

« Je t'écris vendredi; c'est donc samedi que je t'attendrai à l'heure qu'il te plaira.

« Comme mon nouveau domestique Vasilik ne te connaît pas, je t'envoie ci-joint ce « laissez-passer ».

« Toutes les tendresses du cœur.

« ALEX. DUMAS.

« P.-S. Je me suis rangé; tu verras ça. »

Je fus amusée par son « post-scriptum » ; mais
j'étais loin d'imaginer la surprise qui m'était
réservée.

N'étant pas libre d'aller chez Dumas l'après-
midi, j'y allai dans la matinée.

Je remis au domestique le « laissez toujours
passer » et quand il l'eut regardé il m'introduisit
dans le large vestibule sur lequel, des deux côtés,
s'ouvraient des portes.

« Là, madame », fit-il, en désignant l'une d'elles.

Je frappai et un joyeux : « entrez », me répondit.

J'ouvris alors ; et, malgré ce que je savais de la
vie de Dumas, je restai ébahie ; — quoique le mot
soit trop faible pour ce que je vis.

Affalé dans un grand fauteuil bas, tout au milieu
de sa chambre en désordre, Dumas, vêtu sommai-
rement, était entouré de trois femmes dont je
reconnus immédiatement l'une, très célèbre à Paris
pour son haut rang, son esprit endiablé et son
corps, qu'à défaut de son visage plutôt laid, on
disait beau. — Cette femme vit encore, vieille
aujourd'hui, et si ces lignes lui tombent jamais
sous les yeux, cette femme peu vertueuse mais
très spirituelle, se reconnaîtra vite !

Celle-là était nonchalamment appuyée au dos-
sier du fauteuil.

Une autre était assise sur un des larges bras du
siège ; et la troisième pelotonnée sur un tapis de
haute laine, aux pieds de l'auteur des Trois-Mous-
quetaires.

Le trio portait le très simple costume du Paradis
terrestre avant l'apparition du serpent.

Je repoussai la porte sans rien dire, mais si
troublée que je ne retrouvai plus la sortie.

Dumas m'avait vue, et très gaiement me criait :
« Entre donc, entre donc, mon bon enfant ; ces
dames sont dans le cabinet de toilette. Ne sois pas
si bégueule ! »

Cette dernière phrase, surtout, m'exaspéra. Je
revins près de la porte et sans l'ouvrir, je lui criai
au travers :

« Il ne fallait pas être bégueule, je crois, pour
vous voir rue Saint-Lazare ; mais pour vous voir
à présent, je devrais être munie d'une carte de la
préfecture. »

Et, sans rien vouloir entendre, je me sauvai.

J'étais fort triste en retournant chez moi ; mais
je me gardai bien de raconter à ma mère la scène
réaliste que j'avais entrevue.

Nous avions quitté notre demeure de Bellevue
et nous habitions alors une petite maisonnette,
tout près des bois de Viroflay. C'est là que dès le
lendemain, je reçus un mot de Dumas. Il m'écrivait :

« Tu me connais bien, mon bon enfant, et tu
aurais pu être plus indulgente à l'égard d'un vieil
ami.

« Pourtant, je regrette ce qui a eu lieu et m'a
privé de te voir.

« Dans six jours nous serons au 1er mars, et ce
sera l'anniversaire de ta naissance. Veux-tu, ma
petite Bruyère, me laisser venir chercher mon
pardon à Viroflay, ce jour-là ?

« Tous les respects du cœur.

« ALEX. DUMAS. »

Je fus un peu émue de ces lignes ; mais je n'éus, d'abord, aucune envie d'y répondre. Cependant, mon père que j'idolâtrais, m'ayant priée de dire « oui », je le fis.

Ma mère, malgré ses critiques sur la moralité de Dumas, était, au fond, contente de recevoir le « grand homme », et n'eut rien de plus pressé que de répandre la nouvelle de sa visite chez nous.

Naturellement, les gens qu'elle connaissait lui demandèrent à venir pour le voir ; quelques-uns discrètement, d'autres à la façon dont on vient regarder les bêtes curieuses.

Un ménage d'artistes suédois, des gens charmants, qui habitaient une villa de nos côtés et que ma mère avait connus, je ne sais trop comment, nous amenèrent Gustave Courbet, le grand peintre, qui ressemblait à un moujik. C'est ainsi que je le connus et que, peu après, il me fit le grand honneur de me peindre deux fois, en poses différentes.

Je possède toujours ces deux tableaux qui, d'un tel artiste, et moi mise à part, sont des chef-d'œuvres.

Un vieux littérateur de Toulouse, M. Fourcade, très doux, très moral et très pauvre, que ma mère avait déniché je ne sais où, fut invité, par elle, à venir contempler Dumas. Il n'avait pas d'habit, paraît-il, mais il avait une bouchère, romanesque, à laquelle il devait pas mal de beefsteaks, et qui rêvait de voir et de frôler un peu l'auteur qui l'avait émerveillée. Il l'amena avec lui pour se la concilier et la présenta comme une « dame du monde ».

Cela promettait de jolis quiproquos, lesquels ne se firent pas attendre.

Il y avait encore quelques autres personnes dans notre modeste salon, quand arrivèrent, ensemble, mon père et Dumas.

Très essoufflé, le chemin qui conduisait chez nous étant montueux, mon vieil ami, tout heureux, après avoir serré quantité de mains, chercha des yeux un siège confortable. Il aperçut un vieux fauteuil, très large, recouvert d'une antique tapisserie, et littéralement s'y laissa choir.

Le meuble en gémit, et ma mère aussi. Elle me regardait avec angoisse, et moi, j'essayai de ne pas éclater de rire. Mais Dumas s'aperçut qu'il y avait « quelque chose ».

« Qu'ai-je fait ? » disait-il avec bonhomie.

Alors, je lui expliquai qu'il s'était assis sur une vénérable tapisserie, œuvre de quelque aïeule, que ma mère gardait depuis un temps immémorial, dans un vieux coffre et n'exhibait que dans les occasions solennelles.

« C'est seulement pour regarder », lui dis-je tout bas.

Alors, avec un geste gamin, le vieil enfant qu'était Dumas, prit un pan de sa redingote et se levant essuya la place qu'il venait de quitter. Puis, sortant de sa poche un des beaux missels imités du moyen âge, que sa fille Marie avait enluminé, il le posa sur le fauteuil en disant à ma mère :

« Voilà qui va tout réparer : ce livre où vous pourrez prier le bon Dieu pour moi. »

Il fut impossible de lui garder rancune.

Bientôt la verve et l'esprit de Dumas étincelèrent, et ce fut à ce moment que la bouchère « femme du monde » demanda au poète toulousain de la présenter !

Le malheureux ! Il n'osa pas refuser, — et appelant Dumas « cher confrère! » il lui présenta madame Joliveau, — un nom prédestiné!

Je ne sais plus ce que lui dit Dumas; mais je me rappelle son sourire qui valait bien des paroles!

Avant le petit dîner organisé par ma pauvre mère, pour ma fête, tout le monde, à l'exception du couple suédois, de Gustave Courbet et de mon père, s'en alla, heureusement.

Dans un petit coin, on entoura Dumas, et mon père l'ayant complimenté sur l'un de ses derniers ouvrages, il lui répondit :

« Oui, oui, mon cher ami, je suis le conteur, l'amuseur, l'homme populaire, mais qu'est cela en face de votre science! »

Hélas ! il avait tort; car contes et conteur, compris de tous, resteront immortels. Et, qui comprend, à part les érudits, dans sa valeur de science magnifique, le beau et long poème du « Râmâyâna » que Charles Schœbel a traduit du sanscrit!

Dumas s'était souvenu des belles bruyères roses dont je faisais des petits balais dans mon enfance, et il m'apportait pour ma fête un bouquet de ces fleurs.

Très touchée, je le pris et quelque chose en tomba.

C'était un petit écrin, et de suite je me sentis triste, qu'il eût mêlé un bijou au joli souvenir des bruyères.

« Vous gâtez ma joie », lui dis-je. Mais lui, avec un bon rire :

« Mais non, mais non, je ne gâte rien du tout.

C'est un souvenir historique qu'il y a là-dedans.
Ouvre. »

Une petite broche formée de deux cœurs unis,
sur lesquels de délicieuses et fines miniatures
étaient peintes, et une bague de même style, le
tout serti de perles fines, se trouvait là.

« Ces bijoux », me dit Dumas, « ont appartenu
à la Pompadour. La date 1759 et son chiffre sont
gravés derrière la broche. »

Ce n'est pas sans émotion que je me rappelle ce
cadeau que j'aurais dû garder ! Mais, alors, comme
aujourd'hui, j'attachai peu de prix à ces choses ;
et moins de quinze jours après les avoir reçues, je
les échangeai pour un chien.

C'était une bonne bête qui dans mes promenades en forêt avec mon jeune fils, nous caressait
et nous suivait toujours. Il était en pension chez
un garde, et sa propriétaire, une meunière de Rambouillet, ne voulait pas le vendre ; mais elle l'échangea pour les bijoux de la Pompadour, qu'elle avait
vus.

J'avouai ceci à Dumas, quand je le revis.

Il haussa philosophiquement les épaules et me
dit :

« Tu as mieux aimé un chien que moi, mon
bon enfant. Qu'il en soit toujours comme tu voudras. »

Seulement, plus jamais il ne me donna de souvenirs Pompadour ; et un matin, je reçus de lui un
petit mot et des vers, sur une des grandes feuilles
bleues dont il se servait pour ses manuscrits.

Le premier disait : « Pour me venger de ton
chien. »

Les vers, — une traduction de ceux d'Hamlet à

Ophélie, avaient, en regard, ceux qu'il avait com-
posés lui-même, pour moi.

Voici d'abord les premiers :

22 mai 1867.

Doutez qu'au firmament l'étoile soit de flamme;
La sainte vérité, doutez-en dans votre âme;
Doutez que dans les cieux, marche l'astre du jour;
Doutez de tout enfin, mais non de mon amour!
Je ne mets pas mes pleurs en vers de fantaisie,
Mes larmes ne sont pas matière à poésie :
Mais laissez-moi vous dire, humblement, simplement.
Je vous aime d'amour, je vous aime ardemment.
Et, jusqu'à ce que l'âme, à ce corps soit ravie
Cet Hamlet qui vous parle est à vous, chère vie!

A Mathilde.

Voici bientôt mille ans qu'Hamlet à son amie,
Faisait le doux serment d'aimer toute la vie.
Mais, à ses jours mortels il l'avait limité.
Moi, j'engage et mes jours et ma vie éternelle,
Mathilde, et, je te dis, si l'âme est immortelle
Mon âme t'aimera pendant l'éternité!

ALEXANDRE DUMAS.

Malgré son affection sincère pour moi, Dumas
était un abominable conseiller.

Il trouvait tout naturel de me dire, et il me répétait à chaque occasion :

« Voyons, mon bon enfant a quoi aboutira ta
vertu? Réfléchis un peu. Ton mari ne te donne pas
un sou, et ta mère, la pauvre femme, te donne
tous les siens. — Ton père, lui, ne comprend et ne
vit que dans la science. — Ta jeunesse s'en ira, ta

beauté aussi — et tu sera bien avancée avec la
vertu qui te restera, hein?

« Prends donc un amant. Je te trouverai ça, moi,
moi! Tiens le duc de M... par exemple. Voilà qui
ferait ton affaire », disait-il avec conviction.

Alors, exaspérée, humiliée, je lui répondais :
« Ma vertu n'est peut-être qu'un mot si j'aimais!

Ce qui est un fait, ce qui me protège, ce n'est
pas elle ; c'est le dégoût de tout ce que j'ai vu
déjà! »

« Alors, c'est entendu ; tu veux rester en compagnie de ta vertu, et, comme dit ta mère, donner
des leçons plus tard. Aimerais-tu être dame de
compagnie? » me demanda-t-il à brûle pourpoint ;

« Oui », lui dis-je, « n'importe quoi pour gagner
honnêtement ma vie. »

« Eh bien, écoute : je connais une vieille marquise qui a un cœur excellent et qui, je crois, fera
ton affaire, je te donnerai un mot pour elle, et tu
iras la voir. »

Quelques jours après, il me donna ce mot, en
effet, et j'allai chez la noble dame de G...

Quand je me présentai à son hôtel, non loin du
bois de Boulogne, un domestique me dit qu'elle ne
recevait pas. Je lui fis passer le mot du Dumas et
le domestique revint me prier d'attendre.

Près d'un quart d'heure s'écoula ; et, seule, dans
un grand salon, très sombre, avec mes pensées
mélancoliques, je tâchai de me représenter l'apparence de la « marquise au cœur excellent ». Mais,
je n'aurais jamais pu la deviner.

Une porte s'ouvrit brusquement, et un être vieux
et bizarre qui avait des mouvements de chèvre en
goguette, m'apparut.

Ça sautait, ça tournait, ça virait et enfin ça venait à moi, me criant d'une petite voix nerveuse et essouflée :

« Ah! ma chère enfant, dites-lui bien que c'est pour lui seul, que je vous reçois. Je suis tellement occupée. Vous en voyez la preuve! » Et, se retournant, elle me montra deux petites ailes frémissantes plantées dans son dos.

Et, sans me donner le temps de comprendre : « Oui, vous voyez! J'ai une comédie d'amateurs, ce soir chez moi. C'est très important, et, je sais à peine mon rôle de Cupidon. Vous m'excuserez si je ne puis vous écouter aujourd'hui, et vous reviendrez n'est-ce pas? »

Toute ébahie, prise entre le rire et les larmes, après une telle réception, je balbutiai deux ou trois mots banaux.

Le visage plaqué de fards, de pâtes grasses et de couleurs, comme une palette de peintre, s'étira pour grimacer un sourire; puis le vieux corps se remit à sautiller en m'accompagnant à la porte :

« Au revoir, au revoir, ma chère enfant, et toutes mes tendresses, je vous prie, à mon illustre ami. »

Ah! oui, au revoir! Dans un cauchemar, pensai-je en sortant.

Quand je racontai cette scène à Dumas, il en rit pendant une demi-heure répétant : « La vieille folle! La vieille folle! Mais tu l'es aussi, toi, avec ta vertu! »

J'étais guérie des recommandations de Dumas; mais lui ne l'était pas de ses exhortations à me faire prendre un amant.

« Tu es donc de bois? » me demanda-t-il un

jour. « Enfin, qu'aimes-tu, puisque tu n'aimes pas les hommes? »

« Malgré tout votre esprit je ne vous répondrai pas », lui dis-je tristement. « Nous ne pourrions pas nous comprendre! Certainement, je n'aime pas les hommes; mais si j'étais libre, j'en aimerai peut-être un, si je le trouvais tel que je ne l'ai pas encore trouvé..... en France. »

« Oui, oui, c'est entendu », ricanait Dumas, « nous sommes tous des cochons.

Eh bien, puisque c'est ainsi, je vais t'en écrire une belle « cochonnerie! »

Habituée à ses boutades, parfois grossières, je ne fis aucune attention à ces paroles; et, il se mit à sa table de travail pendant que je lisais.

Moins d'une heure après, il me remit quatre pages qu'il venait d'écrire sur son grand papier bleu.

« Tiens, lis ça », dit-il cyniquement.

C'était des vers; et en lisant les premiers, je fus charmée de leur belle facture.

Mais, tout à coup, en avançant le rouge de la honte me monta au visage et, colère, je jetai le poème à terre.

Tranquillement, il le ramassa et me dit : « Prends donc ça bébête, et garde-le. Ne le lis pas, si tu veux. Mais tout ce qui vient de papa Dumas aura du prix un jour. » Et il le fourra dans la poche de mon grand manteau.

Je voudrais pouvoir reproduire ces vers — tout ce qui vient de Dumas étant curieux. Mais, en vérité, je le crois impossible.

C'est chez Dumas que je vis une femme qui prétendait connaître à « fond » les Mormons et la vie mormonne après une semaine de séjour chez eux : Mme Olympe Audouard.

J'avoue que moi qui, plus tard, ai passé long-temps parmi ces gens-là, qui, à l'extérieur, ressemblent à tout le monde, et, à l'intérieur, à eux-mêmes seulement, — je ne les connais pas encore.

C'était amusant à voir la naïve fatuité de Dumas me disant tout bas, pendant que la voyageuse narrait des aventures super-naturelles : « C'est une femme charmante. Elle n'a qu'un défaut, mais bien embêtant : c'est de se trouver toujours mal au bon moment. »

Ce qu'il entendait par là, je ne le lui ai pas demandé.

Un matin mon vieil et peu moral ami m'envoya un mot pour me prier d'aller à l'exposition avec lui.

On était en 1867 et elle venait de s'ouvrir.

« Ma fille », m'écrivait-il, « vient de publier son premier roman : « Madame Benoît »; je donne le soir un dîner intime et je te présenterai ma nouvelle secrétaire :

« Une jeune fille étonnante qui s'est éprise de moi en lisant *Monte-Christo*.

« Tu la verras. C'est un bon chien cette Saturine. »

Ce qui n'empêche que le bon chien qui avait des yeux très rusés, devint promptement un « chat vicieux », grâce à l'influence sur Dumas de sa bonne à tout faire : Nathalie.

Ah ! cette exposition de 1867 ! je me rappellerai

longtemps ma première visite à elle avec Dumas.

Tout avait bien marché et nous nous promenions dans une galerie, quand tout à coup un homme vieux et laid, mais néanmoins d'allure distinguée, vint aborder mon vieil ami.

« Ah! mon cher ami, enchanté de vous rencontrer », s'écria Dumas avec effusion.

Et je fus alors présentée à l'illustre Emile Littré.

La conversation était des plus cordiales, quand tout à coup Dumas s'avisa de dire :

« Mais, vous ne me dites pas un mot, mon cher, de l'événement littéraire duquel parle tout Paris. »

« Quoi donc? » fit innocemment Littré.

Et, soudain, l'orage éclata, — brusque comme celui des tropiques.

« C'est insulter ma fille que d'ignorer son premier livre, « Madame Benoît », criait rageusement Dumas.

J'avais grande envie de me sauver, car j'avais bien honte, Dumas étant reconnu, — de voir un tel homme céder à une futile colère de nègre incivilisé!

Mais, il ne m'en donna pas le temps. Il me prit le bras en disant : « Viens, viens mon bon enfant, c'est trop abominable. »

Quant au vieux savant, abasourdi un moment, il avait tourné le dos.

Si Dumas avait eu l'habitude de boire, j'aurais cru qu'il était ivre, pour se conduire ainsi; mais il était fort sobre et n'était ivre que de fureur irraisonnée, dans son bizarre amour paternel!

Dehors, il prit un cabriolet.

« Allons à Saint-Cloud, j'ai besoin d'air », disait-il, et tout le temps il marmottait : « Ignorer « Madame Benoît » ! ignorer le livre de ma fille! Quel malotru! »

A la barrière de l'octroi, un douanier vint demander si l'on avait quelque chose à déclarer, et en même temps fit mine de regarder à l'intérieur du cabriolet.

Alors, la rage de Dumas recommença.

« Vous ne me connaissez donc pas? » disait-il. « Voyons, regardez-moi bien. Il n'y en a pourtant pas deux qui ont cette tête-là! »

D'autres douaniers s'étaient approchés. L'un se mit à rire disant :

« Parbleu, je vous reconnais, moi, car j'ai vu votre portrait dans une boutique. Vous êtes Monsieur Alexandre Dumas. »

« Toi », — dit mon vieil ami qui venait de retrouver sa bonne humeur, aussi brusquement qu'il l'avait perdue, « tu es un garçon intelligent et je vais le certifier sur un bout de papier.

« Quel est ton nom? »

Le jeune homme le lui dit.

Alors, riant, ce vieux gamin qu'était parfois l'illustre romancier, écrivit sur une feuille de son carnet :

« Je certifie qu'un tel n'est pas un imbécile. » Il signa et lui donna le feuillet.

Tous les douaniers battirent des mains, et mon compagnon eut un vrai triomphe, — de ceux qui plaisaient à cette nature complexe où la bonhomie et la vanité avaient une large place.

Je voulais retourner chez moi, mais il insista amicalement, pour que je vienne à ce dîner qu'il appelait : « L'inauguration des débuts littéraires de ma fille. »

« Je te raconterai des histoires surprenantes », me disait-il, pour me décider.

J'envoyai un télégramme à ma mère qui, chaque fois que je restai coucher à l'hôtel, me croyait perdue dans tous les sens, tant le contact de Dumas lui semblait funeste pour moi!

En chemin, il me dit :

« Tu sais, la dame qui était appuyée au dos de mon fauteuil quand tu es venue..... » Je l'interrompis :

« Ne réveillons pas ce souvenir, je vous prie. »

« Baste! Ecoute donc, bébête. C'est une très grande dame, très originale et une vraie princesse! Celle-là, aussi, est folle de moi; mais malgré ça, je n'ai jamais obtenu ses faveurs par ce que... »

« Pourtant », fis-je, l'interrompant encore, « son costume sommaire... »

« Ça ne prouve rien; question d'esthétique, voilà tout; donc, je n'ai rien obtenu parce qu'elle mettait pour condition que je lui fasse cadeau d'une mangouste et d'un grand fourmilier. Passe encore pour une mangouste; mais un grand fourmilier où veut-elle que je prenne ça? »

Je lui suggérai l'idée du Jardin des Plantes, ou du jardin d'Acclimatation.

« Tiens, je n'y avais pas pensé. »

Il avait l'air tout joyeux; mais je n'ai jamais su s'il avait trouvé son grand fourmilier.

Quand nous arrivâmes, un peu en retard, Marie Pétel vint au-devant de son père, suivie de quelques intimes dans le vestibule. Il l'embrassa sur la bouche, — selon la mode russe, — disait-il; et elle me tendit la main cérémonieusement.

C'était une femme de trente-huit à quarante ans, plutôt petite et très brune.

La figure masculine, la bouche grande et lippue, les yeux noirs et le nez aquilin étaient d'un certain type juif qui n'était pas le très beau, très pur et très virginal que j'ai vu sur d'autres visages de race sémitique.

Mais son costume était plus curieux que sa personne. Quoique fort étrange, son originalité ne manquait pas de grâce.

Sur ses cheveux nattés et roulés autour de la tête, elle portait une couronne de gui entremêlée de petites serpes dorées. Son corps était drapé dans une tunique de laine blanche, retenue à l'épaule gauche par une autre serpe, et sa taille enroulée d'une cordelière à laquelle une serpe était encore suspendue!

On aurait pu appeler Marie Pétel : « La dame aux Serpes ». Mais elle ne voulait être qu'une druidesse.

Enfin, pour compléter cette toilette, une immense touffe de gui étalait ses rameaux grêles sur la poitrine plate de l'auteur de « Madame Benoît ».

En attendant le dîner, Dumas régala ses convives d'histoires croustillantes.

L'une d'elles était le séjour qu'il fit, disait-il, au château de Lady H.

Toujours, selon lui, il avait sur cette dame un pouvoir hypnotique extraordinaire. « Si extraordinaire », contait gravement l'auteur de Monte-Christo, « qu'étant dans ma chambre et pensant combien je serais heureux de l'y voir venir, je la vis réellement entrer, attirée par ma suggestion.

« Comme elle semblait endormie, en galant homme je la reconduisis chez elle.

« Trois nuits de suite, je fis ce trajet; mais, ma foi, la quatrième, je lui fis tendrement observer que tout a une fin et... je ne la reconduisis plus. »

Je répète fidèlement cette scène; mais c'est l'air de « sa » fatuité que je voudrais montrer!

Mme Olympe Audouard était revenue de nouveau et, de nouveau, elle « posait » en voyageuse de l'Utah.

Dans son opinion, la jalousie était inconnue dans le charmant « harem » mormon; ces épouses-là s'adoraient entre elles, et à ce point que c'est le sourire aux lèvres qu'elles se disaient : « Ma chère sœur numéro tel, c'est votre tour ce soir! »

Et Dumas de dire en riant :

« Pauvre bougre de mari mormon! »

Il y avait à dîner un critique dont j'ai oublié le nom. Il revenait de Londres et parlait des pantomimes et pièces de Noël anglaises qu'il trouvait stupides, — et cela d'autant mieux qu'il ne comprenait pas l'anglais.

« Leurs auteurs dramatiques, leurs romanciers, — tous assommants », — concluait ce Monsieur.

Je me risquai à dire : « Et Dickens? » Mais Dumas, très digne, riposta : « Mon bon enfant, tu n'entends rien à tout ça. Ce Dickens est un Monsieur plein d'orgueil, qui ne pense rien des autres et tout de lui. Il osait dédaigner George Sand et la trouver vulgaire d'apparence et de conversation, un jour qu'il dînait avec elle chez Mme Viardot, une sœur de la Malibran, en janvier 1856. »

Je souris, me rappelant que Dumas m'avait dit, un jour que j'exprimai la joie que j'aurais à connaître personnellement George Sand, — ces paroles textuelles :

« On voit bien en effet, que tu ne la connais pas ! J'aimerais mieux lire pendant une journée son livre de cuisine, que causer dix minutes avec elle. C'est une oie ! »

Revenant à Dickens, que décidément il n'aimait pas, Dumas concluait : « Et puis, dans les billets qu'il m'adressait, il omettait toujours la date. Or mon bon enfant, il faut autant se méfier des gens qui ne datent pas leurs lettres comme de ceux qui ne les signent pas. »

Dickens, la loyauté même, aurait été bien amusé s'il avait entendu ces paroles !

Au dessert, Saturine qui était encore le « bon chien », était venue se pelotonner aux pieds du maître, sur un petit tabouret. Très heureux de cette câlinerie, Dumas lui fourrait, à l'étouffer, toutes sortes de petits gâteaux, pendant que Marie Pétel la regardait de travers.

Olympe Audouard se mit à fumer une cigarette quand on passa au salon. Dumas avait le tabac en horreur. Sa fille se mit à tousser et la voyageuse comprit l'avertissement. Alors, pour clore cette « inauguration », Marie Pétel récita des poésies de sa composition.

Elles avaient rapport à des choses de l'autre monde et, comme l'au-delà, elles étaient vagues, insaisissables et semblaient écrites pour des corps astrals.

Ma mère était si affligée de me voir fréquenter Dumas, qu'après cette soirée je restai quelque temps sans y retourner.

Je m'occupais alors à écrire, non plus d'innocents amours « chinois », mais des « Lettres turques ». Je ne sais trop comment cette idée baroque m'était venue. Sans doute, le sujet, ou le style, en était passable, puisque Dumas quand je les lui montrai me dit de prime abord : « C'est très bien, très original, et je ferai les réponses à ces lettres. Seulement, tu sais, tu vas biffer deux choses : D'abord ceci que tu as écrit : « L'amour peut créer le ciel sur la terre ; mais pour voir un Dieu, il faut fermer les yeux. » « C'est absurde, ça! Une femme amoureuse ouvre les yeux tout grands au contraire! Puis ceci ; tu mets des tableaux chez tes Turques, et il n'y en a pas chez elles. »

« Certes, je bifferai cette erreur », lui dis-je; « mais quant à ce que je dis de l'amour, je le pense et le crois vrai, et je le laisserai. »

Il se fâcha; je m'entêtai, et les lettres turques avec les réponses de Dumas ne virent jamais le jour. Je les possède encore, ce qui me fait rire quelquefois!

Souvent il se plaignait à moi, — et je me sentais alors pour lui une affection pleine de pitié, — de ce que ses amies « intimes » et féminines fouillaient sans gêne les tiroirs de son secrétaire qu'il laissait toujours ouverts.

Si encore elles me laissaient une pauvre pièce de vingt francs! » me disait-il avec un désespoir comique.

« Tout ça », lui disais-je, « est votre faute. » Et, bien amicalement j'essayai de le lui faire com-

prendre. Mais, naturellement, mes paroles ni celles
des autres ne pouvaient changer la nature d'un
tel homme !

Et, de nouveau, j'arrivais à le plaindre, quand
ce pauvre grand auteur me racontait sur son fils
Alexandre et sa fille Marie des détails d'une amère
tristesse ! Il me les écrivait aussi ; et j'ai gardé ces
pauvres reliques inconnues du public !

Le côté comique avait une place dans ses tristesses quand, me parlant de la séparation de sa
fille d'avec son mari, il me disait :

« Ma fille est sans cesse avec ses abbés. Cette
grande piété lui est venue après sa désunion
d'avec son mari. Elle a eu raison de le quitter.
Après sa nuit de noces, il l'a appelée : « Vache ».
C'est un vilain Monsieur, » concluait-il pendant
que je me retenais de rire.

J'ai souvent entendu parler de l'affection qu'a-
vaient l'un pour l'autre, ces deux hommes d'un
génie si différent : Victor Hugo et Dumas.

Mais en tout cas, il me raconta un jour une bien
étrange et pénible commission dont le chargea, à
Bruxelles, l'auteur d'*Hernani*. J'écris ceci textuel-
lement, l'ayant noté comme la plupart des choses
que me disait Dumas.

« Tu comprends, mon bon enfant, un homme
comme Victor Hugo ne peut être comparé avec les
hommes ordinaires », me disait-il, pour excuser
et expliquer d'avance cette commission !

« Il était entouré de gloire ; toutes les femmes
en raffolaient, surtout cette jolie actrice, Mlle Juliette, qui avait joué la princesse Négroni. Victor
Hugo aimait beaucoup sa femme ; mais elle était

très souffrante depuis longtemps, tandis que lui ne l'était pas.

« Bref, c'est moi qu'il chargea de préparer très doucement sa femme et de lui dire qu'il l'aimerait toujours, mais que... « la nature est la nature parbleu! » C'était beaucoup plus beau que de la tromper hypocritement.

« Il me chargea même de lui laisser savoir le nom de sa... remplaçante. Ça ne me plaisait pas beaucoup, cette commission; mais heureusement, Mme Hugo était très intelligente et elle comprit de suite.

« Ah! mon bon enfant, je t'assure qu'elle pleura, va! en me disant très noblement : « Qu'elle prenne tout de lui; mais qu'elle me laisse son cœur. »

« Et comme cette Juliette était une bonne fille, elle le lui laissa entier, » concluait Dumas.

Un mois après le dîner « inaugural », je vins, — sur un billet fort triste de Dumas, — le revoir.

Je le trouvai souffrant et couché dans son grand lit bas qui faisait face au beau portrait de son fils, par Horace Vernet.

Son cabinet de travail était aussi sa chambre à coucher. Il avait réuni dans cette pièce tous ses souvenirs chers, de famille et d'amis. Il y avait là le portrait de son père, — une figure de mulâtre pleine d'énergie et de loyauté, puis des aquarelles fort jolies, peintes et données à lui, par son ami Guillaume III de Hollande quand il était prince héritier; aussi une panoplie d'armes anciennes fort belles et dont quelques-unes venaient de son père.

« Que tu arrives bien, » me dit-il. « Je suis

malade; j'ai besoin de tisane et j'appelle en vain Nathalie. Je crois qu'on m'a laissé tout seul.

« Qui t'a ouvert la porte? »

« Personne. Elle n'était pas fermée. »

Après un instant de causerie, il me demanda à lui faire une tasse de tilleul.

Dans la cuisine personne et pas de feu dans le fourneau. Je trouvai de quoi en faire et j'eus bientôt préparé sa tisane.

Cette boisson lui fit plaisir et parut le soulager.

Je ne sais trop ce qu'il avait, mais son visage était rouge, gonflé et taché.

« Ah! » soupira-t-il, « et dire qu'il me faut aller en soirée! »

Je crus qu'il plaisantait; mais non. Il était vraiment attendu à la réception d'un ambassadeur à Paris.

« Je ne peux me dispenser d'y aller, » continuait-il, « d'autant plus que je dois m'y rencontrer avec une femme charmante, Mme R..., l'épouse d'un diplomate italien. »

« Dans l'état où vous êtes, vous ne devriez vous rencontrer avec personne ce soir, » lui dis-je.

« Baste, baste, aie donc la bonté de regarder dans les tiroirs de ma commode et de me dire si tu y vois un peu de linge pour moi et une cravate blanche. »

Je fis ce qu'il me demandait, j'explorai les tiroirs à fond et je ne découvris que ceci : deux chemises de nuit, non repassées; un gilet noir, un caleçon de flanelle et une cravate « rouge ».

Je sais exactement ces choses, les ayant écrites sur un carnet.

Impatient, il interrogea : « Eh! bien? » Je lui dis ce que renfermaient les tiroirs.

« C'est affreux ce que l'on me néglige quand je
suis malade! Que vais-je faire pour m'habiller? »

Il se prit à réfléchir et ajouta :

« Mon bon enfant, regarde dans le secrétaire,
là », et il me désigna l'endroit où il mettait son
argent, quand il en avait!

Je sondai tous les coins; mais rien.

« Pas possible! Regarde encore. » Alors, j'ôtai
le tiroir et le lui mis sur le lit.

« Oh! je me rappelle, » fit-il tristement.

Moi, aussi, je me rappelai que peu de temps
passé, j'avais vu deux petites mains avides fouiller
sans vergogne la pauvre réserve et, même, que je
n'avais pu garder le silence devant cette laide
action. Dumas en riait alors et me voyant indignée
m'avait dit avec philosophie :

« Ne te fâches pas, mon bon enfant. Si je n'ai
plus d'argent, il y a du macaroni à la cuisine et je
vais t'en apprêter un dont tu te souviendras. » Seulement, pour aller dans sa soirée, il n'avait ni argent ni macaroni!

« As-tu quelque argent sur toi, et peux-tu me le
prêter? » demanda-t-il.

Je n'en avais guère, mais j'étais contente à lui
donner tout.

« Combien vous faut-il? » dis-je.

« Assez pour avoir une chemise de soirée. Et,
si tu veux bien, tu me rendras le service d'aller me
l'acheter en prenant bien vite une voiture. Surtout
ne reviens pas les mains vides. »

La commission était difficile à remplir, d'autant
plus qu'il était près de huit heures.

Avec une voiture, j'allai dans plusieurs grands
magasins qui n'étaient pas encore fermés. Certes,

les chemises n'y manquaient pas, mais sa mesure
y manquait. « Nous pouvons vous faire ces chemises sur commande et vous les aurez dans quatre
ou cinq jours », me disait-on.

Je ne savais que faire !

Soudain, je me rappelai une boutique, sorte de
déballage, que j'avais vue un jour dans une rue des
Batignolles.

Je l'avais remarquée à cause de sa bizarre
enseigne qui était : « A la chemise d'Hercule ».

Si on en avait de cette mesure, je trouverais
bien celle de Dumas.

Un moment de plus, et la boutique était fermée.
Deux vendeuses se trouvaient encore là, et, quand
je leur eus demandé le numéro de Dumas, elles
me répondirent sans hésiter qu'elles ne l'avaient
pas.

« Pourtant », fit l'une, « je crois me souvenir
que nous avons cette mesure, mais c'est une chemise de couleur ».

Je devins perplexe en entendant cette remarque.

« Montrez-la moi, je vous prie », dis-je.

On me l'étala sur le comptoir, et alors un fou
rire me prit.

Je n'avais jamais vu rien de si bizarre que cette
chemise, commandée, je suppose, par un colosse
allant à un bal masqué et laissée en compte pour
quelque raison. Et je me demande, encore à présent, qui pouvait bien avoir trouvé le dessin de
cette cotonnade !

Le fond en était blanc, et de petits diables
rouges, qui se répétaient à l'infini, enfourchaient,
dans des taches jaunes qui figuraient des flammes,
des damnés grimaçants. Le plastron était empesé

et faisait reluire la bouffonnerie de ces images.

Je fus sur le point de laisser ce vêtement intime par trop excentrique.

Mais, Dumas m'avait tellement priée de ne pas revenir « les mains vides » !

A tout hasard, je la pris.

« Que tu as été longtemps, mon bon enfant! Enfin, as-tu trouvé? » me dit mon vieil ami qui s'était levé pendant mon absence.

« Oui et non. J'ai bien une chemise, mais pas telle qu'il la faudrait. Celle-ci est de couleur. » Et je lui racontai mes courses inutiles à la recherche de sa mesure.

Déjà colère, il s'exclama : « Une chemise de couleur, pour aller en soirée! Tu es donc folle, mon bon enfant! Enfin, montre-la moi, cette chemise! »

Sans rien dire, je posai le petit colis sur une table, et je me tins à distance.

Il le défit brusquement et resta comme hypnotisé à regarder les diables et leurs victimes. Pas un mot ne sortait de ses lèvres. Mais, soudain, l'atavisme tropical éclata dans un cri de bête fauve.

Papier et chemise volèrent à terre, trépignés avec une sorte de volupté, pendant que, sans bruit, j'ouvrais la porte.

Mais ces tempêtes violentes sont de courte durée. Il vint à moi et, rageusement, me dit :

« J'irai quand même. Attends-moi un moment, je te prie. »

Il ramassa le linge fripé sur lequel, d'une bien amusante façon, il passait la main pour aplanir les cassures du plastron, et alla dans son cabinet de toilette.

Il revint au bout d'un moment, ainsi vêtu : Un

habit, un pantalon et un gilet noir dont l'échancrure très basse découvrait dans toute sa beauté un plastron peu banal !

Il n'avait pas encore mis sa cravate, et quand il n'en trouva dans sa commode qu'une rouge, sa fureur recommença. Mais il était tard et il n'y avait aucun moyen de s'en procurer une autre. Il la mit, la défit et la remit !

La même voiture que j'avais prise attendait en bas. Distraitement, mon vieil ami y monta sans me rien dire, mais, sans aucun doute, bouillant de colère.

Anxieuse et triste, je l'avoue, de le voir s'en aller ainsi affublé, je le quittai en lui serrant la main, mais sans un mot, moi non plus.

Quelques jours plus tard je reçus un billet de lui me disant : « Viens vite mon bon enfant, j'ai beaucoup de choses à te dire. »

J'y allai. Je le trouvai souriant et gai, ce qui me surprit. Mais, tout heureux, il me dit : « C'est à peine croyable, mais j'ai eu un vrai succès.

« On a pris pour une innovation originale ce qui n'était pas du tout ça, tu le sais ! j'ai été entouré, choyé et je crois que cette mode prendra maintenant, d'aller en soirée avec du linge de couleur. »

Je pensai aux « dessins » de cette couleur ; mais je crus mieux de n'en rien dire.

« Et, votre cravate rouge ? » demandai-je.

« Un autre succès. On a pris ça comme un souvenir de mon amitié pour Garibaldi et, somme toute, je suis enchanté de ma soirée. »

Cet homme de génie avait, en certaines choses, la foi naïve d'un enfant.

Ce même soir, radieux des souvenirs de la soirée chez l'ambassadeur, il me proposa d'aller voir une jeune actrice qui jouait à l'Odéon, Mlle Sarah Bernhardt. « Une créature étonnante », me disait-il, « qui ne ressemble à aucune autre, tu verras. »

Nous y allâmes, et en chemin Dumas me narra ses nouvelles amours avec « une jeune Américaine », un « être merveilleux », ajoutait-il, et « prête à tout me sacrifier ». Il me la nomma. C'était Adah Menken, qui, attachée sur un cheval, mimait le rôle de Mazeppa dans les « Pirates de la Savane ».

Dumas croyait fermement qu'elle était de haute race. La pauvre fille, qui devait mourir prématurément, n'était qu'une fort belle juive portugaise née en Amérique, et, comme je l'appris plus tard, la maîtresse d'un boxeur qui, peu jaloux de la vieillesse de Dumas, laissait toute liberté de ce côté à Miss Menken. Celle-ci, très habile, se faisait une réclame de sa liaison avec l'auteur de *Monte-Christo*.

Mais lui, avec sa fatuité native, était persuadé d'être, selon son expression, « follement aimé ».

Le plus drôle est que Dumas ignorait l'anglais, et que « l'être merveilleux » ne parlait pas français.

« Comment faites-vous pour vous comprendre? » lui demandai-je.

« Oh! » me répondit-il cyniquement, « pour « faire » l'amour, on se comprend sans parler. »

« L'amour », pour Dumas, se résumait tout entier dans cette expression malpropre : « Faire » l'amour!

Je n'ai pas un souvenir exact de la pièce qu'on jouait ce soir-là à l'Odéon, quoiqu'il me semble que c'était « Anna Damby », de Kean. Mais j'ai gardé le souvenir précis du charme qui se dégageait de la voix et de la gracilité de cette jeune Sarah Bernhardt, que je devais fréquenter et revoir à l'apogée de sa gloire en Amérique et à Paris.

Son visage, d'une finesse de traits si exquise, et sa voix musicale semblaient créés pour les rôles de douceur et d'ingénuité. Mais, plus tard, je la vis dans ceux de la passion et de la vengeance, et la même voix y devenait superbement tragique!

J'en parlerai.

Cette soirée où Dumas, tout enthousiasmé, alla avec moi complimenter Sarah, fut l'avant-dernière que je passai avec mon vieil ami.

Les événements de ma jeunesse, et je pourrais dire de toute ma vie, ayant presque toujours été brusques et inattendus, un changement radical allait se produire en elle.

Invitée par d'anciens amis de ma mère — la famille Davis — à aller chez eux en Ecosse, et devenue libre, j'épousai, après ce voyage, l'homme de haut caractère et de loyauté inaltérable qui est aujourd'hui mon mari.

Neveu de Sir Charles Bell, riche et heureux dans toute la plénitude de sa belle et forte jeunesse, il sacrifia à ma pauvreté, patrie et situation.

Les revers n'abattirent jamais ni son affection ni son dévouement, et l'âge, qui recouvre de glace flammes et illusions, n'a pas éteint le foyer encore chaud!

Quand je vins, avant de partir avec lui pour le Mexique, en janvier 1869, présenter à Dumas George Shaw, mon vieil ami lui ouvrit tout grands ses bras, puis l'embrassant, lui dit, un peu ému :

« Enfin, cette femme de bois est donc devenue de chair ! Elle a donc trouvé son idéal ! »

Bien souvent, depuis, mon mari m'a rappelé en riant ces paroles ; mais le souvenir qui lui restait absolument désagréable était les baisers que Dumas, dans son effusion, nègre ou latine, mais très sincère, lui avait spontanément donnés. Le sang écossais de mon mari ne pouvait admettre ces embrassades entre hommes que, pour le moins, il trouvait ridicules.

Dumas terminait à ce moment *Les Blancs et les Bleus*, et, après le dîner que nous prîmes avec lui, il nous en lut plusieurs chapitres. Il en avait détaché quelques pages, dont il ne voulait plus ayant changé son récit, et il me les donna. Je les ai toujours.

Puis, mon vieil ami ne sachant quel cadeau m'offrir, pauvre comme il était, me donna un éventail ancien, très curieux, et écrivit sur les lamettes de bois de très beaux vers.

J'ai eu le grand chagrin de le perdre dans la diligence, entre la Vera-Cruz et Mexico. Puis il voulut absolument que j'emporte l'habit qu'il avait revêtu lors de la mémorable soirée de la chemise à diablotins :

« Ça te portera bonheur », dit-il.

Je ne revis plus Dumas, et quand j'évoque ce souvenir, je me sens le cœur bien oppressé, malgré les années écoulées.

Seulement, avant le siège que, revenue du

Mexique, j'ai passé entièrement à Paris, étant en Suisse je reçus, quelques mois avant sa mort, un mot de lui, — le dernier, — daté de Normandie, avec sa belle et admirable photographie.

Le billet disait :

« Souviens-toi toujours de ton ami, ma petite Bruyère. Je crois bien qu'à présent, sa fin n'est pas éloignée.

« A toi de cœur.

« ALEX DUMAS. »

Et au bas du grand portrait :

« A Mathilde ; dans le temps et dans l'éternité.
« Son vieil ami,

« ALEX DUMAS. »

J'ai pleuré en recevant cette relique, qui fut la dernière. La mort de mon vieil ami jeta comme un voile de deuil sur le passé de mon enfance heureuse ! De celle — avant les larmes — où je le coiffais de ces bruyères roses qu'il regrettait tant de me voir abîmer !

Pauvre grand Dumas ! Ses conseils et ses désirs ont sans doute, il faut le dire, hélas ! précipité dans le vice plus d'une âme et d'un corps qui cherchaient à l'éviter ! Et si le dégoût des souillures matérielles, sans parler des immatérielles, n'avait été, chez moi, plus puissant que ses exhortations, j'aurais, certes, trébuché comme les autres.

Néanmoins, j'ai profondément affectionné cet ami de mes jeunes ans !

J'aime encore son souvenir ; et quand ses conseils me reviennent à la mémoire, je tâche de les excuser en pensant qu'il était avant tout et surtout l'enfant de la nature et trouvait tout simple qu'on aille à elle.

CHAPITRE XXVIII

Ce fut pour moi une profonde douleur de me
séparer de ma mère ! Je ne devais plus, hélas !
jamais vivre de nouveau avec elle et ne la revoir
qu'à des intervalles parfois éloignés.

Son dévouement sans bornes, ses sacrifices en
me donnant, à moi et à mon enfant, tout ce qu'elle
avait ; nos douleurs communes, notre arrivée en
Belgique et cette misère première ; tous nos pauvres et chers souvenirs, liaient nos cœurs, plus
encore que par l'amour maternel et filial.

Mon chagrin n'était pas moins vif de quitter
mon père ! Mais lui, avait une force d'âme peu
commune et, pour un telle nature, une consolation
suprème à toutes les épreuves : La science ! Il
s'était réfugié en elle et s'y refugierait encore
jusqu'à la dernière heure !

Tous deux, ma mère et lui, avaient pour George

Shaw l'estime entière, due à sa loyauté simple, et l'affection reconnaissante que méritaient ses sacrifices pour moi.

Ils étaient heureux de voir ma destinée liée à celle d'un tel homme. Mais mon départ pour les lointains pays n'en était pas moins un fait matériel.

L'ère des grands voyages allait recommencer pour moi. Je ne puis les raconter tous en détail ; car il me faudrait alors plusieurs volumes.

Je relaterai seulement dans ce tournant de ma vie ce qui me paraît avoir quelque intérêt pour le public.

Pour ne pas briser entièrement ce pauvre cœur de mère et d'aïcule, je lui laissai pendant près d'un an, en partant pour le Mexique, mon jeune fils qu'elle adorait.

Ce fut un curieux voyage, accompli en plein hiver, sur un voilier qui partait du Havre pour la Vera-Cruz et mit, pour y arriver, près de deux mois et demi !

Nous faillîmes périr dans une tempête qui nous poussait sur les rochers de la côte française. Je pensai alors, à cet autre bien plus grand voyage que j'avais fait, entourée de tant d'affections et d'espérances à l'aller, et qui, avant le retour, avaient sombré dans la mort.

En passant au large d'Haïti, les poissons volants tombaient comme des feuilles sèches sur le pont du *Laguna* ; et dans la nuit chaude le firmament était si constellé d'étoiles que sa voûte bleue disparaissait sous elles.

A cette époque le chemin de fer qui relie la Vera-

Cruz à Mexico n'était ni fait ni même en projet.
L'antique système des diligences existait là, dans
toute sa beauté, — et les routes n'existaient pas du
tout.

On roulait sur des prairies sauvages, sur des
espaces pierreux, sur des marécages, heureusement
peu profonds, mais d'où, s'il avait plu, il fallait des
heures pour se retirer.

Puis, on traversait des taillis épineux que le
conducteur, philosophe, branchait lorsqu'ils atteignaient son siège.

Parfois aussi la diligence sursautait comme si
elle allait verser, quand un côté des roues passait
sur quelque énorme pierre. Mais tous ces ennuis
étaient rachetés par l'inoubliable beauté des paysages qu'on traversait. Et c'est à loisir que nous
pûmes contempler les cimes majestueuses des
grands volcans de cette région, surtout le Popoca-
tepelt, à la base duquel nous passâmes.

Près d'un petit hameau qui s'appelait Santa Fé,
nous vîmes un bien curieux tableau de la vie « sauvage » d'alors, dans la campagne mexicaine.

Un homme avait commis un méfait quelconque,
et nous l'aperçûmes, débouchant des broussailles,
entouré de la police locale qui pour tout vêtement
portait un chiffon autour des reins et un grand
sabre nu fiché dedans.

Le prisonnier, lui, n'avait ni chiffon, ni sabre !

En arrivant près des « terres chaudes » la végétation de la zone tempérée disparut complètement ;
et les palmiers et les grands cactus d'où l'on retire
la boisson nationale, le « pulque », nous firent
cortège pendant plusieurs jours, jusqu'à Mexico.

Des amis et des compatriotes de mon mari qui

habitaient depuis longtemps le Mexique, nous firent visiter, quelques semaines après notre arrivée, Queretaro ; et c'est avec émotion que je contemplai l'endroit où tomba, en juin 1867, l'infortuné mari de la non moins infortunée princesse que j'avais connue à Bruxelles, et dont l'agonie dure encore !

On nous procura aussi l'occasion de voir et de parler à Benito Juarez un jour qu'il se trouvait en même temps que nous à Chapultepec.

Il avait au plus haut degré le type de la race aztèque. Il ne parlait ni l'anglais ni le français, ou du moins ne sembla comprendre ni l'une ni l'autre de ces langues. Mais mon mari put converser avec lui en espagnol.

Son visage, maigre et brun, exprimait l'énergie et la dureté ; et pendant qu'il causait, d'ailleurs avec une grande simplicité, je regrettai beaucoup de n'avoir avec moi ni camera, ni crayon, pour le prendre là, sur le vif.

Un de mes étranges souvenirs de Mexico est celui que je vis un soir, avec mon mari, dans une des rues étroites qui avoisinent la cathédrale.

Dans un logis, au rez-de-chaussée, dont la porte était grande ouverte, une femme à moitié nue embrassait les pieds d'un crucifix appendu au chevet d'un lit. Puis, nous la vîmes mettre des fleurs sur une sorte de petit autel où se trouvait une madone.

Sans doute, mon mari avait compris ce qu'était cette femme, car il voulut m'entraîner. Moi, qui l'ignorais, je voulais voir et je restai.

J'avoue que je l'ai un peu regretté, quoique ce

soit là un tableau réaliste de certaines mœurs mexicaines, curieuses à observer.

Après l'offrande des fleurs à la Vierge, il y eut des baisements de médailles, des génuflexions et des prières.

Puis, la femme quitta tous ses vêtements; et un homme, qui jusqu'alors s'était tenu caché dans un coin, se montra brusquement, saisit la femme par la taille et tous deux allèrent vers ce lit où le crucifix était appendu.

Je pensai très sincèrement que c'était là une scène très crue, mais honnête, de quelque soir de noce.

C'était seulement la scène banale d'une maison de prostitution; et toute la vieille Espagne revivait là, avec son fanatisme et sa débauche !

CHAPITRE XXIX

Le siège de Paris. — Un trait du baron Alphonse de Rothschild. — Encore Renan. — Une lettre de lui à moi.

Quelques mois après notre arrivée à Mexico,
nous partîmes pour Cuba, où nous vîmes commencer la révolution, puis pour New-York où mon
mari entra dans la longue carrière de journaliste
qu'il a remplie pendant plus de trente ans, successivement au *Sun*, au *Herald* et à l'*Evening-Tele-
gram* dont il a été éditeur-dirigeant.

Le laissant à New-York, je revins en France
chercher mon jeune fils que je ramenai en Amérique.

Le cœur de ma mère fut à nouveau déchiré de
cette séparation.

Elle ne voulait pas à son âge quitter la France;
et désormais, elle et mon père, allaient poursuivre
solément leur existence brisée !

Elle, ma mère, avait sa Foi ! une Foi qui n'avait
amais raisonné, qui croyait aveuglément et qui la

soutint, pauvre femme, jusqu'au grand voyage final!

Sur son ardent désir, je retournai à Paris, venant de Suisse, juste au moment où le siège allait commencer, et tout entier je le passai avec elle, et, malheureusement, avec ma chère petite fille âgée de quelques mois, et qui devait en être la victime.

C'est pendant les souffrances de ce siège, que je suis heureuse de mentionner ici un épisode vrai, qui prouve que la charité n'a point d'étiquette sectaire.

Une pauvre femme que nous connaissions, et dont le mari, un ouvrier, fit plus tard partie de la Commune, — avait successivement perdu trois de de ses jeunes enfants, pendant ce siège. Le quatrième et dernier se mourait presque de misère et d'inanition.

Je l'avais un peu aidée. Elle s'adressa plus tard à un prêtre de sa paroisse, pour un secours. Il ne voulut l'accorder que si elle pouvait prouver qu'elle remplissait ses devoirs religieux. La malheureuse ne pouvait prouver une telle chose, son mari l'empêchant d'aller à l'église.

Désolée, elle me raconta ceci. Je lui conseillai de s'adresser au baron Alphonse de Rothschild.

Quoique du peuple, elle eut, comme catholique, un prompt mouvement de recul à l'idée de s'adresser à un juif.

« Il ne fera rien », me dit-elle, « et je commettrai un « péché » inutile. »

S'adresser à un juif était un « péché » dans l'idée de la pauvre ignorante!

« Soit ! laissez mourir votre enfant », lui dis-je.

Alors, l'instinct maternel lui fit vaincre cette misérable répulsion, et elle me demanda d'écrire pour elle, à ce « juif » !

Je le fis le soir même ; et le lendemain, presque à l'aube, un homme de confiance apportait à cette mère, de la part du baron Alphonse de Rothschild, deux cents francs et une petite caisse de provisions.

Ce fait « vrai » n'a pas besoin de commentaire !

Le siège fini, je retournai avec ma chère petite, hélas ! bien malade, à New-York. Et, un mois après ce retour, paisiblement un soir, devant son pauvre père et moi, elle ferma ses grands yeux bleus sur sa courte vie !

Ce fut notre première cruelle douleur. Mais hélas ! ce n'était pas la dernière !

Mon père m'écrivait en Amérique les belles et simples lettres qui sont aujourd'hui mes pauvres et précieuses reliques, et desquelles j'extrairai quelques passages avant de clore ce livre.

Il me parlait de ses travaux, de ses croyances, de ses heures qui, à part le sommeil et les repas frugals, étaient toutes données au travail ! Sauf ces détails, il gardait un fier silence, et il le garda jusqu'à la mort, — sur sa pauvreté que j'ignorais.

Une fois par semaine, le dimanche, il allait voir ma mère, comme on va visiter quelque vieille et ancienne amie. Tous deux parlaient de leur fille, mais jamais d'eux-mêmes.

Puis, pour une semaine, chacun retombait dans son isolement.

Quand ma bien-aimée mère mourut, en 1876, il y retomba tout à fait !

J'ignore s'il y eut jamais entre mon père et Renan une amitié réelle. Il y avait, en tout cas, des relations cordiales et l'admiration justifiée de deux érudits l'un pour l'autre.

Charles Schœbel aimait en tout les convictions fortes basées sur la science et le raisonnement, et trouvait que les opinions de Renan étaient, en certaines questions, trop imprécises ou trop idéalistes.

En plus, mon père aimait le peuple, en ce sens qu'il le désirait instruit et intelligent ; Renan, lui, ne le souhaitait rien du tout ; il se contentait de le dédaigner profondément, comme inapte à comprendre les choses élevées.

Il me semble encore l'entendre prononcer, chez mon père, le mot : « démocratie ». Tout le vieux régime semblait ressusciter sur les lèvres de cet homme doux, pour jeter son mépris à la canaille !

Dans le savant, le vieux Breton dominait alors.

De cette diversité de vues devait naître un jour une différence d'interprétation sur une question scientifique, entre mon père et lui.

Parfois je souris et parfois aussi je me sens tristement émue, en songeant à la cause minuscule et bizarre qui amena la froideur, puis le silence entre eux.

Je les revois, penchés tous deux, sur une table, dans la chambre de travail de mon père, vers la fin de 1873, pendant une courte visite que je fis en France.

Tous deux dissertaient à perte de vue sur d'énig-

matiques petites figures qui étaient des caractères
cunéiformes. Renan les traduisait à sa manière et
Charles Schœbel à la sienne. Par moments, le premier interrompait la discussion scientifique, pour
lancer quelque fine épigramme sur les incidents
qui avaient marqué l'un de ses derniers séjours à
Rome. Et, j'étais sous le charme en l'écoutant narrer avec sa spirituelle bonhomie l'épisode du défilé
de protestation devant l'image du Christ, peinte
miraculeusement en haut de la Scala-Santa.

Et Renan ajoutait, paisible : « Jésus le Grand et
le Doux était « vengé » de la présence à Rome,
de cet impie qui avait osé écrire sa noble vie. »

Mon père qui ne parlait jamais de son savoir et
ne s'en vantait, surtout, devenait intraitable dans
une question de science où sa conviction était
appuyée sur les preuves d'une étude approfondie.

Plusieurs jours les mystérieux petits signes, en
forme de clous et de coins, restèrent sur la table et
furent l'objet d'une discussion passionnée entre les
deux hommes.

Puis, brusquement, comme les marionnettes
« font un tour et s'en vont », — les caractères
cunéiformes disparurent de la table, mais laissèrent à leur place deux opinions dont l'une ne
s'avoua jamais vaincue, même lorsqu'il fut prouvé
que celle de Charles Schœbel était la vraie.

Dans les lettres précieuses que Renan m'écrivit
après cet incident, il n'y fit jamais allusion. Mais
quoique je ne fusse pour rien dans les discussions
de cette antique écriture, peu à peu les relations
s'espacèrent puis finirent.

Je crois pourtant qu'il n'y eut d'autre raison en

cela que la différence de nos situations, de nos vies et la distance qui les séparèrent. Peut-être aussi quelque négligence de ma part à lui écrire.

Néanmoins, avant d'aller au Japon, — le curieux Japon de 1874-1875, — je le lui annonçai et il me répondit les lignes qui vont suivre. Cette lettre a la double valeur d'être la sienne et de prédire, par une sorte de haute intuition, la naissance morale du Japon d'aujourd'hui. .

Malgré les années qui s'étaient écoulées depuis mon enfance, Renan conservait à mon égard la simple et affectueuse appellation d'autrefois « Ma chère enfant ». Sa lettre, du mois de mars 1874, était datée de Paris. La voici :

« Je tiens à vous dire, ma chère enfant, combien je me réjouis pour vous de l'intéressant voyage que vous allez faire.

« Sans parler de la beauté du pays, vous verrez un peuple que beaucoup de gens en Europe s'imaginent être entièrement incivilisé, tandis qu'il est, au contraire, intelligent, cultivé, fin et tenace.

« Sans doute, il garde encore à l'extérieur et dans ses habitudes l'enveloppe du passé; mais je crois à l'avènement très prochain de sa rénovation moderne.

« J'ai pu me rendre compte (autant que cela est possible hors du Japon même) du charme sérieux qui se dégage d'un entretien avec ces petits hommes jaunes, en parlant, il y a quelques années, aux représentants d'une mission diplomatique en France.

· « Je dois avouer cependant que c'était grâce à un interprète; mais le visage, ou, pour mieux dire, l'expression de ces yeux japonais, reflétait une si profonde et si vive intellection, qu'il me semblait que c'étaient eux-mêmes qui causaient.

« Je serai toujours heureux d'avoir de vos nouvelles et de les lire. Vous avez conservé la façon charmante de raconter, que, petite fille (voilà longtemps!), vous aviez déjà dans vos babillages naïfs.

« Gardez-la, on devient radoteur et vieux assez vite.

« Surtout ne laissez jamais l'ombre des jours tristes voiler le soleil du présent. Il ne faut pas regarder en arrière les rudes sentiers parcourus, cela décourage.

« Le passé, c'est le cimetière et l'on n'y peut vivre.

« Étudier, apprendre sans cesse, faire du corps le serviteur de l'esprit, voilà une force, une consolation, un but et une joie dans la vie.

« En haut, toujours plus haut!

« Votre ami.

« E. Renan. »

J'ai su, par des amis communs, que Renan n'ignora jamais, dans les années qui suivirent, l'admiration profonde que j'eus pour son savoir et l'exquisité de son esprit. Je pense aussi qu'il crut à la durée de mes sentiments affectueux, comme je croyais aux siens, malgré notre silence réciproque et un peu inexplicable.

Quant à Claude Bernard, presque jusqu'à l'époque de sa mort, en 1878, mon père et moi conservâmes nos relations d'amitié avec le savant

que ma mère au cœur tendre appelait : « Le bourreau des pauvres chiens! »

Ne pouvant dans un seul volume raconter ce
curieux voyage au Japon, ni ceux que je fis plus
tard en Alaska, au Klondyke et en Amérique
même, je tiens au moins à narrer un des épisodes,
le plus poignant et le plus dramatique, qu'aucune
imagination puisse rêver!

C'est dans l'Ouest Américain que j'en fus le
témoin et au milieu de ces campements d'Indiens
que les « civilisés » appellent dédaigneusement des
sauvages.

Plusieurs de ces sauvages-là ont été mes meilleurs
amis; et après ma longue expérience de leur caractère, je puis affirmer qu'ils savent respecter une
femme, même jeune, jolie et isolée dans sa tente,
au milieux d'eux.

Et je trouve juste de dire qu'en cela, tout au
moins, ils sont infiniment supérieurs à la plupart
des civilisés.

Puis, je parlerai de Sarah Bernhardt, non selon
le cliché habituel, mais selon ce que j'ai vu, senti
et entendu d'elle et près d'elle, en France et en
Amérique.

Mes dernières pages seront consacrées à ceux
que j'ai le plus aimés en ce monde : mon père, ma
mère et mon dernier fils!

Renan trouvait que les misères particulières de
chacun ne peuvent intéresser le public, et il avait
sans doute raison. Mais quand ces misères peuvent
atteindre le cœur et la vie de chacun; quand elles
sont « l'actualité » qui peut briser des cœurs de
mères, — ces douleurs-là deviennent la propriété
de tous!

Puis, je terminerai ce livre en rendant un court, mais profond hommage de gratitude à quelques nobles cœurs. Et, je dirai un mot du petit, calme et presque célèbre village où je l'achève.

CHAPITRE XXX

L'ouest américain. — La vie et la mort de Merry
Frenchy.

Vers 1886, mon mari fut chargé par la Presse
de New-York d'éclaircir quelques réclamations de
tribus Shoshones, en Wyoming, qui se plaignaient
de l'insuffisance et de la mauvaise qualité des
vivres que le gouvernement leur octroyait.

Je l'accompagnai au Fort Washakie situé dans
une région sauvage et grandiose, non loin de la
« Yosemite valley », et où les officiers casernés là
nous offrirent une hospitalité charmante. Ils nous
mirent en relation avec les propriétaires de plusieurs « ranch » des environs; et lorsque la mission de mon mari fut terminée, je décidai de rester
au milieu d'eux, afin d'étudier sur place une vie
que je désirais dépeindre plus tard.

Si les « ranch » existaient en France, il est à
peu près certain qu'une telle résolution, chez une
femme, lui attirerait des ennuis et probablement

des calomnies. Mais soit par caractère ou par principes, les Américains des villes ou des plaines
trouvent une telle idée parfaitement simple, et ne
s'ingénient pas à découvrir un autre motif que
celui qu'on leur donne.

Donc, j'eus tout le loisir d'être sans cesse au
milieu des « Cowboys », surtout des « Rough
riders ». Je les accompagnai à cheval, sans imiter,
certes, leurs prouesses extraordinaires, lorsqu'avait
lieu le « round up », qui consiste à rassembler et
parquer des milliers de bestiaux, avant l'hiver,
dans la prairie ; et bien souvent me roulant comme
eux dans une couverture, je couchai sous la tente
ou parfois à la belle étoile dans l'herbe, selon les
circonstances.

Parmi mes compagnons, j'en avais pris un en
grande affection, et ce sentiment était partagé par
ses camarades qui admiraient son courage et son
stoïcisme, les qualités les plus appréciées chez ces
hommes de la « Prairie ».

Ils l'avaient surnommé : « Merry Frenchy » —
c'est-à-dire « Joyeux petit Français ». — Il avait,
en effet, des moments de gaieté juvénile, bientôt
suivis de longues tristesses, inconnues de ses camarades.

« Pourquoi vous donne-t-on le surnom de
« Français » ? lui avais-je demandé un jour que
nous trottions ensemble. Mais, à ma grande surprise, lui, qui m'avait semblé jusque-là l'incarnation de la gaieté, s'était rembruni à cette question,
à laquelle, du reste, il n'avait répondu qu'en mettant son cheval au galop.

Je me le tins pour dit, et me contentai de l'observer.

C'était un homme d'environ trente-deux ans, de haute taille, maigre et nerveux, dont la voix trahissait, ainsi que les manières, un raffinement instinctif. Ses traits étaient réguliers, sans que rien cependant, en eux, attirât l'attention ; mais, lorsqu'on rencontrait ses yeux d'une couleur indéfinissable, — une couleur qui me rappelait, à moi, les miroitements verts, bleus et violets qu'avait l'Océan, vers la fin du jour, en Finistère, — oh ! alors, il la retenait, l'attention ! Il y avait dans ces yeux-là un monde ! Tout un mélange de tristesse, de gaieté, de tendresse et de dureté.

Des lueurs douces, ingénues, comme il y en a dans les regards d'enfants ; et des éclairs de volonté et de fermeté, comme il s'en trouve dans les regards d'homme.

Le soir venu et les bêtes parquées dans la prairie, les « Cowboys » allumaient des feux çà et là, dans l'automne, et se groupaient autour ; puis, peu à peu, fatigués s'allongeaient à terre et s'endormaient. Alors, dans le grand calme de la plaine, Merry Frenchy leur criait tout à coup en anglais : « Dormez bien, mes vieux garçons, je vais vous bercer avec mes chansons de France. » Et, sans que personne sût où il les avait apprises, Merry Frenchy égrenait, d'une voix fraîche et sonore, tout un chapelet de gais refrains dans lesquels il mélangeait, de la plus bizarre façon, les psalmodies lugubres du *De profundis*.

A ce moment, plus d'un coude, s'appuyant à terre, soutenait la tête, résolue et mâle, d'un auditeur naïf qui, charmé, ne voulait plus dormir.

Parfois, aussi, les voix puissantes de ses compagnons se mêlaient à la sienne ; et quand « Frenchy » se taisait, les « Cowboys » entonnaient une sorte de cantique, le *Sweet by and by*, qui dit qu'on se retrouvera dans la « terre qui est au delà des jours ».

Les hommes de la « prairie », surtout les Américains, gardent, chose bizarre, dans la vie qu'ils ont, — mais typique — un sentiment religieux toujours éveillé à la moindre occasion. Et, dans le cadre impressionnant où ils se trouvaient, le spectacle de ces hommes, pris de subite ferveur au milieu de la nuit, ne manquait ni de solennité, ni de grandeur.

Mais, peu à peu, comme emporté dans un monde de rêves « Merry Frenchy » restait seul à chanter. Il oubliait l'heure, le temps, sa fatigue et les chevauchées du lendemain, sous le soleil ou la pluie.

Il entonnait des ritournelles de vieux airs ; des ballades plaintives qui se chantent en Bretagne et racontent les tribulations des âmes errantes sur des plages mystérieuses ; puis, brusquement, finissait comme dans un sanglot par encore un *De profundis*.

Dans un cadre ordinaire, cet homme et son *De profundis* auraient déjà semblé étranges. Mais, dans celui que formaient ces plaines et ces vallées du Wyoming, entourées de montagnes abruptes et grandioses ; dans ce silence imposant de la nuit et de la nature, qui n'était interrompu, çà et là, que par les meuglements des taureaux, « Merry Frenchy » et son chant devenaient fantastiques.

Aussi brusquement qu'il avait commencé, le « Cowboy » finissait. Il s'enroulait dans sa couverture, et peu après, immobile, semblait dormir.

Plusieurs fois, intéressée à l'observer, j'avais quitté ma tente et chassant le sommeil, je m'étais promenée sans bruit autour de lui.

Un soir que je le croyais endormi, roulé dans sa couverture, près de son cheval qui broutait, je le vis du seuil de ma tente, porter un objet à ses lèvres; puis s'asseyant, les coudes sur les genoux, il le tint longtemps contre son visage. Il parlait tout bas; mais il me fut impossible de distinguer ses paroles.

A ce moment, la voix du « foreman » se fit entendre, nerveuse et hachée, comme sous le coup de quelque émotion.

« Hurry up boys », criait-il; les « steers » (jeunes taureaux) sont devenus fous. Ils ont rompu les lignes et commencé le « stampede ». Le troupeau entier va les suivre. »

Comme l'éclair, les hommes avaient couru à leurs chevaux et les avaient enfourchés. Merry Frenchy avait été un des premiers.

Il était assez difficile de distinguer ce qui se passait, mais non de le comprendre, au moins pour ceux qui ont vécu dans les « ranch ».

Pour une cause qui n'est pas bien définie, et alors que les bestiaux couchés dans l'herbe épaisse ruminent paisiblement, l'un d'eux, tout à coup, se lève, bondit et pousse des beuglements en courant autour de ses compagnons.

Quelques-uns se dressent étonnés et le suivent; puis des centaines et des milliers courent en tous sens, si on ne parvient dès le début à arrêter ce que les « Cowboys » nomment le « stampede », ou la débandade.

J'apercevais au loin des masses sombres et confuses qui se mouvaient.

J'entendais le bruit sourd de piétinements et de galopades effrénées; les ordres brefs des « foremen » qui passaient en foudre sur leurs chevaux, et je voyais des « Cowboys » munis de torches aller et venir en tous sens.

Ci et là, les trouées de lumière qu'elles faisaient montraient au loin comme un océan grouillant de cornes pointues. Un homme me cria : « Ne restez pas dans la tente; les « steers » vont tout démolir; ils viennent de ce côté ».

L'habitation du « ranch » était éloignée de plusieurs milles de l'endroit où nous étions, mais le danger était pressant; il n'y aurait eu aucun vrai courage, et, encore moins, aucune utilité à essayer de le braver.

Je cherchai mon cheval en hâte, et ne le trouvant pas, je mis selon l'expression prosaïque, mais vraie, « mes jambes à mon cou » et me sauvai aussi vite que je pus, sans regarder derrière moi.

En arrivant au « ranch », épuisée, après plus d'une heure de course, je vis que j'y avais été précédée par plusieurs « cowboys », venus à cheval. A ma grande surprise et à mon réel chagrin, car j'aimais beaucoup mes compagnons, je vis qu'ils avaient apporté plusieurs des leurs, qui avaient été blessés, les uns, par des coups de cornes, d'autres qui, serrés, enchevêtrés avec leurs chevaux, dans l'immense mêlée, avaient été presque étouffés.

Un instant plus tard deux « cowboys » entraient soutenant « Merry Frenchy » qui avait été blessé d'un coup de corne au côté droit, en cherchant à dégager un de ses camarades.

Quoique livide, perdant beaucoup de sang et incapable de se soutenir sans l'aide de ses compagnons, — son visage énergique ne trahissait aucune douleur.

Les femmes du « ranch » étant déjà occupées à soigner les autres blessés, je m'approchai de lui qu'on avait assis; et voyant près de moi une serviette, j'en fis un tampon pour arrêter le sang. Mais, malgré ça, il continuait à couler en grande abondance, et tout à coup le pauvre garçon, glissant à terre, perdit connaissance.

Généralement, les ranch étant fort éloignés des villes, souvent même situés au milieu de vrais déserts, sont approvisionnés de médicaments de toute sorte. Et, c'était ici le cas.

En plus, tous les gens, là, savent faire les pansements, d'une façon peut-être assez sommaire, — mais les « Rough riders » ne sont pas de « petites maîtresses » à soigner. Néanmoins, la blessure de « Frenchy » paraissant grave, un « cowboy » fut envoyé de suite à Laramie par un des « foremen » pour en ramener un médecin.

Ce ne fut que vers le matin qu'ils arrivèrent tous deux au « ranch ».

La blessure était dangereuse en effet: l'homme n'avait pas repris connaissance, et le docteur, les premiers soins donnés, s'installa près de lui.

Longtemps le « cowboy » fut entre la vie et la mort.

Quant à ses compagnons, quelques-uns, la tête pittoresquement bandée, avaient déjà repris la « plaine » dès le lendemain.

J'étais restée au ranch au lieu de retourner à

ma tente, — et à tour de rôle les femmes et moi, nous nous occupions du pauvre garçon.

Un soir où le vent faisait rage avec des sifflements lugubres autour de l'habitation, « Frenchy » qui était convalescent, mais depuis un mois ne quittait pas le lit de camp sur lequel on l'avait installé près d'une fenêtre de la « vérandah », me dit à brûle-pourpoint : « C'est ainsi que le vent gémissait lorsque j'étais enfant et que ma mère et moi habitions une maison, au bord de l'océan en Bretagne. »

Je fus si émue et tellement surprise de ces paroles que je ne pus répondre qu'un « Ah ! » stupide. Mais il s'était déjà retourné du côté opposé — et lorsque je lui parlai, il ne me répondit pas.

Le lendemain, résolue à connaître l'énigme que je supposais, — je lui dis : « Je quitterai bientôt, peut-être, le Wyoming et je ne sais si nous nous reverrons jamais, dear boy. Hier, vous avez parlé de la France, et j'en suis, vous le savez. En êtes-vous donc aussi ? »

Alors, comme s'il prenait une résolution subite, il me regarda fixement, ainsi que pour scruter les motifs de ma curiosité, et me répondit : « J'ai été sauvé quand je croyais mourir ; mais la vie d'un « cowboy » tient à bien peu souvent ; et si je venais à la perdre, il est bon peut-être que je vous dise certaines choses, car vous pourriez les répéter un jour, à la seule femme que j'ai aimée : ma mère ! » Il tremblait en parlant, et faisait effort pour refouler ses larmes.

J'étais profondément remuée ; mais je n'articulais aucun mot, pour ne pas l'interrompre ; seulement, je pris sa main et la gardai dans la mienne.

« Je suis né à Louisville, dans le Kentucky, et mon père en était aussi. Français? je ne le suis que par ma mère qui était de Bretagne !

« Comment mon père, orphelin et envoyé en France par son tuteur pour y étudier les beaux-arts, connut ma mère, — je ne sais trop. Je crois me rappeler, — car il est mort depuis seize ans, — qu'il m'a dit l'avoir connue en peignant dans la campagne, près d'un vieux château en Finistère; qu'elle était jeune, pauvre et orpheline aussi.

« Enfin, il l'épousa, puis l'emmena au Kentucky.

« Un an après, je vins au monde ; et quelques mois plus tard, mes parents retournèrent en France. Dans l'hiver, nous habitions Paris, car mon père fut un grand artiste. Tout petit que j'étais, il m'apprenait déjà le dessin, m'emmenant avec lui au Louvre et tâchant de m'inspirer le goût et le sentiment des chefs-d'œuvre qui sont là.

« L'été, nous allions en Finistère, près de la pointe du Raz, sur la baie de Douarnenez.

« Mon père y avait acheté une espèce de petit fortin planté comme un nid d'aigle, tout en haut d'une falaise de granit, dominant l'Océan ; et c'est là que jusqu'à seize ans, j'ai passé tous mes étés. »

Il s'arrêta, et brusquement :

« Connaissez-vous ce pays-là? »

« Si je le connais? » lui répondis-je, « Ah! oui, certes, et longuement, en détail ! »

Les yeux de « Frenchy » exprimèrent une joie infinie.

« N'est-ce pas qu'il est admirable, le pays de ma mère ! N'est-ce pas que, même ici, où la nature est si grandiose, rien n'approche de cette baie de Douarnenez ! Et ces rocs de granit, et cette mer tour à tour démontée ou calme comme un lac ! Et ces antiques petites chapelles, ces calvaires, ces menhirs, ces vieux costumes, ces légendes, ces superstitions, tout ce passé d'un vieux monde qui revit là et qu'on ne trouve que là, — oh ! n'est-ce pas que c'est beau ! »

Sa figure mâle était couverte de larmes ; il les essuya brusquement et reprit : « J'ai honte de pleurer ainsi, et je crois bien que vous n'avez jamais vu un autre « cowboy » le faire. Mais ce sont les seuls souvenirs heureux de ma vie, ce temps-là ; ces jours, où, comme un vrai paysan, je courais pieds nus sur les grèves sauvages de Penhors, pataugeant dans l'eau, mangeant la soupe fruste de poisson faite à l'eau de mer, par les pêcheurs ; apprenant leurs chants et leurs histoires !

« Soudain, notre vie changea. Mes parents revinrent à Paris. Tous deux avaient l'air triste, et souvent, sans comprendre leurs paroles, je les entendais discuter violemment dans une pièce voisine.

« Un soir, — oh ! ce souvenir ! » — et le pauvre garçon, pour un moment se tut, comme s'il revoyait les choses qu'il évoquait, « ma mère s'approcha de moi, prit ma tête entre ses mains et m'embrassa follement :

« Je pars pour Audierne ce soir », me dit-elle, « j'ai quelques affaires à régler là. Je voulais t'emmener avec moi, mon petit Alain, mais ton père ne veut pas interrompre tes études. Je ne crois pas être absente plus de huit jours ; mais, si court qu'il soit, ce temps, pense à moi, sans cesse, comme je le ferai pour toi ! »

« Elle me tint, serré sur sa poitrine, pendant

plusieurs minutes, me répétant dans ses baisers :
« Oh! ne m'oublie jamais, jamais! »

« L'émotion de ma mère, que j'adorais, me semblait incompréhensible, puisque son absence devait
être courte; et je le lui dis tendrement. Mais, elle
reprit : « Sans doute; mais il m'est si cruel de te
laisser, même quelques jours. Sait-on jamais,
quand on se quitte, si l'on se reverra! Promets,
dis, de penser à moi! »

« Je le lui promis avec tout mon cœur. »

« Te rappelles-tu », me dit-elle, « la dernière
fois que nous sommes allés ensemble à l'église de
Pont-Croix? »

« Et, sur ma réponse affirmative, elle ajouta :
« Il y avait un enterrement là; celui d'une femme;
le jour finissait, et le soleil, qui allait disparaître,
dorait, à travers les vitraux, le cercueil, qui allait
aussi disparaître. Et, c'est alors que le *De profundis*
se fit entendre, si sombre, si lugubre, si terrible,
que tu en fus tout saisi. Et, pourtant, tu trouvais
cela bien beau; tu me l'as dit, et souvent, tu m'as
demandé de le jouer pour toi. »

« Elle se mit alors au piano, et, doucement, les
notes sourdes et profondes de la funèbre mélopée
accompagnèrent la voix de ma mère : « Des pro-
fondeurs de l'abîme, j'ai crié! » « Mais, je ne la
laissai pas continuer. Sans que je susse pourquoi,
cela me faisait trop mal. »

« Bientôt, la voiture vint la chercher pour la
conduire à la gare, et, après une dernière étreinte,
elle s'éloigna.

« Deux jours après, une lettre de ma mère
arriva pour moi, avec sa photographie qu'elle avait
oublié de me laisser.

« Elle annonçait son retour dans une semaine. »

« Tenez, les voici, cette lettre et cette photographie. »

Et « Frenchy » ôta de contre sa poitrine un papier jauni, qui avait dû séjourner là depuis longtemps, et une photographie singulièrement bien conservée. Il me la tendit sans rien dire, et je la pris avec respect.

Elle représentait le buste d'une jeune femme qui devait alors avoir l'âge qu'avait son fils à présent, environ trente-deux ans. Les traits, réguliers et doux, étaient d'une grande noblesse ; de cette noblesse que l'argent n'achète pas, mais qui est, dans les vieux pays, sinon l'héritage de toutes les vertus, au moins celui d'un sang privilégié.

Entourés de haillons, cette tête et ce buste de femme eussent semblé ceux d'une reine, et, de suite, elle me fit songer à la peinture de Delaroche, montrant Marie-Antoinette au tribunal révolutionnaire. Et, quand ce fils m'eut dit le nom de sa mère, — son nom de jeune fille, je fus à peine surprise.

C'était celui d'une bien pauvre orpheline, mais illustre entre tous les vieux noms de Bretagne.

« Frenchy » me demanda, et je promis, de ne jamais le révéler.

« Eh bien », continua-t-il, après avoir baisé avec adoration le petit portrait que je lui rendis, « mon père m'annonça, le même soir, qu'il était obligé de retourner immédiatement au Kentucky, et que ma mère viendrait nous y rejoindre.

« Je fus surpris et désolé de cette nouvelle. Je le suppliai d'attendre à Paris son retour ; mais lui, si bon d'habitude pour moi, devint rude et me commanda, sans autre explication, d'avoir à me préparer pour le lendemain.

« Le jour suivant, en effet, nous partions pour le Havre, et là, non seulement à mon étonnement, mais presque à mon désespoir, car, quoique enfant, sans expérience, je pressentais un malheur, mon père s'embarqua avec moi, non pour le Kentucky, mais sur un voilier qui allait au Mexique !

« Quand je voulus l'interroger, il me dit presque durement : « Tais-toi, tais-toi ; plus tard tu sauras tout. »

Brisé par l'émotion de ses souvenirs, « Frenchy » se tut longtemps, et je n'osai le prier d'achever. Lui-même me dit : « J'ai commencé et je vais finir. »

« Oh ! ce que j'éprouvai quand le voilier s'éloigna des côtes de France ! de ce pays où tout petit j'étais venu, où j'avais grandi, et que je croyais ma patrie ! Ce que j'éprouvai surtout, lorsqu'un des matelots, un Breton de la Cornouailles, pointant son doigt dans la direction du Nord-Ouest, me dit : « Là-bas, là-bas est mon pays, Plogoff, à la pointe du Raz ! »

« C'était aussi par là qu'était le pays de ma mère ; là où elle était à présent, pensant à moi, ignorant où j'étais, sans doute !

« Et je me répétais sans cesse : Mais pourquoi, pourquoi ce départ ?

« Quant à mon père, il restait sombre et muet.

« Après six semaines de traversée, nous arrivâmes au Mexique. Un des compatriotes de mon père possédait un « ranch » immense dans la Sonora ; et c'est là, où mon père et moi allâmes tous deux.

« Quelques jours après, il m'apprit que M. Warner, le « ranchman », un homme du Kentucky, lui avait proposé, et qu'il avait accepté, d'être un de ses « foremen », c'est-à-dire chef d'une équipe de « Cowboys », et que je l'accompagnerais comme l'un d'eux.

« Mon fils », me dit-il, j'ai renoncé à être plus longtemps un artiste. Je suis pauvre, et j'ai un immense chagrin, qui me tuera plus vite et plus sûrement qu'une maladie. »

« Il vit que j'allais parler de ma mère, lui demander où elle était, quand je la verrais, et avec une expression de haine et de souffrance indicibles, il me jeta, d'une brutalité, que sa tendresse jusqu'à sa mort ne put me faire oublier, ces seuls mots : « Elle est morte ! »

« Tout ce que je me rappelle après cette scène est que je crus avoir longtemps dormi, que ma tête me faisait bien mal, que j'étais dans un lit et que j'y restai longtemps.

« Plus tard, j'appris que j'étais tombé quand mon père m'avait dit : « Elle est morte ! », que j'avais eu une fièvre cérébrale et qu'il m'avait tendrement veillé.

« Un an après, mon père fit une chute de cheval dont il ne put guérir. A son lit de mort, il me révéla des choses, des accusations contre ma mère, que je ne veux pas dire, mais que je n'ai jamais crues. Il les croyait, lui, et il est mort, hélas ! en les croyant, — non sans avoir, pourtant, imploré ma pitié et mon pardon, — car ma mère était vivante ! »

« Il me reste peu de chose à vous dire », continua Frenchy.

« Je quittai immédiatement le Mexique, et, quoique mes ressources fussent minimes, j'allai directement en France, en Finistère.

« Pendant un an, là, je vécus presque en mendiant, cherchant partout ma mère dont personne ne put me donner l'adresse! Elle était partie, il y avait plus d'un an. Où elle était allée, aucun ne le savait. Alors, je m'embarquai, travaillant pour mon passage, sur un steamer qui partait du Havre pour New-York.

« Quand j'arrivai dans cette ville j'étais sans rien! Néanmoins j'avais un but : travailler n'importe comment, et aller au Kentucky. Ma mère était peut-être là.

« J'avais écrit au Kentucky pour m'informer si elle était là ; et tristement j'avais appris qu'elle aussi avait fait de même, deux ans auparavant, pour savoir si j'y étais.

« Mais elle n'y était pas venue!

« Cependant, qui me prouvait qu'elle ne viendrait pas chercher son fils qui était né dans ce pays et qu'elle devait, sans doute, y croire retourné.

« J'eus la chance de trouver quelque travail de dessinateur sur un journal, à New-York, et je mis ainsi quelque argent de côté.

« Oh! cette vie de chambres étouffantes et surchauffées à la vapeur, après la vie au grand air libre, quel martyre!

« N'importe, une auréole joyeuse, — l'espérance de retrouver ma mère, — brillait devant moi.

« Donc, environ quinze mois après mon arrivée à New-York, j'allai au Kentucky. Ma mère n'y était point ; mais, comme l'on dit en Bretagne, chaque jour je « l'espérais ».

Ne trouvant aucun travail de dessinateur, je résolus après quelque temps d'aller sur un «ranch», en laissant à Louisville mon adresse, au cas où ma mère serait venue me demander.

Un des plus riches propriétaires de la région, Silas Mercer, et qui avait connu la famille de mon père, possédait un « ranch » immense au Texas. Il vivait sur l'habitation avec un fils « adopté », sa fille et de nombreux serviteurs. — Je partis et allai le retrouver.

Je lui racontai mon histoire, un matin, devant sa fille, en allant lui demander du travail. Il fut touché, car il était bon, et malgré ma grande jeunesse, m'installa « foreman, » comme mon père l'avait été au Mexique.

Je n'eus jamais d'ami plus vrai; et quant à sa fille, presque de mon âge, elle fut ma sœur, mon amie la plus chère et la plus dévouée. Si mon cœur avait été assez mûr, ou capable alors d'aimer d'amour une femme, certes, je l'aurais adorée, celle-ci! Mais, je n'avais, je ne pouvais avoir dedans que ma mère, ma malheureuse mère, errant je ne sais où !

Le frère adoptif de mon amie s'y trompa pourtant ; j'aimais tendrement sa sœur, comme si elle eut été la mienne.

Il crut que je désirais m'en faire aimer, peut-être l'aimait-il lui-même? puis j'étais pauvre. A ses yeux, c'était un crime, et il ne m'épargna pas les insultes.

Ah! comme mon sang bout en y pensant, maintenant! je les souffris, alors, par amour et reconnaissance pour les seuls amis dévoués, qu'à part ma mère, j'ai jamais eus en ce monde ; mais aujourd'hui je rougis d'avoir pu les supporter !

Il était « foreman » chez son père, comme moi, et devant nos hommes il me traita un jour de « Nigger », — la plus sanglante injure qu'un Kentuckien puisse recevoir.

« Frenchy » se tut, oppressé par une émotion intense.

Je savais, en effet, que pour un « Sudiste » nulle offense ne peut être plus sanglante que de lui jeter ce mot.

Il signifie qu'il a dans les veines, — à un degré parfois si éloigné que, seul, un homme du Sud peut le reconnaître, — quelques gouttes de sang nègre, c'est-à-dire, pour ces gens-là, — le sang d'un esclave dont le grand-père ou l'aïeul l'a été dans leurs familles. — Et l'émancipation de ces esclaves d'avant la guerre de Sécession n'a rien changé au mépris, au dégoût et à la répulsion que ces « Sudistes » éprouvent pour l'homme ou la femme de race blanche qui a la « tare » de « sang mêlé ».

Ce sont à jamais des « parias » indignes de s'allier à une fille de pure race, et aucun pasteur n'oserait célébrer dans « ces » États le mariage d'un « Colored man » avec elle.

« Eh ! bien », continua Frenchy, « à cause de la noble et dévouée fille qui fut mon amie, et de son père, morts tous deux à présent, je ne relevai pas l'insulte de Dick Mercer, mais je lui ai seulement dit les yeux dans les yeux : — « Nous sommes jeunes tous deux ; nous nous reverrons plus tard. »

Et « Frenchy », soudain redevenant le rude « cowboy » de la plaine, ajouta :

« J'ai quitté le « ranch » de Silas Mercer quelques jours après et je n'ai jamais revu, quoique j'ai tout fait pour cela, le « damné chien » qui m'a insulté. Mais qui sait!...

« Je suis resté un simple « cowboy » depuis dix-huit ans ; et tant que j'en aurai la force, je le resterai. J'aime cette vie, je n'ai aucune ambition, si ce n'est celle de vivre et de mourir à l'air libre ; aucun désir, si ce n'est celui d'embrasser ma mère, — car je « sens en moi » qu'elle vit encore! Je ne tiens plus au passé que par elle ; j'ai changé mon nom et je vis dans le présent. Pensez à mon vœu le plus ardent, tâchez de retrouver ma mère, tout au moins de savoir ce qu'elle est devenue, et alors écrivez-le moi ; je serai bientôt à ses côtés. »

« Oui », lui dis-je simplement, « si je retourne en France, je vous le promets. »

Une semaine après « Frenchy », à peine guéri, reprenait la plaine, et moi je retournai à New-York.

Trois ans s'écoulèrent sans que les circonstances me permissent de revoir la France. Bien au contraire, je m'en éloignai en allant dans l'été de 1889 en Oklahoma, lequel était alors un territoire indien récemment ouvert aux blancs.

Il avait été vendu, en 1866, par les tribus des « Creeks » et des « Seminoles » au gouvernement. Néanmoins, défense avait été faite aux blancs de s'installer sur ces terres contre le gré des Indiens. Ce ne fut que le 22 avril 1889 que ce beau pays de bois et de prairies leur fut définitivement ouvert, et ils s'empressèrent de l'envahir et d'y choisir des « claims ».

J'ai raconté dans la *Nouvelle-Revue*, en 1893, les incidents très curieux de cette ouverture.

Pour empêcher les affolements et bousculades, les soldats fédéraux furent postés, ce jour-là, aux barrières qui séparaient ce territoire de celui des Etats-Unis, et, à midi sonnant, le tambour battait aux champs pour annoncer que le passage était libre. En quelques semaines, la plaine immense, d'abord transformée en une ville de tentes et de chariots, s'était changée, comme cela arrive en Amérique, en une ville de maisons de bois où de suite une église, une banque et une prison avaient été érigées.

Je retrouvai avec plaisir, parmi les Sioux venus à Guthrie, — le nom de la nouvelle cité, — quelques-uns de mes vieux amis d'autrefois de la tribu de « Sitting Bull » du Dakota.

Plusieurs d'entre eux venaient de re-fêter « l'ouverture » à la façon de leurs « amis blancs », comme ils nous appelaient; et cette « façon » qui n'est pas à la gloire des civilisés, consistait à s'enivrer et à faire grand tapage.

Deux braves « Peaux rouges » très bons garçons lorsqu'ils étaient sobres, venaient d'être enfermés pour coups et blessures, dans une des maisons nouvellement bâties là pour servir de geôle.

Je connaissais le directeur, ancien capitaine de police (commissaire), et je me permis de venir intercéder pour eux quelques jours après mon arrivée.

Nous causâmes, et il m'apprit alors que cette

prison toute neuve était, — selon son expression, — « étrennée » par un meurtrier.

« C'est dommage », me dit-il avec l'indifférence que donne l'habitude, « il n'a pas l'air d'un meurtrier de profession; mais son cas est si clair et la justice si expéditive ici, — et pour cause, — qu'il est déjà condamné à être pendu, quoique le meurtre ne date que de quelques jours. »

« Qu'a-t-il fait? » demandai-je.

« Oh! tout simplement il a envoyé deux balles de revolver dans la tête d'un homme qui, prétend-il, l'insultait. Mais, personne n'a entendu l'insulte, et l'homme est mort. C'est assez pour motiver la condamnation. »

« Comment s'appelle-t-il, ce meurtrier? »

Le directeur me dit un nom quelconque, qui ne m'apprit rien.

J'allais me retirer quand un de ses employés vint avertir le « capitaine » qu'une dame désirait lui parler.

« Faites entrer », répondit-il brièvement. Une femme grande, mince et qui semblait marcher avec peine, se montra sur le seuil de la porte ouverte. Elle portait des habits de deuil, et sous son voile épais il était difficile d'apercevoir son visage.

Elle balbutia quelques phrases d'une voix qui tremblait et qui furent, pour le directeur et moi, incompréhensibles.

Croyant qu'elle avait peur, il lui dit quelques mots, très doucement, lui demandant si elle était étrangère.

« Oui », fit-elle avec la tête.

« D'où? »

« De France. »

Saisie d'un pressentiment subit, et sans penser à l'inconvenance de mon intervention, je lui criai, tout oppressée : « Du Finistère, Madame? »

Etonnée, comme pétrifiée, sans faire un mouvement, elle répondit :

« Comment savez-vous...? »

Mais, j'avais vite compris que de ma réponse allait peut-être pour cette femme découler le plus atroce des désespoirs; et prenant un air tranquille :

« Oh! parce qu'étant Française et ayant vécu en Finistère, j'en connais l'accent », dis-je.

Elle parut rassurée, me tendit la main et répondit : « Oui, j'en suis. »

Pendant ce temps le directeur qui ne comprenait pas le français, nous regardait toutes deux, quelque peu ahuri.

Je m'excusai; et voulant laisser aux mains du hasard, qui est souvent la meilleure ou la plus cruelle des providences d'ici-bas, — la responsabilité de ce qui allait arriver, je me dirigeai vers la porte.

Mais le directeur qui voulait savoir ce que cette femme désirait, me pria d'être une interprète; et quoique je sentisse mon cœur battre à ne pouvoir respirer, je restai et je lui traduisis ses paroles.

Eh bien, ce qu'elle disait c'était l'histoire de seize ans de douleurs, de pauvreté et dernièrement de travail à l'étranger, en Russie, où elle était allée comme institutrice, dans une famille, pour amasser de quoi chercher son fils, enlevé à elle, par un mari qui l'avait accusée d'adultère et abandonnée.

C'était l'histoire lamentable de ses recherches infructueuses, jusqu'au moment où, ayant assez

d'argent, elle était allée récemment au Kentucky;
avait appris que son fils était au Texas; puis arrivée
là, on lui avait dit qu'il était au Wyoming; là
qu'il était parti pour le Dakota; et enfin à ce dernier
calvaire que, probablement, il devait être allé avec
beaucoup d'autres « cowboys » à « l'ouverture » de
l'Oklahoma.

« Je suis venue alors, ici, avec mes dernières
ressources », — dit-elle; mais je puis travailler,
et peu m'importe comment, si j'en ai la force. J'ai
entendu dire que plusieurs « Cowboys » avaient été
enfermés dans ectte prison pour s'être battus; et
un vague espoir m'est venu que, peut-être, mon fils
était parmi eux. »

Tremblante, je traduisis au directeur ses derniers mots.

« Comment s'appelle votre fils, Madame? » interrogea-t-il.

Elle dit son nom.

Il regarda son registre d'écrou et après un moment : « Nous n'avons personne ici, de ce nom, ni
du signalement que vous en donnez. »

Mais elle insistait.

« Si vous me permettez, Monsieur, de jeter seulement un coup d'œil sur ces « Cowboys », je recon-
naîtrai vite mon fils, s'il est parmi eux. »

Le directeur réfléchit un moment; puis, comme
pris de pitié : « Soit, je vais vous faire conduire. »

Il ajouta se tournant vers moi :

« Si vous désirez accompagner cette dame, vous
le pouvez; vous lui serez peut-être utile pour tra-
duire ses paroles. »

Je sentais littéralement mes jambes se dérober
sous moi, et j'avais l'intuition que j'allais assister

au drame le plus réel.et le plus poignant qu'aucune imagination puisse rêver !

Le directeur dit quelques mots bas, au geôlier, et je compris qu'il lui disait d'éviter à l'étrangère la vue cruelle de l'homme condamné à mourir le lendemain !

Le geôlier nous précédant, nous montâmes au premier étage, où, sur un corridor, plusieurs portes de petites chambres s'ouvraient.

Lé bois de ces portes qui n'avaient pas été faites pour une prison, avait été remplacé par des grilles assez larges, et au travers desquelles il était aisé de voir les prisonniers.

On entendait les « Cowboys » qui occupaient trois cellules voisines, rire et plaisanter, comme si leur captivité n'était qu'un incident amusant de leur vie aventureuse.

Quant à mes deux amis Indiens, ils fumaient ensemble, philosophiquement ; car en Amérique, les prisonniers ne sont privés ni de tabac ni de journaux.

Une seule cellule, tout au fond du corridor, où l'on devinait dans la pénombre la silhouette d'un homme qui marchait, — restait silencieuse.

Le geôlier s'approcha de la première chambre, et, bon enfant, cria à travers la grille : « Come there boys ». « Venez ici les garçons »; une dame qui cherche son fils, veut voir s'il est parmi vous. »

Sans aucune intention malveillante pour la pauvre mère, et sans l'apercevoir, les lazzis ordinaires des « Cowboys » se mirent en un instant à pleuvoir sur elle.

« Moi, moi », criaient-ils tous ensemble, en riant — « je suis le fils, si c'est un fils à héritage. »

Je vis qu'elle se soutenait à peine et n'osait regarder ces hommes qui, certainement, ne se doutaient pas de l'immense douleur qu'ils avaient devant eux.

Le geôlier leur dit quelques mots et, comme pris de honte, ils se turent.

Alors, cette mère s'approcha, releva brusquement son voile et dévora des yeux ces rudes visages qui, maintenant, la regardaient avec pitié.

« Non, non », dit-elle, au bout d'un instant, « il n'est pas là. »

Moi, je la regardai aussi ; je l'avais reconnue par son récit au directeur, et je la reconnaissais, à présent, par son beau et noble visage, que les années avaient vieilli, mais non flétri.

On passa à la seconde chambre et à la troisième, sans résultat.

« C'est tout », dit le geôlier, se retournant vers l'escalier pour redescendre avec elle et moi.

Mais brusquement, comme entraînée par une de ces intuitions qui sont peut-être de mystérieuses révélations, la femme, si faible le moment d'avant, avait bondi, plutôt que couru, au fond du corridor ; et le geôlier et moi, tous deux immobiles de stupeur, nous la vîmes, s'accrochant à la grille du condamné !

Un silence de mort régnait à ce moment.

Les « Cowboys », par curiosité, s'étaient groupés contre leurs portes grillées et regardaient.

Pas un mot ne sortait des lèvres de cette mère. Je pouvais voir ses yeux ardemment fixés sur quelqu'un ou quelque chose dans l'intérieur de la chambre ; mais je ne pouvais apercevoir la personne ou l'objet.

Instinctivement, je rabattis mon voile sur ma figure et doucement je m'approchai. Alors, j'eus peine à retenir un cri, oh! un cri de douleur!

J'avais, devant moi, « Merry Frenchy » aussi livide qu'il le serait le lendemain; aussi immobile que la mort le rendrait!

Seuls, ses yeux, — ses yeux de Bretagne, que j'avais tant admirés, — rivés sur la femme dont les mains se crispaient à la grille, — vivaient, rayonnaient, comme devaient, dans l'extase, rayonner ceux des martyrs!

Cette tension était atroce; elle ne pouvait durer.

« Mon fils! vous êtes mon fils, n'est-ce pas? Vous êtes Alain Chilshom », cria tout à coup, cette mère.

Alors, quelque chose de grand se passa.

Le condamné fit quelques pas vers la grille. Il était calme et appela le geôlier.

« En votre présence », dit-il, « voulez-vous permettre que cette dame entre un moment dans ma cellule? »

Certes, ce geôlier était un homme rude, nullement accessible aux sentimentalités ou aux mièvreries. Mais l'accent du prisonnier, cet accent mâle et ferme d'un homme qui n'en serait bientôt plus un, — sembla détendre son visage dur, et il répondit : « Je resterai près de la porte; je vais laisser entrer cette dame. »

Et il ouvrit la grille.

Je m'étais retirée de quelques pas, et si « Frenchy » avait aperçu vaguement une femme, il n'avait pu me reconnaître. Mais je pouvais entendre ses paroles; je relevai mon voile.

« Madame », commença-t-il gravement, s'adressant à la malheureuse mère, « vous m'avez appelé

votre fils, — un fils que vous cherchez, sans doute,
— mais, hélas ! je ne le suis pas, car ma mère est
morte ! »

A tout risque, ne pouvant résister, je m'approchai alors. Elle le regardait, elle buvait sa voix, et
elle tremblait comme si la cellule eût été une
glacière !

A ce moment, le prisonnier leva sa tête qu'il
tenait baissée, et ses yeux se fixèrent sur la grille.
Je fis un pas en arrière, mais trop tard. Il m'avait
vue et reconnue.

Une rougeur ardente empourpra son visage. Ce
ne fut qu'un éclair, et, stoïque, rapidement, il mit
un doigt sur sa bouche. — J'avais compris.

« Mon Dieu ! mon Dieu ! » murmurait la pauvre
femme, « il ne me reconnaît plus ; il me croit
morte, on le lui a dit ! »

Et, alors, comme un torrent, sa passion maternelle lui cria ses longues tortures de tant d'années,
ses luttes surhumaines contre la misère d'abord et
le désespoir, avec, — au fond du cœur, — l'étincelle
qui alimentait sans cesse le feu de son courage pour
retrouver son fils !

« Oui, oui, tu ne veux pas me reconnaître, parce
que tu me crois indigne de toi. »

Et, suppliante, elle fléchissait presque ses
genoux.

Il l'arrêta ; — et avec un geste où le respect et
l'adoration se mélangeaient, il dit : « Oh ! Madame,
Madame, combien de telles penséee seraient loin
de moi, si vous étiez ma mère. »

« Mais, je le suis », cria-t-elle de nouveau.
« Tiens, pour te le prouver, pour te prouver combien je te reconnais, malgré les années écoulées,

malgré les changements de tes traits, je vais te dire les choses qu'une mère seule peut ¡savoir : les habitudes de ton enfance et un signe particulier, sur le bras gauche, une balafre que tu t'es faite, un jour qu'enfant, tu as glissé sur un rocher en Bretagne. »

Puis, suppliante, comme honteuse devant son impassibilité, elle cessa brusquemet de le tutoyer et murmura : « Oh ! laissez-moi voir, je vous prie. »

Le malheureux était à bout de forces, et le geôlier pétrifié hésitait à intervenir, à prier cette mère de s'éloigner.

Tout à coup, comme si elle se rappelait une chose importante, oubliée dans sa douleur, fébrilement elle tira de sa poche un carnet, d'où elle sortit une pauvre petite photographie, bien effacée. Avidement elle regarda le prisonnier d'abord, puis le portrait, — celui d'un adolescent.

Un moment, elle parut ébranlée. Les traits durcis et les lignes accusées du « Cowboy » n'étaient plus ceux de son fils à seize ans. Mais, ce doute, si elle l'eut, dura peu.

La foi de l'amour maternel lui fit retrouver les traits de l'enfant sous ceux de l'homme, et agonisante de douleur, les mains jointes : « Non, non, je ne puis me tromper ; oh ! dites, dites, que je ne me trompe pas ! »

Alors, l'âme de bronze qui soutenait cet homme dont le cœur filial était si tendre, — apparut sur ses traits. Avec froideur et respect, il prit la main de cette femme qu'il eut voulu étreindre passionnément dans ses bras, je le savais ; et ses lèvres, qui le lendemain seraient fermées pour toujours, laissèrent passer un sublime et héroïque mensonge.

« Madame », lui dit-il, « vous ne savez peut-être pas que je suis un meurtrier; que demain j'aurai cessé de vivre.

J'ai tué un homme qui m'insultait, je ne le regrette pas et j'accepte mon sort. »

Les yeux dilatés par l'épouvante, l'horreur, la douleur, — elle l'écoutait la bouche ouverte, sans qu'un son put passer.

Il continua :

« Si j'étais le fils que vous cherchez », — et là, une seconde, il parut hésiter, comme pris de honte, — et faiblement, — « devant la mort je ne voudrais pas... mentir !

« Je ne suis pas Alain Chilshom, votre fils, je suis Dick Carson, comme on a dû vous le dire ici.

« Une étrange ressemblance vous égare; mais voilà tout. »

Muette, sans un geste, elle n'avait pas l'air de l'entendre. Elle semblait vivre dans l'effroyable douleur de quelque cauchemar, ou de quelque folie subite, étreignant son cerveau.

Il reprit : « Ah ! combien je voudrais l'être, ce fils que vous cherchez et qui, sans doute, est digne de vous ! ».

Visiblement, il fit effort pour refouler les sanglots qui montaient à sa gorge et murmura doucement :

« Quoique dans ma vie aventureuse, j'aie perdu la Foi et les croyances naïves de mon enfance, vous, madame, avez gardé la vôtre, sans doute? »

Et, comme elle se taisait : « Eh ! bien, je prierai, avant de mourir, pour que vous retrouviez ce fils, — sinon ici bas, au moins, au delà! »

Cette fois, la mère secouée par ces paroles, sembla comprendre. Puis comme frappée d'une idée :

« Vous dites que vous n'êtes pas mon fils? Que vous n'êtes pas Alain Chilshom ?

Où donc avez-vous appris ma langue? »

« Par mon père », fit-il en baissant la tête.

Et, comme le geôlier s'approchait, sentant qu'il fallait mettre un terme à cette trop cruelle scène, la mère vint tout près de son enfant et, les yeux dans les yeux, avec un calme singulier, — le calme de tout espoir perdu :

« Soit! vous ne voulez pas être mon fils! Vous m'avez assuré que je me trompais et cela en face de la mort ! »

Et, s'interrompant dans un ouragan de sanglots, réalisant tout à coup ce mot terrible, elle cria : « Oh! mourir, mourir, lui !... »

« Frenchy » arrivé au dernier degré de sa force physique et morale, restait immobile devant elle.

« Eh ! bien, puisque vous n'êtes pas Alain, mon bien aimé Alain, mais que vous êtes sa vivante image, voulez-vous », dit-elle, « au nom de la pitié, permettre à sa mère de vous embrasser, comme si vous l'étiez? »

Une lutte atroce, dont les ravages se lisaient sur les traits convulsés du « Cowboy », se livra entre l'héroïsme qui voulait épargner à cette mère le souvenir de son fils retrouvé, pour être pendu !... — et son adoration pour-elle, criant : « Ouvre lui tes bras ! »

Il eut peur de se trahir !

« Je ne me sens pas digne de ce baiser, madame », dit-il, « même adressé à ma ressemblance avec votre fils. Je ne puis y consentir ; mais permettez-moi de vous serrer la main ! »

Il tremblait convulsivement.

Elle le regarda, comme si elle voulait passer outre et se jeter à son cou ; puis brusquement, elle saisit les deux mains de son enfant, les attira sur ses lèvres et les couvrit de larmes et de baisers fous !

Ce fut la fin ! Brisée, elle s'affaissa, comme une pauvre loque humaine, qui ne peut plus ressentir ni joie ni douleur !

Et, sur cette « loque » adorée qui était sa mère, l'homme qui allait mourir, — se jeta, l'étreignit, hurlant, — fou d'une torture sans nom, — « ma mère ! ma mère ! »

Le lendemain matin, quelques heures à peine, avant que le fils ne soit lancé dans l'éternité, la mère martyre allait l'y devancer sans avoir repris connaissance ; sans plus rien savoir des misères et des horreurs de ce monde !

Sur la demande expressse de « Frenchy », je fus autorisée à monter dans sa cellule, une heure avant qu'il aille à la mort ! Et comme, silencieuse, je ne trouvais d'autres paroles que mes larmes pour lui exprimer ma douleur, — gravement et simplement il me dit : « Ne pleurez pas sur moi ; la vie d'un « Cowboy » ne voit-elle pas souvent la mort ! Il est accoutumé et n'a besoin d'aucun surplus de courage, quand elle l'emmène. Pourtant, je suis triste de mourir ainsi ; j'aurais préféré que ce fut dans la plaine. Mais j'ai rencontré, ici, Dick Cass, et il m'a insulté comme autrefois. C'est tout. »

Et, comme se parlant à lui-même, il ajouta : « Dire que pendant seize ans, mon seul vœu a été de « la » revoir, et que je la retrouve... pour mourir ! »

Puis, ôtant de son cou le cordon qui retenait une petite poche de cuir, il ajouta : « Ceci est le portrait et la dernière lettre de ma mère adorée. Promettez-moi de les brûler, aussitôt après ma mort. »

« Oui! » lui dis-je.

« Et, maintenant », dit-il, « laissez-moi vous embrasser. Vous lui redonnerez ce baiser, sans lui avouer qu'il vient de moi! »

J'ouvris la bouche pour lui dire que plus jamais elle n'aurait de baisers! Mais je n'eus pas ce courage; et quelques moments après, — froid, résolu et calme, « Merry Frenchy » marchait à la potence érigée dans un champ voisin.

Il était escorté de quelques « cowboys », ses anciens camarades, qui avaient obtenu l'autorisation de l'accompagner et qui chantaient, de leurs voix rudes et sonores le cantique d'autrefois dans les plaines.

Ses yeux profonds semblaient fixés sur un lointain, invisible et immatériel!

Peut-être rêvait-il d'une Bretagne qu'il retrouvait au delà de cette vie; — celle de son enfance avec une mère adorée près de lui! Peut-être revoyait-il aussi, dans le mirage de sa pensée, les belles nuits silencieuses de ces grandes plaines du Wyoming entourées de leurs sombres montagnes; ces nuits, où si souvent il avait baisé avec idolâtrie tout ce qui lui restait « d'Elle », son image!

Et les grandes chevauchées sous les chaleurs torrides d'été là-bas; les campements dans les solitudes de la « Green River » avec les couchers le soleil rouge, dans l'émeraude de ses eaux, qui semblaient alors teintes de sang!

Les alertes de nuit avec les cris gutturaux des Indiens Cheyennes, les belles passes d'armes et les courses au « lasso »; — toute la vision de sa pauvre jeunesse qui allait s'éteindre, — et la brûlure de ce drame de la veille, de cette suprême entrevue avec sa mère, — sa mère! — cette créature chérie qu'il n'avait voulu ni dû presser entre ses bras de meurtrier!

Toute, — toute la torture atroce de ces souvenirs se lisait, écrite avec des larmes, sur son beau visage!

Comme une ironie de la nature, ou qui sait! — l'apothéose d'un martyr, — le soleil radieux d'une matinée de printemps illuminait la tête de « Frenchy ».

Avec sérénité, il regarda ses compagnons et dit : « Allons, vieux garçons! en souvenir des années passées ensemble, chantons encore notre dernier refrain! »

Et sans trembler devant la mort infâme qui, dans ce nœud coulant, ricanait devant lui, le « Joyeux!... », petit Français de jadis, entonna d'une voix forte le refrain connu :

> « *In the sweet by and by*
> *We shall meet in that beautiful shore!* »

> « Dans le doux tantôt
> Nous nous réunirons dans cette belle patrie. »

. . . .

En Oklahoma, dans un petit enclos solitaire, éloigné de Guthrie et que je revois avec les yeux du souvenir, « Frenchy » repose auprès de celle qu'il a tant aimée!

Le meurtrier, en Amérique, n'appartient à la loi que jusqu'à sa mort.

Tous deux reconnus comme la mère et le fils ont eu la même tombe. Séparés dans la vie, la mort les a réunis!

CHATITRE XXXI

J'ai dit que je parlerais de Sarah Bernhardt et j'aime le faire sincèrement et simplement, je le répète une fois de plus.

Il se peut que ci et là mon enthousiasme ou mon admiration pour son génie dramatique ressemble à des flatteries. Mais je n'ai aucun motif de feindre à ce sujet une opinion que je ne ressentirais pas et qui, d'ailleurs, est celle du public en général.

Ce sont surtout ici quelques souvenirs inédits que j'aime conter sur elle et qui me semblent intéressants à cause de sa personnalité. J'en pourrais former un volume, mais je suis obligée de les limiter dans celui-ci.

En 1891, après des succès et des ovations sans nombre à New-York et dans les grandes villes d'Amérique, Sarah donna gracieusement, sur l'appel chaleureux de la jeunesse studieuse et intelligente des universités, une représentation de la *Tosca* à New-Haven, une jolie, tranquille et intellectuelle cité du Connecticut. J'y allai avec Sarah, et c'est dans la coulisse que j'assistai à l'un des plus beaux spectacles que j'aie jamais vus.

S'il était vrai, comme on le croit en général, qu'il faille avoir souffert et beaucoup éprouvé pour rendre avec une entière vérité l'accent des passions multiples qui sont en nous, que ne devrait pas avoir souffert et ressenti l'admirable artiste qui les rend avec une si profonde intensité !

Il aurait fallu voir son visage non de la place où sont les spectateurs, au théâtre, même les plus proches de la scène, mais de celle où je me trouvais dans cette coulisse; si près que lorsqu'elle tua Scarpia, je pouvais entendre sa respiration aussi émue, aussi oppressée qu'elle pourrait l'être après un crime réel !

Elle devait certainement alors ressentir une impression analogue, d'une force qui ne raisonne pas.

Sa tête expressive et pâle, penchée sur l'homme qui râle à terre; ses yeux avidement fixés sur les siens, comme pour savourer son agonie, et pressée de lui jeter à la face sa dernière insulte; oui, il aurait fallu entendre là, tout près d'elle, l'accent rauque de la vengeance assouvie avec lequel cette femme, dont le cœur a été torturé, broyé par lui, le flagelle, à son tour, de sa haine sanglante, bien autrement cruelle que la blessure du poignard !

« Souffre et meurs, lâche, lâche ! »

Mais la vie n'est pas encore éteinte; il se traîne

et, par un dernier effort, se relevant, s'élance sur
elle.

Alors, les yeux dilatés par l'épouvante et l'horreur, comme si le spectre de l'homme assassiné la
poursuivait, elle recule devant la macabre figure.
Il semble que ses cheveux se hérissent dans la
crainte effroyable d'une lutte possible. Livide,
elle cherche et retrouve son arme et la relève sur
lui.

Mais c'est fini cette fois; il bat l'air de ses bras,
recule à son tour et tombe mort!

Qui pourrait alors décrire, dans toute sa beauté
tragique, l'expression du regard de cette femme
vengée et épouvantée de sa vengeance!

Il n'y a plus là, pour Sarah, de rôle appris d'ac-
cents conventionnels, de gestes étudiés. Il y a là
une femme qui pleure, une femme qui souffre,
dont le front est moite de sueur, dont les joues
deviennent terreuses sous l'empire de la frayeur et
qui reste quelques minutes anéantie du succès de
son crime!

Je ne connais rien dans les rôles de Sarah qui soit
plus dramatiquement beau que ce moment-là, et
qu'elle rende avec une puissance et une vérité
plus entières! Là, on peut, sans offenser l'immortel souvenir de Rachel, soutenir hardiment
que Sarah lui est supérieure en ceci:

La première était sublime dans la tragédie
héroïque des Anciens, où les sentiments ne
s'émeuvent, la plupart du temps, qu'en faveur de
héros ou de dieux mythologiques.

Mais la seconde est sans rivale pour faire vibrer
dans le drame toutes les fibres du cœur humain, au
souffle chaud des passions réalistes!

Quelques heures après, de cette vengeresse admirable, il ne restait plus dans la petite salle à manger de son wagon remisé, où elle m'offrait à souper, que la femme simple et charmante que tout le monde ne connaît pas sous cet aspect.

Et comme je lui exprimais mon enthousiasme, vibrant encore de l'émotion qu'elle communique, elle me dit en riant :

« Vous en douterez, peut-être, mais je suis très timide. »

Ces paroles textuelles me semblent une révélation, — et non la moins piquante, — pour le public habitué à juger Sarah sur la devise qu'elle a choisie : « Quand même ! »

Son apparence svelte, la fatigue légère répandue sur ses traits, ses cheveux courts et abondants, à moitié défaits et le négligé pittoresque de son costume d'intérieur, tout me remettait en mémoire dans ce moment, un souper impromptu que Rachel avait offert, un soir, chez elle, en revenant de jouer *Tancrède*, à son loyal admirateur Alfred de Musset.

Comme il l'a raconté, là, dans l'intérieur alors si modeste de la future célébrité, il régnait sur la table du souper le même désordre original que sur celle de Sarah.

Au lieu des bracelets et de la couronne en or que Rachel, après s'en être servi au théâtre, venait de jeter pêle-mêle au milieu des plats, Sarah, elle, avait placé de belles écrevisses cuites sur la feuille déchirée et chiffonnée d'un vieux journal.

Certes, les assiettes ne manquaient pas ; mais les minuties d'un souper en règle avec l'étiquette la plus élémentaire, ou les habitudes étroites des bonnes ménagères, paraissaient être le moindre souci de la « Tosca ».

Nous étions quatre à table dans cette mignonne pièce tendue de cuir de Cordoue et ornée de jolies fresques : Sarah, un ami de son fils, Mlle Saylor et moi.

Chacun se servait à son goût, et je revois encore le sourire de gamine malicieuse qu'elle eut, au moment où ce monsieur, distrait, m'offrant du champagne, le versa tranquillement dans mon unique verre qui contenait de la bière.

De temps en temps, le wagon avait un léger tressaillement comme s'il se fût mis en marche. « Nous partons », disait-elle gaiement, en me regardant, pour voir si la perspective d'un voyage inattendu m'effrayait.

Puis, elle sautait d'un sujet à un autre, avec une grâce, un brio inimitables, tantôt gaie, moqueuse, tantôt touchante et sérieuse.

Me rappelant ce qu'elle avait dit dans le « Herald » sur l'idéal que Sardou et elle se faisaient de Cléopâtre, en réfutant certaines assertions de Fanny Davenport, sur l'apparence robuste de la fameuse reine d'Egypte, je regardais sa taille ployante, comme devait l'être celle de Rachel, dont Musset disait : « Elle n'est pas plus grosse qu'un des bras de Mlle George. »

Certes, rien ne me rappelait, dans la Sarah que j'avais devant moi, l'apparence de ces matrones romaines si fortement charpentées et dont le type est cher à ceux qui prisent avant tout des appas plantureux. Mais en revanche, que de grâce serpentine et de mouvements onduleux, dans ce corps souple !

Je lui parlai de l'impression profonde qu'elle fit sur moi, lorsque je la vis, pour la première fois, avec Dumas, en allant tous deux à l'Odéon.

« Il vous avait devinée ce que vous êtes devenue », lui dis-je.

« Oui, il a toujours été bon pour moi », me dit Sarah. « J'aime à me rappeler ses avis, ses encouragements, alors que je traversais une phase difficile de ma vie. »

Puis s'animant au souvenir de quelque amertume, elle ajouta : « Quand la critique sans merci, et je pourrais dire sans pudeur, s'acharne non seulement à attaquer systématiquement le talent naissant d'un artiste, que quelque encouragement ferait grand peut-être, et que, ne s'arrêtant pas là, elle fouille dans sa vie privée, dans ses douleurs, dans ses souvenirs, comme les chacals fouillent la tombe des morts, pour y découvrir la charogne, quel bien fait à l'âme, quel réconfortant c'est pour elle, que la parole et le soutien cordial, dévoué d'un ami, tel qu'il a été pour moi ! »

Emue, revivant sa jeunesse, Sarah s'est tue un moment.

Que de jolies choses, ignorées de la foule, ai-je pensé alors, renferme le cœur de cette femme que tant de gens ne jugent que sur des excentricités voulues, comme pour chasser une pensée, ou, qui sait! un souvenir douloureux et absorbant!

« Bah ! » a-t-elle repris au bout d'un instant, comme si elle chassait une préoccupation importune, « parlons d'autre chose. »

Sa grande et belle chienne danoise était couchée sur mes pieds, et de temps à autre Sarah se baissait pour caresser sa tête aimante.

« Vous aimez beaucoup les animaux, surtout la race canine », lui dis-je.

« Certes, je les aime! Eux, ils ignorent l'hypocrisie; amour ou haine, ils nous le montrent, et vous savez de suite à quoi vous en tenir! »

J'ai pensé souvent qu'elle avait dit fort vrai, et qu'à leur manière les chiens sont tous une sorte « d'Alceste » qui expriment sans peur, sans ambages, ce qu'ils pensent de nous.

« On m'a raconté », lui dis-je, « lorsque je suis allée au Havre, que vous veniez souvent de votre villa de Saint-Adresse, en ville, avec un petit panier attelé de quatre petits poneys que vous conduisiez, et que plus d'une personne avait été étonnée et touchée des soins que vous preniez vous-même de ces animaux, avant de penser à vous. »

« Oh! » fit Sarah, sans répondre à cette dernière remarque, « vous l'avez vue, ma villa de Sainte-Adresse? On me l'a fait vendre! »

Elle soupira; puis continuant : « Oui, c'est un lieu de pèlerinage où les cochers trouvent à gagner de bons pourboires.

« Connaissez-vous la salle où sont peints les attributs de la Comédie? »

« Je l'ai vue en passant », lui dis-je; « la fenêtre qui donne sur la route, et qui est assez basse, était ouverte. Longtemps j'ai regardé ces attributs qu'on aperçoit; j'ai songé à vous et je me suis tant absorbée dans cette pensée, qu'il me semblait vous voir errer, glisser, là, dans cette salle. Cela m'a même attristée; et, prosaïsme de la nature humaine, voulant chasser cette impression, je suis allée déjeuner, en haut, au phare de la Hève. »

« Ah! la France, la Normandie et la Bretagne surtout », dit Sarah, « la connaissez-vous? »

« Oui et beaucoup. »

« Moi aussi. Je suis allée à l'Ile de Sein qui est bien l'endroit le plus intéressant qu'il y ait au monde. Quels récifs sauvages! Quelle nature désolée et quel tableau saisissant que cette mer presque toujours furieuse dans ces parages. Ah! c'est autrement beau, cela, que les plages à la mode!

« Et le phare d'Ar-Men, bâti sur le dernier écueil de la longue chaussée de Sein, que l'océan couvre et découvre à chaque instant. En voilà un ouvrage inouï de patience et de courage qui montre bien la ténacité de cette race bretonne.

C'est là, où les « Naufrageurs » allumaient leurs falots pour attirer dans la nuit, sur ces terribles rochers, les navires qui passaient près de là, et les dépouiller.

« Oh! non », interrompit l'ami de son fils; « vous faites erreur; ce n'était pas dans cet endroit, mais le long des côtes du Finistère, près de Penmarc'h surtout, et de la Torche. »

« Non, c'était là. »

Comme la discussion se prolongeait, je me permis de dire : « Vous avez tous deux raison et tort, car les « Naufrageurs » faisaient leur cruel métier aussi bien à l'île de Sein que sur les côtes inhospitalières de Penmarc'h, de Saint-Guénolé et de la Torche, jusqu'à la baie des Trépassés. »

« Oh! vous connaissez tous ces endroits », me dit Sarah. « Et la pointe du Raz aussi? »

« Oui, également. »

« Vraiment! mais je parie que vous n'êtes pas allée où je suis descendue, au risque de me casser

le cou. Figurez-vous qu'on ne pouvait aller à un
certain endroit, tout près de l'enfer de Plogoff,
qu'en rampant et se laissant ensuite glisser... vous
m'entendez comment! jusqu'en bas.

Ma foi, j'y ai mis tant d'ardeur que je me suis
trouvée, sans savoir trop comment, assise tout à
coup sur une pierre creusée à plaisir. Et il aurait
fallu voir la mer déferler sur moi! Le guide du
phare m'a dit que jamais une femme n'avait été
là; et, sans orgueil, je le crois, car je ne sais si
j'oserais recommencer. Enfin j'y ai gagné — et
cela m'amuse — que cette pauvre pierre sans visiteurs s'appelle désormais : « La chaise à Sarah
Bernhardt. »

Les bougies qui éclairaient la petite salle à manger s'étaient beaucoup usées, et les deux plus
petits chiens, des yorkshire terriers, commençaient
à se préoccuper d'un lit qu'ils trouvèrent bientôt
sur le canapé, dans les plis chauds du pardessus
de l'ami.

Moi, je ne sentais pas la fatigue malgré la nuit
avancée; car si l'on peut voir le théâtre tous les
jours, on n'assiste pas aussi souvent, dans sa vie, à
pareille scène.

« Et les superstitions bretonnes, qu'en dites-
vous? » me demanda Sarah. Et avant que je ne
réponde, elle ajouta : « Les connaissez-vous bien?
Moi, je suis très superstitieuse. »

« J'avoue que je le suis aussi », lui dis-je, « et
que je crois quelque peu aux mauvais présages. »

« Oh! » interrompit l'ami de Sarah, « rien
n'est plus facile à conjurer. Il ne s'agit que
de frotter du fer pour que le mauvais sort soit
anéanti. »

« Vrai, vrai? » disait Sarah encore incrédule, « cela suffit? En ce cas, la prochaine fois que pareille chose m'arrivera, je me jetterai à corps perdu sur tous les morceaux de fer que je trouverai. Je vais tâcher d'en avoir toujours près de moi. »

Et tous de rire.

« En fait de superstitions, ou plutôt de supercheries bretonnes », lui ai-je dit, « j'en connais une bien amusante, celle d'un vieux bonhomme de paysan qui habitait près de ma maison, à la Guimorais. Il avait une fille de vingt ans, très malade et très dévote. Le médecin lui avait ordonné de la viande, mais elle refusait obstinément d'y toucher.

En désespoir de cause, le père alla trouver le curé, et voici ce qu'il raconta devant moi à sa fille en retournant de la Boussac où il avait été voir ce prêtre.

« Je l'y ai dit comme ça que t'étais ben malade et que tu ne voulais pas manger d' la viande. Alors y m'a dit que, vantié, le Bon Dieu y pouvait faire un miracle parce que j'étions un bon chrétien! Alors j'y ai donné queuques sous pour aider à racheter le Pape qu'est en prison, et il a foutu su' le morceau de viande que je l'y ai apporté tout le grand conquillage d'eau bénite qu'est à la porte de la sacristie, en l'y disant : « Tu n'es pu viande de « vache ou de bourrique. Je te baptise poësson. »

« Et à présent, garçaille, tu peux la manger. »

« Ah! que c'est drôle », disait Sarah très amusée.

« Moi, j'aime les prêtres », déclara-t-elle, « et ils ont aussi quelque amitié pour moi, car l'archevêque de Paris n'a pas dédaigné de m'écrire une aimable lettre dernièrement. Grâce à Dieu, nous ne vivons plus au temps de l'ostracisme! et parmi le clergé, celui de France surtout, les hommes bons, instruits aux idées libérales et d'un esprit éminent, ne sont plus des cas exceptionnels. »

Les fleurs qu'il y avait sur la table, des roses et des lis, exhalaient un parfum suave, mais trop pénétrant pour un espace restreint. Sarah appela un domestique et fit ouvrir les fenêtres du wagon; puis, ayant soif, elle demanda de la bière.

« Cette Saylor a tout bu », dit-elle en riant. « Qu'on en apporte d'autre. »

Elle alla dans un petit boudoir, voisin de la salle à manger, et joliment tendu de satin gris. Sur un petit meuble elle prit une nouvelle gerbe de fleurs, qu'elle éparpilla en riant sur la table.

« Si belles qu'elles soient, elles ne valent pas celles des champs », disait Sarah. « Ah! le délicieux parfum que celui du genêt et de l'ajonc qui croissent là-bas, au pays breton! »

Tout m'intéressant dans une telle femme, je regardai curieusement, pendant qu'elle était debout, la robe qu'elle portait. C'était simple, joli et original : une espèce de tunique de drap gris chamois, brodée de fleurs en soie marron avec plastron de blouse en velours brun. Pas de taille, mais une ceinture lâche, formée de petites aiguesmarines, cette jolie pierre précieuse d'un vert bleuâtre, à reflets changeants. Partant des hanches, cette ceinture descendait très bas, à la façon des cordelières que portaient les dames nobles au moyen âge.

La vue de ces pierres, je ne sais pourquoi, me fit penser à ces curieux staurotides ou « pierres à la croix », petites et mignonnes, que j'avais rapportées du Finistère, et pour lesquelles les paysans éprouvent autant de vénération que de superstition. Les posséder est un porte-bonheur, et de suite j'en parlai à Sarah, en riant, comme d'un préservatif plus joli et moins embarrassant à avoir sur soi que du fer.

« J'en ai entendu parler, me dit-elle, mais je n'en ai point. Quelle est leur histoire? »

« La voici en deux mots, ou plutôt leur légende », lui dis-je.

« Saint Corentin, d'autres disent saint Guénolé, alors en Cornouailles, et en plein travail apostolique, fit élever dans la plaine de Coatdry une petite chapelle catholique.

« Un matin, lorsque les fidèles vinrent pour prier, elle avait disparu.

« Le diable, jaloux, l'avait brûlée dans la nuit.

« Les fidèles consternés, levant vers le ciel des regards suppliants, demandèrent au Seigneur de leur rendre leur chapelle.

« Bientôt, alors ils virent tomber autour d'eux une pluie de cendres, dont il ramassèrent une certaine quantité comme chose bénie.

«, A leur grande surprise, cette cendre s'évapora pour faire place à de petites pierres, dont deux faces étaient marquées d'une croix. Ils regardèrent ce présent du ciel, comme un ordre de rebâtir leur église; ce qu'ils firent avec les pierres miraculeuses.

« Depuis ce temps, le diable les laissa tranquilles. »

« Oh! la jolie légende, » me dit Sarah.

« Je vous en donnerai quelques-unes, de ces

pierres, à votre retour à New-York ; mais j'espère
que vous n'aurez pas besoin d'elles, pour que, d'ici
là, le bonheur vous suive. ».

Elle sourit et me parla de la foi aux talismans
dont, même quelques grands esprits, n'ont pu se
défendre.

« J'aimerais, » me dit Sarah, « en porter lorsqu'il m'arrive, dans un rôle, d'être obligée de tuer
un camarade.

« Ainsi, je ne donne jamais à Duquesne son
coup de poignard, dans la *Tosca*, sans me sentir véritablement anxieuse malgré les précautions que je
prends de m'assurer que le ressort joue bien, et que
la lame rentre dans le manche. Le moindre faux
mouvement de sa part, ou de la mienne, peut ame-
ner un accident ; car ce n'est pas une arme pour
rire, mais bien une arme pour de bon. »

Il me revint alors à l'esprit que Duquesne lui-
même avait raconté, dans la loge de Sarah, qu'il
n'avait pas toujours été indemne ; et qu'un soir, à
une représentation, dans quelque petite ville de
l'Ouest, des soldats qui ne le connaissaient pas, le
voyant s'enfuir dans la coulisse, pendant que sur
les planches on criait : « Assommez-le, » prirent
au sérieux cet ordre, et le remplirent avec les
crosses de leurs fusils sur sa tête.

Il lui arriva, ci et là, d'autres accidents ; « mais, »
disait-il, « l'habitude rend insouciant ».

Toutefois, et ceci est curieux à noter, il avouait
ne pouvoir se défendre d'un frisson, quand la
« *Tosca* » qui l'a tué, pose des cierges allumés de
chaque côté de lui, étendu à terre et lui met un
crucifix sur la poitrine.

« Positivement, il me semble dans ce moment-là, que je dois être mort », disait-il, moitié sérieux, moitié rieur.

. . . .

Sarah, toujours originale, eut l'idée de faire des œufs brouillés aux champignons, comme dessert !

Et elle les fit dans sa petite casserole d'argent, au moyen d'un réchaud à esprit de vin.

Elle me parla alors d'une actrice américaine qu'elle admirait beaucoup dans le drame de Shakspeare, *Roméo et Juliette*.

« J'ai vu jouer à Philadelphie, dans ce rôle Julia Marlowe, et j'ai été frappée de la manière dont elle le comprend. Elle a le geste sobre, élégant et toujours juste.

« Sa diction est chaude, sympathique. Dans les moments de passion, surtout, elle atteint au sommet de l'art. »

J'ignore si Julia Marlowe a jamais connu l'opinion de Sarah sur elle ; mais je crois que plus d'une artiste serait fière d'obtenir de tels éloges !

Marie Grandet, qui jouait le rôle ingrat de « Prudence » dans la « *Dame aux Camétias* », m'avait souvent parlé de la bonté de Sarah et de son obligeance pour les femmes.

Cependant, j'ai dû lui sembler un peu étonnée, car Sarah m'a dit en riant : « Bah ! les femmes sont meilleures au fond, qu'à la surface, bien souvent ! Quant à moi, personnellement, je suis toujours heureuse de leur tendre la main, de les encourager, lorsqu'elles ont un mérite réel. »

Quoiqu'il fût très tard, ou plutôt de très bon matin, Sarah paraissait tellement oublier de dormir, que l'idée me vint de lui demander quelques-unes de ses opinions sur les gens et les choses.

« J'admire Irving et Clara Morris, comme des acteurs dont le mérite n'est plus à discuter », me dit-elle : « Quant à mes auteurs préférés, j'avoue quelque partialité pour Victor Hugo surtout; puis Dumas, père et fils, Sardou, Octave Feuillet, Daudet, George Sand et Henry Gréville. Et puis, sans parti pris, j'aime lire tout ce qui en vaut la peine, l'auteur fût-il inconnu. »

« Avant tout », a continué Sarah, « j'aime la liberté pour tous, aussi bien pour les hommes que pour les animaux et les choses.

« Tenez! J'ai eu des jeunes lions, jusqu'à une tigresse, et j'ai laissé tout ce petit monde-là en liberté, dans ma maison. Cela ne plaisait pas, précisément, à mes amis; mais on ne peut contenter tout le monde! Les bêtes ne s'en plaignaient pas. » Et, elle se mit à rire.

« Oui, je déteste la contrainte, à un point absolu. Je l'ai prouvé en quittant le « Théâtre Français », malgré l'énorme dédit qu'il me fallait payer! Mais par-dessus tout : mon indépendence.

« Sauf quelques exceptions, il y a là trop de maniérisme, et surtout trop de règles à observer; trop de choses à faire et à ne pas faire!

« Non, ma vraie patrie, c'est l'air libre, et ma vocation, l'art sans contrainte!

« Victor Hugo comprenait ces sentiments, lui, non seulement parce qu'il m'affectionnait, mais parce qu'il les éprouvait lui-même, ayant tout sacrifié à son amour de la liberté absolue, aussi bien celle de la parole, que celle de la pensée. Les années d'exil à Guernesey en sont la preuve. »

« Oui », lui dis-je, « vous étiez sa « muse » à la

voix d'or; et puisque vous êtes superstitieuse, pensez qu'il est peut être ici, à vous entendre, évoqué par votre souvenir ! »

Elle devint serieuse à cette plaisanterie un peu lugubre; et comme se parlant à elle-même murmura : « C'est pourtant vrai, qu'il y a des êtres qui ne devraient jamais mourir, ou qui trop accomplis, n'ont pas été faits pour ce monde ! Le génie de Victor Hugo était grand; mais pour moi qui l'ai connu, son cœur l'était encore plus ! »

« Une femme à laquelle je ne pense jamais sans émotion, — femme charmante, — continua Sarah, est cette pauvre Jeanne Samary de la Comédie-Française, enlevée à la fleur de l'âge, dans toute la plénitude de son talent !

« Ah ! si toutes avaient ressemblé à celle-là ! Mais, ce n'est pas chose très ordinaire à trouver, que beauté, intelligence et bonté réunies. »

Puis, venant à des souvenirs plus gais, elle reprit :

« Que d'aventures, parfois originales, il arrive, quand on met son indépendance au-dessus de tout; désagréables, aussi, parfois ! »

Ces paroles me remémorèrent l'aventure — curieuse, celle-là, — qu'on avait attribuée à Sarah, celle d'être revenue de Richmond à Londres, sur une voiture des pompes à feu.

Je lui demandai si, réellement, c'était vrai.

« Certainement ! Que vouliez-vous que je fisse ? Jugez vous-même. Au milieu de la nuit, revenant de soirée, seule, en voiture, le vieux cocher s'arrête soudain dans un endroit désert.

« Certaines gens auraient cru que c'était pour les assassiner. Moi, je n'ai pas de ces idées-là, d'autant

plus que mon cocher avait l'air d'un très brave
homme.

« Cependant, comme la voiture ne bougeait plus,
impatientée, je descends et je le trouve... Je vous
le donne en cent, je vous le donne en mille, comme
disait madame de Sévigné. »

Sarah nous regardait tous avec malice, suppo-
sant que nous étions à la recherche de ce que ce
cocher avait bien pu faire.

« Eh ! bien », poursuivit-elle, « je le trouvai age-
nouillé devant son cheval, pleurant et jurant ses
grands dieux que, ni pour or, ni pour argent, il ne
lui ferait faire un pas de plus. »

« Mais enfin, qu'a-t-il votre cheval ? Est-il
blessé ? » lui dis-je.

« Oh ! non, madame, il est seulement bien fatigué. »

« Ma foi, ce bonhomme était si sincèrement
désespéré que, prise de pitié, après avoir cependant essayé de le faire changer de résolution pour
qu'il se remette en route, je finis par ne plus insister.

« Mais, alors, que faire au milieu de la nuit, à
pied et sans connaître mon chemin ? C'est alors
que ma bonne étoile m'envoya des sauveurs, sous
la forme de pompiers et de pompe. Sauter sur leur
véhicule, leur crier ma détresse, moitié en français, moitié en anglais, tout cela fut vite fait, je
vous assure !

« Je ne sais s'ils me comprirent bien ; mais quand
ils surent mon nom, ces braves gens me firent une
véritable ovation, et, saine et sauve, me ramenèrent
à Londres.

« Voilà toute mon aventure. »

Sarah avait à peine touché au repas, et aux œufs préparés par elle.

En revanche, à côté de son dessert, elle se mit à manger du homard « à l'américaine », un mets fortement épicé.

Et moi, distraite et charmée en l'écoutant, croyant mordre dans un gâteau, je croquais consciencieusement, avec sa carapace, une écrevisse qu'elle avait glissée dans mon asiette.

Mais que n'aurais-je pas croqué ou avalé, pour l'entendre sans cesse !

« Avez-vous été à Audierne ? » me dit-elle. « Connaissez-vous Batifoulier, l'énorme aubergiste de Benodet, et un personnage ! dans ce joli trou breton ? Il est mort, m'a-t-on dit ? Comme les artistes lui jouaient des tours !

« L'un d'eux, un peintre de talent, dont il avait trop salé le compte, et auquel, selon l'habitude, Batifoulier demandait un croquis, promit de lui en faire un. Il le fit bien, mais donna l'esquisse à un autre hôtelier. » Sarah ajouta :

« J'ai vu cette peinture sur un des panneaux de la salle à manger du grand hôtel de Benodet.

« C'est une charge qui représente Batifoulier en forme de marmite, cuisant sur un grand feu, — un chou pour coiffure et des carottes à ses pieds. — C'est très drôle. »

« Moi aussi, je connais cette caricature », lui dis-je. « Un mauvais plaisant avait écrit au bas cette légende :

« Moins vif que le feu qui t'attend. »

Sarah poursuivit :

« Quand j'étais à Audierne, j'allais, le soir, me promener sur le môle solitaire, où l'océan déferle quelquefois; et comme j'avais une longue robe, claire et vaporeuse, et des dentelles sur la tête, les bonnes femmes me prenaient pour une nouvelle apparition de Notre-Dame. »

« Est-ce que l'idée vous sourit de jouer le rôle de la jeune paysanne bourguignonne, Pauline Blanchard, du drame de M. Darmont? » lui demandai-je.

« Beaucoup », me dit-elle. « C'est la première fois que je remplirai le rôle d'une mariée de campagne, car je ne compte pas Jeanne d'Arc comme un rôle de paysanne. C'était, avant tout, aux pâturages ou aux champs, l'héroïne déguisée en humble vachère.

« Cette création est donc nouvelle pour moi, et elle me plaît.

« Puis, c'est une chose que l'on ne fait pas assez, d'encourager des jeunes et des laborieux. Quand je dis « jeunes » j'entends aussi tous ceux qui cherchent à conquérir le monde par l'intelligence.

« A mon point de vue, c'est la plus belle des victoires, quand on y parvient. »

Et ses yeux superbes rayonnaient de cette intelligence qu'elle préconise chez les autres !

« Pauvres petits amours! » dit tout à coup Sarah en riant gaiement et regardant les fresques de la petite salle à manger.

« Pourquoi cette pitié? » demanda l'ami de son fils.

« Vous ne voyez pas qu'ils sont condamnés pour l'éternité, ceux-là, à rester à table, douze, devant une seule bouteille ! »

Et cette grande artiste qui a du sublime et du gavroche dans sa nature, continua à rire en les contemplant.

Sa femme de chambre traversant la pièce, Sarah lui dit :

« As-tu soupé, cocotte? »

« Oui, Madame, merci. »

Antonio, le domestique, vint pour chercher un des petits chiens; et de même, avec son excellent cœur, elle s'informa de la façon dont il avait soupé.

« A propos », me dit Sarah, passant d'un sujet à un autre avec une grande mobilité, « qu'est-ce donc que le « Korinankou » des Bas-Bretons? Quand je leur demandais, dans les campagnes, les paysannes me regardaient effarées et se signaient sans répondre. »

« C'est que vous touchiez là à une de leurs plus sombres superstitions. »

« Le Kori-Ankou, c'est le nom du chariot que conduit la Mort par les nuits sombres et lugubres de l'hiver, dans les campagnes solitaires de la Cornouailles.

« Selon les paysans, on entend un grincement sinistre sur les cailloux de la route. C'est le « Kori-Ankou qui passe », crient les affolés.

Et je racontai à Sarah que j'avais vu des femmes se cacher le visage et se blottir dans des coins, déjà mourantes de peur. Et par une étrange fatalité qui doit tenir à cette frayeur, il arrive souvent alors qu'un souffle invisible, comme une haleine du tombeau, passe sur des familles entières qui, le lendemain, sont à l'agonie.

« Est-ce l'épouvante qui les tue? Mystère! »

« Oh! quelle sombre légende », dit Sarah. Alors, pour chasser les impressions tristes, elle parla de nouveau d'art et de littérature, avec une opinion claire, des vues nettes sur toutes ces questions.

« Aimez-vous la littérature de ce pays? » lui demandais-je?

« Certains ouvrages, oui; autant que les traductions bien faites peuvent en rendre l'impression exacte. Par exemple : « The Raven » d'Edgar Poë, qui a été traduit dernièremeut, c'est très saisissant, très beau! J'aime aussi « Evangeline » de Longfellow et d'autres ouvrages de Oliver Wendell, Holmes, — Emmerson, sans oublier le bon conteur Fénimore Cooper qui est si populaire en France. Je pense que la question d'art dans ce pays, comme celle de la littérature, font chaque jour des pas de géant et qu'il arrivera un moment où ce pays n'aura rien à envier au nôtre, si ce n'est pourtant », ajouta-t-elle en souriant, « son beau climat, sa gaieté et ce charme qui s'attache à tous les souvenirs des vieux pays.

« De plus en plus, les Américains viennent en France », continua Sarah; « de plus en plus ils s'initient à nos goûts, à nos usages, à nos habitudes; ils sont généralement bons appréciateurs des œuvres d'art et j'ajoute, amateurs de notre cuisine. »

Et de nouveau elle riait.

« Il y a surtout de splendides journaux dans les Etats-Unis, auxquels aucun des nôtres ne peut se comparer en étendue. Mais la quantité ne remplace pas la qualité littéraire, et de cela je ne puis guère juger que par ouï-dire, ne les lisant pas. Cependant, il y a des noms qui sont des passeports quant à l'excellence du style. Mais en France, nous n'aurions jamais la patience de lire de si longs articles dans nos feuilles. Nous aimons, vous le savez, les journaux qu'on peut parcourir en entier en déjeunant. Pour ceux d'ici, il faudrait une semaine pour tout lire et la patience nous quitterait dès le premier jour, » concluait Sarah, avec une douce ironie.

« Et votre vie », lui dis-je, « est-elle bien agitée, bien occupée lorsque, revenue chez vous, le repos vous réclame enfin? »

« Oh! le repos, je ne connais guère ça! Voyez : j'ai joué ce matin à New-York, pour l'Institut Pasteur; je viens de jouer ce soir à New-Haven; j'ai mangé à peine, je bavarde et je n'ai pas l'air trop endormie, n'est-ce pas? »

Et cette femme étonnante semblait joyeuse comme d'une espièglerie.

« Si j'en croyais mes amis et mon fils, je devrais me reposer au moins un peu; mais c'est le suc de ma vie, le travail!

« Si je ne suis pas au théâtre, je m'occupe d'art; je sculpte, je peins ou j'étudie n'importe quoi qui me plaît. L'oisiveté me fait horreur. »

« Quelle privation cela doit être pour vous d'être loin de ceux que vous aimez », lui dis-je.

« Oui, cela en est une; mais l'on s'y habitue, comme à tout ici-bas!

« Mon fils, quoique je l'aie bien gâté, est un excellent enfant pour moi. Avant son mariage, il n'a jamais passé un seul matin sans venir déjeuner avec moi. Et puis », ajouta Sarah avec un orgueil maternel, « il est un beau garçon, ce qui ne gâte rien; l'air un peu trop hautain, trop sec, par exemple; mais c'est seulement l'extérieur.

« Si vous saviez comme ils sont beaux tous les deux, lui et sa jeune femme quand ils vont au Bois; lui, conduisant son phaéton et elle à ses côtés. Ils attirent tous les regards. De même, quand elle va au théâtre, dans une loge c'est un vrai murmure d'admiration autour d'elle. En vérité, c'est une des plus jolies femmes de Paris.

« C'est la plus belle, » interrompit l'ami de son fils.

« Oui, peut-être » dit Sarah.

Et ma petite-fille! Un amour de bébé, qui m'appelle : « Maman l'amélique. » Parce qu'elle entend parler d'une mère qui est en Amérique, et que cette mère-là, lui apporte des poupées.

Comme je l'aime!

Je regardais Sarah et je ne pouvais pas me la figurer : « grand'mère ».

A ce moment de l'entretien une chose bizarre et que je n'ai jamais bien comprise, arriva.

Mlle Saylor se leva pour chasser un des petits chiens qui voulait déserter le pardessus de l'ami, pour venir sur mon manteau, à moi, en passant d'abord sur mon chapeau.

Elle heurta légèrement le pied de Sarah, et celle-ci, en riant saisit la tresse de cheveux que la jeune fille avait laissée pendre sur son dos et dit :

« Demande pardon, ou je te tue. »

« De quoi, Madame Sarah ? »

« Demande pardon, je te dis. »

« Je n'ai rien fait, Madame Sarah. »

« Demande pardon, » et Sarah continuait à rire sans lâcher la tresse de l'actrice.

« Vous me faites mal », dit Saylor.

« Alors, demande pardon. »

« Vous savez bien », intervint l'ami, que Saylor est entêtée. Elle ne vous le demandera pas. »

Sarah sembla ne pas entendre; et, toujours riant, mais un peu nerveusement cette fois, continua ce jeu, faisant fléchir le corps de la jeune fille en arrière, et à moitié ployé sur le sofa.

Alors, lui tenant les poignets, Sarah redit une dernière fois :

« Demande pardon. »

« Non, non, vous me faites mal, Madame Sarah; lâchez-moi, je vous prie. »

Sarah avait un genou sur le corps de la jeune actrice et le visage penché vers le sien, la regardait fixement sans rien dire.

« Que fait-elle donc? » dis-je à l'ami, me sentant un peu gênée de cette étrange scène.

« Je suppose qu'elle l'hypnotise » me répondit-il.

Et, en effet, la jeune fille un peu oppressée, cessa ses plaintes, et quelques minutes resta immobile, comme charmée ou évanouie.

Alors lentement Sarah releva la tête, détourna ses yeux de ceux de la jeune fille et lâcha ses poignets.

Saylor, un peu pâle, se releva, comme si elle venait de sortir d'un rêve !

Quant à la grande tragédienne, elle vint très naturellement à moi, et me demanda si je ne désirais pas boire.

Je refusai, en la remerciant, et voyant que je m'apprêtais à sortir pour prendre mon train, elle vint avec une grande cordialité, m'accompagner sur le quai intérieur de la gare.

« A bientôt ! A mon retour d'Australie en novembre », me dit-elle, en m'embrassant.

Et songeuse, je montais un instant après dans

le train de retour pour New-York, en me disant :
« Décidément, cette femme extraordinaire a
toutes les puissances ! »

Quand Sarah revint d'Australie à New-York,
elle me donna des photographies très curieuses,
faites à Melbourne et la représentant dans plusieurs rôles qu'elles n'a jamais joués en France,
tels que ceux de « Pauline Blanchard » et de
« Léa » l'abandonnée.

Un soir, dans sa loge, je lui narrai la scène dramatique de « Merry Frenchy » avec sa mère dans
la prison.

De suite, cette grande âme d'artiste en fut
remuée.

« Oh ! que ce caractère est beau », me dit-elle.
« J'aimerais jouer le rôle de Frenchy. »

Et elle voulut avoir des détails.

Malheureusement on vint nous interrompre et le
sujet de « Merry Frenchy » ne fut pas repris.

Bien souvent j'ai pensé quelle admirable interprète l'héroïsme de ce « Cowboy » aurait trouvé
dans l'âme vibrante de Sarah. Une âme qui ressent
toutes les grandeurs.

. . . .

En 1894, à Paris, des amis me présentèrent Paul
Bonnetain qui, d'abord, me déplut par une séche-
resse et une ironie de langage qui n'étaient, hélas !
que les masques d'une âme rongée de tristesse !

Plus tard, la pitié amena chez moi la sympathie
pour cet homme qui aimait d'une si touchante
affection sa femme et son enfant !

Un jour il me dit :

« Je vous en prie, demandez à Sarah Bernhardt

de vouloir bien me recevoir. Je voudrais qu'elle me pardonne ! je regrette profondément d'avoir écrit la préface de ce livre : *Sarah Barnum.*

« Je l'ai fait sur les instances d'une femme que j'aimais beaucoup alors ; mais ceci n'est point une excuse ! J'ai ressenti depuis avec force l'impression d'avoir fait une vilaine chose. J'en souffre et j'en ai honte. Dites-le lui, et qu'elle me laisse lui parler un moment. »

Je lui promis de faire sa commission ; et un matin que j'étais à déjeuner chez Sarah, dans ce joli petit hôtel du boulevard Pereire qu'elle habitait, je profitai de quelques moments où j'étais seule avec elle, pour lui parler de Bonnetain.

Quand elle m'entendit prononcer ce nom, son beau visage eut comme une crispation de dégoût et de colère.

« Oh ! je vous en prie, ne me parlez pas de cet homme. Je n'ai pas de haine pour lui ; mais je veux oublier qu'il existe. »

Alors, sans me décourager, je lui racontai doucement les chagrins intimes, les épreuves douloureuses qui assaillaient l'existence d'un homme intelligent et d'un écrivain qui ne manquait pas de valeur, mais dont l'énergie physique et morale était brisée.

Sarah m'écoutait ; mais je plaidais en vain.

Alors, je lui parlai de sa jeune femme très dévouée, de sa petite fille et même d'une pauvre fillette, négresse, que ce ménage avait adoptée.

Cette fois, le cœur de la mère triompha de celui de la femme chez Sarah.

« Soit ! dites-lui qu'il vienne demain, dans ma loge, à la Renaissance. Je le recevrai. »

Très heureuse, je la remerciai ; et de retour à mon hôtel, je fis part à Paul Bonnetain de la réponse de Sarah, sans lui répéter combien il avait été difficile de l'obtenir.

« Elle refuse de me recevoir chez elle? » me demanda-t-il.

« J'ignore si elle le refuse. Elle m'a simplement dit qu'elle vous recevrait dans sa loge, à la Renaissance. »

« Ah! » me dit-il, avec un geste de révolte, « je comprends! Elle veut me voir là, devant témoins, pour jouir de mon humiliation et pour que le pardon soit public. Je n'irai pas. »

L'âme aigrie et défiante du malheureux Bonnetain reprenait le dessus.

« Comme il vous plaira », dis-je. Et, je n'eus pas le courage, devant la souffrance que je savais en lui, de l'accabler par un blâme.

Quand je revis Sarah, elle semblait ne plus se souvenir de lui et elle ne m'en parla pas.

Pendant longtemps, lui, le malheureux, m'écrivit même en Amérique, et presque à la veille de sa mort à quarante et un ans, en Indo-Chine, — des lettres navrantes et fort belles.

Comme il redoutait, non pour lui, mais pour sa jeune famille dont il était le soutien, de retourner dans ces parages qu'il appelait, « les pays de la Mort! » Il avait essayé de trouver quelque autre situation, sans y réussir ; et les pressentiments qu'il avait, hélas! de sa fin prématurée devaient se réaliser!

Je ne me crois pas le droit de publier ses lettres tant les chagrins qu'il m'y raconte, sont intimes!

Je ne sais pourquoi cet homme, qui ne croyait

plus à rien, s'était pris d'amitié et de confiance
pour moi. En tout cas, il avait raison ; car devant
ce pauvre mort, je ne trahirai pas les confidences
du vivant.

J'ai tenu à raconter ce simple fait pour rendre
hommage à la bonté de Sarah qui me disait un
jour, avec force, à Philadelphie :

« Il ne faut jamais refuser le pardon, non, non ! »

Quant à son esprit, il lui suggère des mots qui
sont des trouvailles d'originalité.

Un jour, comme je lui parlais de James Gordon
Bennett, elle me répondait : « Bennett? C'est un
bon grand chien. »

.   .   .   .

C'est à ce déjeuner, chez elle, en mars 1894,
qu'elle me donna, — et j'en avais déjà de superbes,
— une grande photographie d'elle-même qui m'est
doublement précieuse, et pour sa beauté et pour ce
qu'elle a écrit dessus.

Sarah est représentée coiffé d'un exquis chapeau,
qu'elle seule peut porter, une chauve-souris pla-
nant avec ses ailes ouvertes sur le sommet de
grands nœuds de satin gris. Au bas de cette photographie elle avait écrit :

« A ma chère amie Mathilde Shaw que j'aime
à plein cœur.

« Mars, 1894.

« SARAH BERNHARDT. »

Quelques jours après ce déjeuner, un de mes
vieux amis de Bretagne, M. Albert Bourdas, de
Saint-Malo, me présenta Yann Nibor, le vrai et

.éloquent poète des matelots, — un soir où j'allais retrouver Sarah à la Renaissance.

« Vous êtes heureuse, Madame », me dit-il, « d'aller ainsi dans sa loge.

« Bien souvent on m'a promis de me présenter à elle; mais jusqu'à présent les promesses n'ont jamais été réalisées. »

Très enthousiaste des poésies de Yann Nibor, je lui répondis :

« Je ne vous ferai aucune promesse, mais si vous voulez venir de suite avec moi, je vous présenterai à elle. »

Son visage exprima une grande joie et en même temps une anxiété comique.

Yann Nibor regardait son costume.

« Certes, je serais bien heureux d'accepter une telle offre, mais je ne puis aller ainsi vêtu. »

« Ne vous inquiétez pas de ce détail », lui dis-je. « Sarah est au-dessus de telles niaiseries. Elle vous entendra, je l'espère, et ne regardera pas vos habits. »

Et j'emmenai les deux hommes avec moi.

Au fond, je n'étais pas sans une certaine inquiétude, ignorant si cette présentation plairait ou non à Sarah.

En arrivant à la Renaissance, je laissai prudemment mes deux compagnons en bas et montai à la loge de Sarah.

Là, je lui expliquai le grand désir que Yann Nibor avait de lui être présenté.

« Encore un poète! Oh! non, par exemple, j'en connais assez », me dit Sarah.

« Mais pas un de ce genre », répliquai-je.

« Si, si, de ce genre, et bien supérieurs à lui. »

« En meilleur français, peut être, mais non dans. le français des matelots. Yann est avant tout leur vrai poète, et quand vous l'aurez entendu, vous serez de cet avis », lui dis-je.

« Mais je ne tiens pas à l'entendre. » « Et moi, je vous prie bien instamment « de le vouloir », insistai-je.

Ce ne fut pas facilement que j'obtins cette audition ; mais le principal fut qu'elle eut lieu.

Je descendis bien vite chercher les hommes, sans leur donner de détails. Je dis seulement à Yann : « Elle veut bien vous voir et vous entendre. »

Oh ! cette présentation, je ne l'oublierai jamais.

Un moment après notre arrivée dans la pièce qui précédait sa loge, Sarah apparut dans l'entrebâillement d'une porte, costumée pour le premier acte d'*Izéyl*.

Un moment, sans rien dire, elle fixa de ses yeux profonds le poète des matelots ; puis s'avançant légèrement, d'un beau geste de reine, elle lui tendit la main.

Yann, troublé sans doute devant Sarah, bien autrement que devant une tempête, resta comme figé à la même place, et, sans faire un pas, droit et raide comme à la parade, allongea seulement le bras, pour prendre la main d'Izéyl.

Un joli rire accueillit cette tentative ; mais bientôt, devenant sérieuse, la grande artiste lui dit quelques bons mots.

Puis elle ajouta :

« Allez voir la pièce, et, quand elle sera finie, remontez ici. J'aurai alors tout mon temps pour vous entendre. »

Ainsi fut fait.

Les ovations, les bravos, les rappels et tout terminé, Sarah revint dans sa loge, et sans même changer de costume dit à Yann :

« Eh bien, maintenant, dites-moi quelques-unes de vos poésies. »

Assis à côté de moi il me demanda tout bas :

« Que dois-je réciter? »

« *Boîte de Chine* », lui soufflai-je.

Sarah entendit et vivement m'apostropha :

« Ma chère amie, laissez-le dire ce qu'il voudra et ne lui donnez pas de conseils. »

Je souris et me tus.

Alors il commença par : *Les Albatros.*

« Au Cap Horn par un grand vent »

Et, de fait, il semblait, tant sa voix était puissante, qu'un soufffe d'ouragan traversait la pièce.

Je regardai le visage de Sarah, si mobile, si expressif, et je la devinai empoignée déjà.

Quand il eut fini, elle dit simplement :

« Autre chose encore, je vous prie. »

Cette fois, il récita : *La boîte de Chine* .

« Ah! mon pauv' gas, je seu ben chagrine »

Et quand il eut fini, deux larmes coulaient lentement sur les joues de cette femme qui vibre si intensément au cri de la douleur et de la passion! Elle lui tendit la main et murmura : « Encore autre chose. »

Alors, il récita cette fois : « *Les quatre sabots de Noël.* »

Quand il eut terminé ces strophes si émouvantes,

si vécues surtout, — Sarah tout émue lui dit :
« Vous êtes un grand poète, et bien véritablement
celui des matelots et des humbles dont vous tradui-
sez admirablement les douleurs. »

« Je vous ferai connaître. »

Et très noblement elle a tenu sa parole, car la
fête superbe qu'elle improvisa chez le comte de
Montesquiou-Fezensac, fut surtout donnée pour que
Yann Nibor se produisît devant une élite.

Mais, comme je le disais franchement, plus tard,
à Sarah, une élite de raffinés n'était point, pour un
tel poète, les juges les meilleurs.

La plupart d'entre eux ignorent ces termes de
matelots, — rudes, grossiers, crus, mais superbement expressifs, — qui abondent dans les poésies
de Yann Nibor.

Et il faut avoir vécu parmi ces marins, pour en
bien comprendre et apprécier toute l'âpre beauté.

Le 4 février 1896, Sarah me disait dans sa loge
de « l'Abbey's Theatre » à New-York :

« J'adore mon petit château fort de Belle-Isle et
je me retirerai quelque jour, pour tranquillement
écrire là mes mémoires. »

Je vois qu'elle n'a pas attendu de s'y fixer pour
raconter ses souvenirs.

Ce soir-là, elle passait d'un sujet à un autre de la
plus amusante façon, avec les personnes qui étaient
là, et j'écrivais sur un petit carnet ce qu'elle disait.

Elle s'en aperçut et me demanda : « Qu'écrivez-
vous, là? »

« Des choses qui intéresseront le public, plus
tard, » lui dis-je. Et il en serait ainsi probable-

ment si la place ne me manquait pour les conter dans ce livre.

Toujours originale, Sarah mélangeait les sujets les plus divers, saulant de la reine d'Espagne aux chiens danois.

« Oui, c'est une femme très distinguée, que la reine Christine; non, parce que. c'est une reine, mais dans sa nature. Avec ça, très simple. Sachant que j'aime les bijoux elle vint un soir m'apporter cette belle chaîne dans ma loge. »

Et Sarah me montrait une sorte de collier garni de belles améthystes. Puis sans raison apparente elle continuait drôlement : « Vous savez, au bout de onze ans les chiens danois ont « l'habitude » de dévorer leurs maîtres. »

Je riais, — et vraiment il y avait de quoi, — lorsqu'elle ajouta tranquillement en regardant un. petit portrait en médaillon qu'elle avait sur elle : « Mon fils est très beau; il ressemble beaucoup au duc d'Orléans. »

A ce moment, elle était en maillot de satin, et comme elle me vit la regarder elle déclara :

« Je suis faite comme un éphèbe. Dans dix ans, si je continue à rajeunir ainsi, je serai un bébé en revenant à New-York. »

Et voilà comment dans cette soirée j'écrivis treize pages « textuelles », des choses curieuses, étonnantes, drôlatiques et originales que disait Sarah Bernhardt.

CHAPITRE XXXII

J'ai gardé pour les dernières les pages qui me sont les plus douloureuses, les plus aimées aussi! Celles où je vais évoquer une fois encore, le souvenir chéri de mes disparus : deux par la mort; l'autre par... le mystère. Ma mère, mon père et mon plus jeune fils, Algy!

Il me semble, après quelques mots nécessaires d'explication, que je ne puis mieux les peindre qu'en les laissant parler eux-mêmes dans des lignes écrites de leur main.

Pour le stoïcien et le savant qu'a été Charles Schœbel, l'éloge qu'en pourrait faire sa fille, si chaleureux soit-il, serait bien mesquin à côté de la simple, poignante et brève vérité.

La voici :

Jamais mon père ne m'a laissé deviner, ni dans ses lettres, ni lors de notre dernière réunion, en 1885, en Bretagne, sa position matérielle. Sa fierté qui devenait presque de la raideur, lorsque j'abordais ce sujet, avait une réponse unique :

« J'ai tout ce qu'il me faut. »

De loin, il ne répondait plus à ces questions; et de près, son beau regard, clair, ferme et même dur, clouait sur les lèvres toute interrogation.

La seule chose qu'il consentît à dire pour expliquer sa vie, dévouée tout entière à la science qui alimentait son grand esprit, mais non son corps, hélas! était ceci :

« Je ne veux accepter ni place ni occupation qui entraveraient mes travaux. »

Et les privations lui importaient peu, pour garder entière son héroïque indépendance! Trente ans, il a vécu ainsi, seul, sans autre compagne que la Science.

Sa femme, — ma bien-aimée mère, il la voyait de temps en temps, — comme une vieille amie de jadis; mais, à elle, non plus, ne laissait rien savoir de ses privations.

Une fois, cependant, à propos de l'un de ses ouvrages pour lequel il avait été nommé lauréat de l'Institut, il laissa échapper une amère réflexion.

Ma mère le complimentant, il répondit : « Oui, oui, les honneurs ; mais on oublie que les gens ont besoin de manger pour vivre! »

Néanmoins, il se reprit bien vite, mettant ces paroles sur le compte d'une remarque générale.

Et, non seulement il ne laissait rien deviner, mais encore son visage, calme et serein, semblait être celui d'un homme heureux.

Il l'était en effet, parce qu'il avait tellement concentré sa vie dans les joies intellectuelles, que la souffrance humaine en était vaincue !

La souffrance morale l'était-elle aussi ?

Non, si j'en crois sa réponse à une confidence que je lui écrivais d'Amérique en 1886 ; il disait :

« Je sais, par expérience, qu'il est des douleurs morales que rien ne guérit ! »

Ce n'est pas à moi, pauvre ignorante devant un tel homme, à vouloir analyser ses croyances « religieuses. »

Dans le sens étroit de ce dernier mot, il n'en avait certes pas ; et je ne pourrai mieux faire que de citer les paroles textuelles qu'il a écrites lui-même, ci et là, sur les feuillets d'un vieux livre, recueilli après sa mort.

Ce sont de hautes et profondes pensées qui ne sauraient être comprises de tous et qu'il a notées pour lui seul.

Je ne crois pas trahir sa chère mémoire en les reproduisant.

« Ma philosophie est celle de la raison appuyée sur la science expérimentale ; ma religion pratique est la morale fondée sur le discernement critique du bien et du mal ; ma religion théorique est le panthéisme pur et idéaliste, formulé déjà par saint Paul dans ces paroles de la Première aux Corinthiens :

« Je ne connais maintenant Dieu qu'imparfaitement ; mais alors (après cette vie) *je le connaitrai comme je suis moi-même connu de lui* », c'est-à-dire que je lui suis adéquat en mon type.

« Écrit le 20 décembre 1867, à 5 heures du soir,

le jour anniversaire de ma cinquante-quatrième
année.

« CHARLES-FRED. SCHŒBEL.

« Paris, 15, rue Campagne-Première. »

« Ratifié le jour de mon cinquante-cinquième
anniversaire à 9 heures du soir, le 20 décembre 1868.

« CARL-FRIEDRICH SCHŒBEL. »

« Ratifié à l'âge révolu de cinquante-six ans,
9 h. 1/2 du matin, le 20 décembre 1869.

« C.-F. SCHŒBEL. »

« Signé le 20 décembre 1871, à 7 h. 1/2 du soir
à l'âge de cinquante-huit ans !

« C.-F. SCHŒBEL. »

« Toujours ma conviction raisonnée est que le
monde est sans rapport. *réel* avec l'Être vrai et
véritable en lequel nous sommes typiquement, en
lequel nous ne ressuscitons pas après cette vie,
mais, auquel notre *moi* est adéquat de toute éternité. Actuellement nous sommes en l'Être comme
l'ombre est dans la lumière, ignorée d'elle et
n'étant à son regard rien absolument.

« Écrit à l'âge de cinquante-neuf ans, le 20 décembre 1872, à 4 h. 1/2 du soir.

« Paris, 15, rue Campagne-Première.

« CARL SCHŒBEL. »

.   .   .   .

« 20 décembre 1874, 8 h. 1/2 matin.

« S'il faut en croire le nom que porte le 20 décembre, qui est *Philogone*, je suis d'une belle génération, *un beau rejeton*. Je voudrais bien en accepter l'augure ; pourtant soixante et un ans d'existence ne me permettent pas d'y ajouter foi. Tout est vanité et misère.

« Voilà qui est le plus clair.

« CARL SCHŒBEL. »

« Le 20 décembre 1876.

« J'ai la satisfaction de consigner l'accomplissement de ma soixante-troisième année. Que maintenant la nature me tire l'échelle, peu m'importe. J'ai atteint l'âge de mon bon et honnête père ; c'est tout ce que je désirais.

« J'ai de plus, fait honneur à son nom, puisque j'ai pu signer plusieurs travaux d'érudition qui m'ont acquis une bonne réputation, quoique limitée à un petit cercle, dans les deux mondes.

« Écrit à 5 h. 1/4 du soir.

« CARL FRED. SCHŒBEL. »

. . . .

« 20 décembre 1877.

« Me voilà parvenu à un âge qui dépasse de huit mois celui de mon père, moi qui ai eu une si chétive enfance. Qui l'aurait cru ! Mais dans quel but ? *Pro nihilo*. J'ai acquis la conviction RAISONNÉE que nous, que toute la création, ne sommes qu'une ombre, qu'un reflet dans l'Être éternel, et que nous passons (c'est à la lettre) comme passe l'ombre, comme disparaît le reflet.

« J'ai inauguré mon réveil ce matin en éternuant, ce qui d'après Homère, Persée et tous les anciens serait de bon augure. Je leur en laisse la responsabilité, car j'ai passé la journée comme à l'ordinaire, sobre et pauvre comme Socrate sans « accoucher » ni « faire accoucher » comme lui de pensées qui puissent m'autoriser à croire que je réalise le vœu de Gœthe.

« KARL SCHŒBEL. »

. . . .

« Dîné le 31 décembre 1877 et passé la Saint-Sylvestre avec Louis Blanc et Madier de Montjau, deux hommes assurément remarquables, et dont le premier vivra dans l'histoire par son éloquence littéraire.

« C'est d'ailleurs un homme qui attire et charme par son maintien sans prétention et par la solidité de son entretien. Il parle avec autant de calme que son ami est fougueux. Madier de Montjau est un tribun, Louis Blanc un orateur et un écrivain.

« C. S. »

« Le 20 décembre 1878.

« A la Bibliothèque de l'Institut, 2 heures après midi.

« Absolvé treize lustres! soixante-cinq ans! En bonne santé.

« A cet âge, on est certainement un vieillard, et cependant je ne me sens pas vieux; au contraire.

« Cette année comme les précédentes, depuis

longtemps, je ne cesse de réfléchir sur la destinée qui est réservée à la personne humaine après la mort. Le dernier résultat de mes réflexions est toujours que nous mourrons, corps et âmes, entièrement et pour jamais, et que notre vie au delà de la tombe ne peut s'entendre que du souvenir que nous laissons de nous.

« La résurrection théologique est la plus grande mystification qu'on ait jamais faite au monde.

« On n'est tant porté à y ajouter créance, que parce que l'homme à le pressentiment qu'il est éternel en son type, l'Être pur et simple. Mais le phénomène, et nous ne sommes pas autre chose, n'a rien de *réellement* commun avec son type; il en relève seulement comme l'ombre dans la *flamme relève* de la flamme. Voilà tout, et ce tout n'est rien, puisque ce n'est pas une *vraie* réalité.

« *Sapienti sat.*

« SCHŒBEL. »

. . . .

« Le 20 décembre 1879.

« Le Nirvâna, la dispersion complète et entière de ses éléments composants et constituants attendent l'homme actuel, tandis que son Être vrai et réel demeure dans l'Eternité.

« *Dixi.*

« SCHŒBEL. »

« Le 20 décembre 1880, 5 h 1/2 soir,
soixante-sept ans.

« Né au beau milieu de la *nuit* (entre 11 heures

e⁴ minuit tout à l'entrée de la saison *nocturne*, l'hiver) et baptisé dans la *nuit* par excellence, *Weihnacht, la nuit sacrée*, j'ai écrit cette année, sans songer à ces coïncidences, un ouvrage sur la *Nuit* dans les religions, dans l'histoire et dans la philosophie pour montrer que la *Nuit* est le fond d'où tout sort et dans lequel tout rentre... et qui probablement m'attend dans cette année ou dans l'autre.

« *Fiat! fiat!*

« Mais si, l'an dernier, j'écrivais ma note par 13 degrés de froid, aujourd'hui il fait 11 degrés de chaud avec des rafales de vent à tout renverser.

« CHARLES SCHŒBEL. »

« **Cette année**, j'ai du moins eu un petit succès.

« Une médaille de 2.000 francs m'a été décernée par l'Institut (Académie des Inscriptions et Belles-Lettres) pour mon *Mémoire sur les Origines et le développement des castes de l'Inde*. L'ouvrage est même qualifié d'*important* par l'Académie. (V. les *Actes*.) »

*   *   *   *   *   *   *   *   *   *   *   *

« Le 20 décembre 1881.

« Toujours bien portant de corps et d'esprit, mais toujours convaincu que cette existence n'est, avec celle de toute la nature, qu'une ombre dans l'ombre que l'Être par lui-même projette en lui-même, et que jamais il n'en sera autrement des créatures (5 heures soir).

« Vent et tempête comme l'an dernier, avec
8 degrés et 9.

« Tenu un journal en 1882. Voir . . .

« C. S. »

« 1883.

« Mon grand travail sur la numismatique de
Samos avec l'épigraphe : *Ronsæ laudatur Samos
absens*, n'a pas eu de succès, et en cela la Commission de l'Académie m'a fait une véritable *injustice*.

« M. de Vogué, qui était un des juges, en est
convenu, puisqu'il m'a écrit : « Si j'avais su que
« c'était vous l'auteur... »

« Ainsi l'anonyme a été mon grand tort. Pour le
réparer quelque peu, il m'a obtenu du Ministère
une indemnité de 800 francs. Mais cela valait
davantage.

« C. S. »

.   .   .   .

« Le 20 décembre 1883, 6 heures soir.

« Atteint ma soixante-dixième année bien portant de corps et d'esprit. Jamais je n'aurais cru que
je parviendrais à cet âge que Solon estimait être
le plus avancé.

« Maintenant, jusqu'où irai-je encore? *Exituns
calliginosa nocte premit Deus!*

« C. S. »

Le journal que mon père commença en 1882, et
auquel il fait allusion, fut aussi volé, dans sa
chambre mortuaire, avec ses manuscrits et ses
papiers, pendant que j'étais obligée de rester en

Amérique auprès de mon mari gravement malade.

Je pourrais et je ne craindrais nullement de citer des noms, mais le plus coupable de tous est mort, et les autres croient avoir l'impunité assurée puisque l'un d'eux, cyniquement, me disait à moi-même dans l'été de 1904 :

« Vous ne pourrez jamais attaquer personne pour la reproduction des manuscrits de votre père sous leur propre nom. On laisse le fond, mais on change le titre, les phrases, le style, et le tour est joué. »

Qui sait!

CHAPITRE XXXIII

Une lettre de Charles Schœbel. — Sa mort. — Lettre de ma
mère. — Mon fils Algy et sa poignante disparition. — Son
voyage à travers le grand désert de Mojave. — Marie Rôze.
— Sa visite à Vélizy. — Les souvenirs de Michelet. — Encore
Dumas. — Devant « l'Océan » de Vélizy. La mare aux
canards.

C'est en 1876 que cette dévouée, ma mère, cette
courageuse et cette martyre, elle aussi, trouva le
repos éternel!

Pas plus que mon père, je ne l'entendis jamais
se plaindre, si ce n'est cependant de n'avoir plus
près d'elle non moi — sa fille — mais l'enfant
qu'elle adorait, qu'elle regardait comme sien l'ayant
vu naître, Pold, mon fils aîné.

Jamais elle ne put se consoler de cette séparation. Elle le revit cependant; mais hélas! ce n'était
plus la chère intimité de nos existences serrées
l'une à l'autre, dans la pauvreté et les épreuves de
ma jeunesse! L'affection immuable et profonde
subsistait seule, dans le changement de ma nou-

velle existence. Ma mère aimait tendrement mon mari et elle l'aima jusqu'à la fin! Il le lui rendait; car même à présent, où vingt-neuf ans se sont écoulés, bien souvent dans ses lettres il me parle d'elle en termes émus.

Elle avait de commun avec mon père un grand amour de son indépendance, et malgré la douleur de notre séparation, adoucie par les visites que je lui faisais de temps en temps en France, elle refusa de venir demeurer avec nous.

Mon père trouva son bonheur dans la science et sa force dans la religion morale qui était sa règle. Elle, ma mère, trouva ses seules joies et son appui, après notre séparation, dans sa foi inébranlable, irraisonnée, mais belle de simplicité et de confiance, dans ce Dieu qui, selon elle, était « toujours là ». Jamais à un seul moment de sa vie ses croyances ne faiblirent, et voici la lettre touchante que, peu de temps avant sa mort, elle m'écrivait, et où se révèle cette âme, grande de courage, étroite de doctrine, et si conforme à la parole :

« Heureux les simples d'esprit car le royaume des cieux leur appartient. »

« Paris, 29 octobre 1875.

« Ma Titille, ma fille chérie,

« Enfin, je vais donc te revoir et mes chers aimés petits, un que j'ai pleuré sans cesse, mon Pold, et l'autre que je ne connais pas encore mais que j'ai vu sur sa photographie et qui est si beau.

« Oh! mes enfants, quelle joie dans mon pauvre cœur! et c'est ma bonne Vierge Marie qui me la

donne. Elle m'a exaucée parce qu'elle est la mère
des mères et qu'elle comprend leurs souffrances. Je
l'ai tant priée, et je le fais à ta place, car je crois
bien que tu ne la pries plus.

« Oh ! mon petit, mon Pold, va-t-il me reconnaître après plus de huit ans que je ne l'ai pas vu !
S'il m'avait entendu lui parler tous les jours devant
son cher portrait qui est au chevet de mon lit et
pleurer entre mes quatre murs, loin de mes enfants bien-aimés !

« Et mon bon Georges, comme je regrette qu'il
ne t'accompagne pas.

« Quelle bonté de te laisser venir ainsi !

« Oh ! ma fille, ma pauvre compagne d'autrefois,
combien ça m'est cruel de vivre sans toi, mais
combien je suis heureuse en songeant quel mari tu
as. Je n'ai jamais passé un seul jour sans prier
pour vous tous : mais hier en disant mon chapelet
je me trompais à chaque instant et je parlais à ma
bonne Marie au lieu de réciter les *Ave*.

« Quand j'ai été malade, il y a quelques mois,
tu sais, je disais le « Souvenez-vous » sans cesse
pour qu'elle m'accorde de ne pas mourir sans
revoir mes chers enfants.

« Comme c'est terrible la mort tout de même,
quand elle est là, tout près, et qu'on pense que le
bon Dieu vous jugera bientôt.

« Je le disais à ton père qui est venu me voir ;
mais il m'a répondu tant de choses extraordinaires
à ce sujet que je n'ai pas continué cette conversation.

« Ah ! ma Titille, j'ai le cœur bien gros souvent
en pensant qu'il est un grand savant, mais qu'il est
bien ignorant quand je lui parle des miracles que

la mère du bon Jésus peut faire et qu'elle fait quand on a confiance en elle.

« Où aurais-je trouvé la force de supporter mes peines depuis que tu étais une enfant, si elle ne m'avait soutenue !

« Quelquefois j'ai envie de dire ça à ton père quand il me regarde d'une si drôle de façon, mais j'ai peur qu'il croie que je fais allusion à la pauvre Nine et que ce sont des reproches cachés. Et je ne voudrais pas qu'il crût ça, parce que je n'ai pas de rancune pour la pauvre malheureuse. Elle aussi était comme ton père et n'avait pas de foi.

« Et voilà qui a fait tout le mal.

« J'ai tort à te parler de tout ça.

« Il y a déjà si longtemps que c'est passé ! mais j'y pense souvent et à qui ouvrirai-je mon cœur si ce n'est à ma fille chérie !

« J'ai dit à ton pauvre père de m'apporter ses chaussettes pour les repriser ; il ne voulait pas, mais moi, ça me fait plaisir de lui rendre ce petit service. Malgré tout son savoir il ne pourrait pas se raccommoder et une femme est utile pour ces petites choses.

« Ma Titille, je ne suis pas encore très forte et je vais finir ma lettre.

« Mais quelle joie est la mienne quand je pense que bientôt je serrerai dans mes bras, mes enfants bien-aimés.

« S'il ne pleut pas cette après-midi, je vais aller faire brûler un cierge devant ma bonne Marie à Saint-Sulpice. C'est celle-là qui m'a toujours exaucée et protégée depuis si longtemps, et je veux aller la prier d'accorder à mes enfants chéris un bon voyage.

« A bientôt ma Titille.

« Je vous envoie à tous des baisers de cœur,
sans oublier mon bon Georges.

« Ta mère,

« MARCELLE SCHŒBEL.

« P.-S. — J'oubliais de te dire que je fais un beau
tableau à la peinture orientale pour mon Popold. »

Environ un mois après cette lettre, ma mère
nous serrait, mes deux enfants et moi, dans ses
bras de tendresse. Elle avait la joie suprême de
revoir l'enfant qu'elle avait adoré depuis sa naissance, mon fils aîné, et de connaître le dernier.

Trois mois elle jouit de ce bonheur. Puis un
matin de février, elle s'éteignit sans secousse, sans
maladie, usée lentement par les douleurs morales,
comme le fourreau par sa lame, et paisible pour le
dernier voyage, où dans un invisible au-delà elle
entrevoyait, elle, sa Bonne Marie lui tendre la
main.

Douze ans, mon bien-aimé père lui survécut.

J'essayai de le décider à venir vivre avec nous
en Amérique. Mais, tout en admirant les institutions de ce pays, il était trop mercantile pour plaire
au vieux savant qui avait un culte pour le Paris
intellectuel des musées et des bibliothèques. Il ne
put se résoudre à quitter ce centre, et non seulement ceci, mais le sol de cette France dont il admirait les antiques monuments introuvables dans la
jeune Amérique.

Le Mont Saint-Michel était un endroit de prédilection pour lui et, l'eût-il pu, il y fût resté si ses chères bibliothèques n'avaient été trop éloignées de lui.

Le dernier ouvrage qu'a publié mon père est le Râmâyâna, traduit par lui du sanscrit et couronné par l'Académie des inscriptions et belles-lettres.

Charles Schœbel a donné, — je l'ai déjà dit, cinquante années de sa vie à la Science. J'appuie sur le mot *donné*, car s'il eût fait payer son rare savoir, même au taux le plus modeste, il n'aurait pas vécu trente ans comme il vivait, et ne serait pas mort pauvre !

Il lui suffisait pour cela d'accepter les offres et de briguer les honneurs. Il refusa les unes et ne fit jamais un pas pour obtenir les autres. Il était, en toute vérité, le stoïcien antique qui mettait l'Art au-dessus de tout. Lui, c'était cette Science belle et ingrate, accessible à un petit nombre, qu'il aimait d'un amour sans limites, fait de sacrifices matériels, mais aussi de joies intérieures pour un tel caractère !

Charles Schœbel méritait au moins, par son intégrité, son désintéressement et son érudition, mieux que le silence et l'oubli ! Il est vrai que les voleurs de ses manuscrits et de ses papiers ont intérêt à étouffer sa mémoire ! Mais si je doute de la Justice divine, je crois à celle qui arrive à son heure, par la force naturelle des choses, et j'espère en celle-là pour la mémoire de mon bien-aimé père, Charles Schœbel !

. . . .

Voici sa dernière lettre à moi, douze jours avant sa mort ; et plus loin les quelques mots trouvés

sur sa table à mon adresse, écrits avant de se
coucher pour son dernier sommeil!

. . . .

« Paris, 2 novembre 1888.

« Chère Mathilde toute aimée,

« Ta lettre m'a navré. Est-il possible que notre
bon et brave George éprouve par-dessus ses autres
ennuis encore celui d'une maladie comme celle
dont tu le crois atteint!

« Quel chagrin! quelle douleur surtout pour toi!

« Je te vois perpétuellement agitée, mortelle-
ment inquiète. Ce qui du moins est fait pour me
consoler un peu, c'est que notre cher malade est
soigné par un cœur profondément dévoué et comme
nulle autre personne ne serait capable de le faire.

« Un étranger, toujours plus ou moins indifférent
ou intéressé, manque de ce qui est absolument
nécessaire pour que les soins fructifient au patient,
la sympathie profonde et sincère, le dévouement
personnel. J'ai donc le meilleur espoir que George,
confié à ta tendresse, ne tardera pas à se rétablir.
Alors, ce sera comme un renouveau dans ta vie et
vous coulerez ensemble une existence qui a pour
base votre affection et votre confiance réciproques.

« Ah! quelle belle chose que la confiance entre
époux! Rien ne remplace cette affection dans la vie
de tous les jours à laquelle le « home » assujetit for-
cément l'homme et la femme.

« Oh! ma fille, puissent les vœux que je forme
sans cesse pour vous deux s'accomplir, pour que
votre vie soit tissée de tout le bonheur dont vous
êtes dignes à tant d'égards.

« Le 1ᵉʳ novembre, la Toussaint, a été inaugurée par une pluie qui n'a pas cessé de tomber toute la journée, et aujourd'hui, un brouillard affreusement lugubre est venu commencer le jour des Morts.

« Adieu, les beaux jours!

« Quant à moi personnellement, je n'ai rien de nouveau à t'annoncer, sinon que je fais un travail historique sur cette jolie Idylle de Ruth que tu peux relire dans la Bible et qui assurément t'intéressera beaucoup. Quelles mœurs naïves dans ce temps-là, il y a trois mille ans!

« Et Pold, et mon petit Algy?

« De bons baisers de ma part, comme je les imprime en esprit sur leurs joues et sur celles de mes bien-aimés Mathilde et George.

« Ton père qui t'aime pour l'éternité.

« Cʜ. Scʜœʙᴇʟ. »

. . . .

Toute la lettre était écrite de sa ferme et belle écriture. Seul, le mot « éternité » était vacillant et tremblé.

Avait-il le pressentiment de sa fin si prochaine?...

Le 17 novembre 1888, rue Campagne-Première, dans l'appartement qu'il occupait depuis trente ans, Charles Schœbel fut trouvé, par son concierge, mort dans son lit!

Le médecin déclara qu'il avait succombé deux ou trois jours auparavant à une congestion cérébrale.

Sur sa table de travail était une pauvre lettre

inachevée pour moi, — la dernière, — datée du 15 novembre 1888, et que plus tard l'on me fit parvenir.

Faisant allusion à un voyage lointain que je devais faire, il disait :

« Tu vas donc être de nouveau lancée sur cet immense Océan dont les abîmes nous ont déjà si souvent séparés et qui, maintenant, s'étendent de nouveau entre nous.

« Oh ! qu'il y a de tristesse dans cette pensée, et pour peu que je m'y laisse aller, je sens les larmes me gagner et déborder mon courage.

« Ne nous décourageons pas cependant, puisque nous vivons ; tant qu'on vit il y a de l'espoir.

« Et puis n'y en eût-il plus, ne sommes-nous pas assurés que nous nous reverrons dans l'Être dont ici-bas, nous ne sommes qu'un reflet ?

« Oui, chère fille, nous nous trouverons après cette existence passagère et trompeuse, unis pour l'éternité dans l'Idéal auquel nous ne cessons d'aspirer, précisément parce que nous avons le sentiment intime et profond d'être, en notre vraie réalité, Dieu lui-même.

« J'ai trop longuement réfléchi sur ce sujet, et je me suis appuyé sur trop d'arguments historiques et philosophiques, pour que le sentiment tout spontané de l'humanité en nous, qui que nous soyons, n'ait acquis en moi la certitude d'une conviction raisonnée.

« Je crois, non pas à l'immortalité de notre personne actuelle, mais je sais que mon être en sa vraie et réelle nature, en son type idéal, est éternel. »

. . . .

Sans doute à ce moment Charles Schœbel dut avoir une syncope, car d'une écriture défaillante il ajoutait ceci :

« Je vais mourir sans doute; ma dernière pensée est avec toi, ma fille. Ma vue s'obscurcit, ma main devient inerte; n'oublie pas... ma fille... Adieu... Adieu... », et quelques mots encore complètement illisibles et comme mouillés de larmes!

Alors, il a dû gagner son lit; et la mort est venue clore ses paupières pour l'immuable repos!

. . . .

Beaucoup de mères, en ce monde, ont perdu un enfant bien-aimé et connaissent cette douleur! Mais devant la mort qui frappe irrémédiablement, la résignation de l'inévitable entre dans l'âme et domine, peu à peu, la souffrance cruelle.

Que dire des mères qui ignorent et, peut-être, ignoreront jusqu'à la tombe, si l'enfant bien-aimé, — disparu un jour sans laisser de traces, — existe ou n'existe plus !

Peut-on imaginer dans toute sa profondeur l'agonie de cette pensée qui revient chaque jour comme un glas funèbre, teinter aux oreilles de la malheureuse cette angoissante question sans ré- ponse: « Mon fils vit-il encore? Où est-il? Et, s'il est mort, quel est le lieu de son dernier repos? »

Tel est mon cas.

Depuis près de six ans, je suis sans nouvelles, sans le moindre indice du sort de ce fils chéri, mon dernier enfant qui, depuis sa naissance, avait été presque toujours mon compagnon.

Tout jeune artiste, mais déjà dessinateur de talent, c'est en France qu'il avait étudié, et mes pauvres yeux de mère le revoient en ce moment,

dans une esquisse placée sur ma table et qui représente Sarah Bernhardt gravissant, avec quelques
amis, son fils, sa femme et le peintre Georges
Clairin, les rochers du trou de l'enfer, à Saint-
Guénolé.

J'habitais alors, en 1894, un petit fortin extrêmement pittoresque, perché sur les rochers escar-
pés qui dominent la sauvage baie d'Audierne.

Sarah était en ce moment à Bénodet, et venant
à Saint-Guénolé, me rendit une amicale visite avec
Clairin.

Elle ne cessait d'admirer le site grandiose, et
c'est peut-être le souvenir inoubliable de ce superbe décor, qui lui inspira le désir réalisé de son
idéal pied-à-terre de Belle-Isle-en-Mer.

En arrivant près des rochers, dans cette belle
journée de l'été de 1894, Sarah aperçut mon cher
garçon à une des fenêtres de notre petit nid
d'aigle.

« Algy, Algy », cria-t-elle de sa voix musicale
qu'elle sait rendre si chaude, si affectionnée.

« Mère », me dit-il, « je crois que voilà Sarah
Bernhardt ! »

. Et, comme un jeune chevreau, il dégringola
notre rocher pour grimper sur celui où, toute en
laine blanche, exquise de simplicité et de poésie,
Sarah se tenait droite et souriante.

Je vis des mains serrées, des baisers, et vite, à
mon tour, j'eus bientôt rejoint la grande artiste et
sa suite.

C'est quelques moments après qu'elle et Clairin
entrèrent dans mon petit fortin, par la porte-
fenêtre donnant sur l'Océan.

« Oh! que c'est donc curieux votre logis », ne cessait de me dire Sarah, en examinant la trappe qui, de mon petit salon, communiquait par une échelle au sous-sol donnant, à l'arrière, sur la plaine rocheuse.

Et, pensive, — simple et charmante femme, — hors des galas, des triomphes, des grandeurs, du tumulte, elle s'accota au mur de la grande porte-fenêtre, et, comme extasiée, s'abîma dans l'infini qui était à ses pieds.

Lui, Clairin, examinait des dessins à la plume de mon fils; un, entre autres, du Mont Saint-Michel, et, doucement, amicalement, lui donnait ses conseils. Puis, il prit une de ses plumes fines, et, la trempant dans l'encre de Chine, rectifia et renforça certaines lignes qui, dans son opinion éclairée, étaient trop faibles.

Ce furent là des heures que je n'oublierai jamais, et dont le souvenir est à la fois, pour moi, délicieux et torturant!

Maurice Bernhardt était allé, avec sa jeune femme, près d'un rocher isolé et comme planté au milieu d'un champ aride ainsi qu'un menhir géant.

A pic, avec ci et là des rugosités qui permettaient d'appuyer le pied, tous deux, jeunes et vigoureux, en avaient tenté l'ascension et l'avaient réussie.

C'était charmant et bien original de les voir, assis côte à côte sur l'étroit sommet du roc, abîmés dans la contemplation d'un panorama unique de rude beauté, — et, seuls, — semblant tout heureux d'être, pour quelques moments, oubliés et oubliant.

J'accompagnai Sarah sur mes rochers, et quand je la quittai, en bas, elle prit à son corsage une superbe touffe d'hortensias et me dit en m'embrassant :

« Jusqu'à notre prochain revoir, gardez ce souvenir de moi. »

J'ai revu Sarah, et j'ai gardé les fleurs. Elles sont là, desséchées, tout près de moi, avec la date où elle me les a données.

. . . .

Et, maintenant, voici de quelle façon, pour un temps, ou, hélas! pour toujours, j'ai perdu ce fils dont je vais laisser le caractère se peindre lui-même.

Plus d'une mère aurait honte, peut-être, de raconter ce qui va suivre. Moi, j'en suis fière; et je regrette seulement qu'il me faille, un moment, parler de moi.

En 1877, habitant, pour l'été, près de Chevreuse avec mes deux fils, Pold, l'aîné, et Algy, alors un enfant de cinq ans, j'eus l'occasion et la joie, le pouvant alors, ce qui ôte tout mérite, de rendre un service d'argent à une femme en détresse, veuve et mère respectable.

Elle avait un fils de dix-neuf ans, très intelligent, et qui était son seul soutien. Au moment de mon retour en Amérique, il me disait :

« Si je n'avais pas ma pauvre mère, et aussi mon service militaire à remplir, combien j'aimerais aller en Amérique, surtout en Californie. En tout cas, ni ma mère, ni moi, n'oublierons jamais ce que vous avez fait pour nous. »

Je revins en Amérique quelques semaines après; et un an était à peine écoulé que j'appris la mort de Mme Lidier.

Puis, je n'entendis plus parler de rien.

Au mois de mars 1898, — il avait alors vingt-six ans, — Algy quitta New-York, où il était attaché au *Journal* comme dessinateur.

Il allait sur le *Herald* de Los Angeles, qu'il quitta pour entrer sur le *Call* de San Francisco.

Il fit là plusieurs connaissances, parmi lesquelles celle d'un jeune homme, Frank Harton, dessinateur comme lui, qui possédait en Arizona un terrain dans lequel, croyait-il, se trouvait du cuivre.

Les photographies ayant beaucoup remplacé les dessins à la plume, sur certains journaux de San Francisco, Frank Harton décida de retourner en Arizona vers l'hiver, pour essayer d'exploiter son terrain, et demanda à Algy de l'accompagner.

Habitué comme il l'était à voyager, l'idée d'aller voir un État aussi fertile en curiosités de tout genre qu'est l'Arizona plut de suite à mon pauvre garçon.

Il accepta; mais il fut convenu que son ami partirait le premier.

La veille de ce départ, Frank vint lui avouer qu'ayant été dans le « China Town » de San Francisco, il avait risqué toutes ses économies dans une des nombreuses maisons de jeu tenues par les Chinois, et qu'il les avait perdues.

Algy lui offrit les siennes, qu'il accepta; et il fut alors entendu que mon fils irait le rejoindre dans un mois.

Huit jours étaient à peine écoulés, que mon pauvre garçon, trouvant le temps trop long, se résolut à aller de suite retrouver son ami.

Il avait tout donné presque; il lui restait à peine quelques dollars; mais il ne demanda rien à personne, ni même à moi, sa mère, ignorante alors des choses que je raconte ici.

Avec ce peu d'argent, il paya son passage jusqu'à Stockton, n'emportant pour bagage que quelques sandwiches, qu'il mit dans ses poches. Ceci fait, il ne lui restait plus un sou.

Débarqué le matin suivant à Stockton, dans la gare même où sont les trains qui vont en Arizona, Algy, tranquillement résolu, se dirigea vers l'un d'eux.

Le mécanicien et le chauffeur étaient à leur poste sur la locomotive, prêts à partir.

« Can I go with you, boys? »

« Puis-je aller avec vous, garçons », leur demanda-t-il.

« Allez prendre votre billet », — fut la réponse.

« Je n'ai pas d'argent mais je travaillerai comme votre aide, si vous voulez me donner passage sur la locomotive jusqu'à Prescott », répliqua mon fils.

Les hommes le regardèrent un moment ; puis avec la décision américaine : « All right! Come up. »

« Bien, montez ici. »

Et, au même instant le train s'ébranlait.

Alors, la main du jeune artiste habituée à manier le crayon ou la plume, saisit sur l'ordre du mécanicien une lourde pelle, et il commença sa tâche de « stoker », — « aide-chauffeur ».

La route était bien longue pour arriver à Prescott, et le train n'était point un « express ».

Tout le jour Algy aida à mettre du charbon dans le foyer, n'ayant eu pour se réconforter qu'une partie des sandwiches qu'il avait emportées.

La nuit vint ; une nuit froide de novembre,

aussi glacée, dans ce climat chaud, qu'elle le serait dans le nord.

Vers une heure du matin, le train s'arrêta pour faire de l'eau. A ce moment, arriva sur le tender le conducteur en chef des wagons.

Surpris de voir là une figure étrangère, il interrogea brusquement l'intrus.

« Que faites-vous ici ? »

Algy lui dit en quelques mots son histoire.

« C'est possible que vous disiez vrai ; mais rien ne me le prouve. Qui me dit que vous n'êtes pas un espion détective, ou même un « tramp ? » — (vagabond).

« Oh ! » fit mon pauvre garçon, voulant lui montrer quelques papiers, qui prouvaient son identité et son état.

Mais l'homme dur ne voulut rien entendre.

« Hurry up ! Get out. »

« Dépêchez-vous. Hors d'ici », — fut toute la réponse.

Quoique fier, — mais hélas ! humain, — le malheureux implora. — Inutilement !

La même réponse revint avec le geste de le contraindre à descendre.

Cette fois, sans attendre, Algy sauta sur la voie, et le train repartit à l'instant.

Mon fils était seul, dans une immensité inconnue. Rien autour de lui, ni une maison, ni un arbre. La solitude désolée d'une plaine nue, d'un désert peut-être, dont on ne voyait pas la fin !

Comme plus tard, il me l'écrivait sans se plaindre :

« Les étoiles », — disait-il, « brillaient au ciel et semblaient me regarder férocement. »

« Je n'avais d'autre parti à prendre, ignorant où j'étais, qu'à marcher sur la voie ; mais tombant de fatigue et de sommeil, je butais à chaque instant contre les traverses posées sous les rails. Et, je pensais que si je venais à m'endormir tout en marchant, quelque train arriverait peut-être sur moi, m'écraserait et que tu n'en saurais rien.

« Je faisais tous mes efforts pour tenir les yeux ouverts ; mais au bout d'une heure de marche, je vis que cela me serait impossible ; que je tomberais sans le savoir, et je résolus de me coucher dans une sorte de remblai, sur un des côtés de la voie.

« Le froid était intense et pourtant ma tête brûlait. Je restai là, accroupi jusqu'au petit jour, entendant en rêve ou en réalité, — je ne savais plus, — des masses de trains passer près de moi. »

Au petit jour, Algy s'était remis à marcher.

Un autre soir arriva, sans que le désert eût pris fin, sans qu'une voix humaine ait été entendue, ou quelque gîte aperçu.

La route traversait, il le sut plus tard, une des parties désolées du grand désert de Mojave, et c'est là où il était ! Avec ce second soir, les mêmes angoisses se renouvelèrent, ajoutées cette fois, à celles de la faim.

Toutes ses sandwiches étaient finies. Il essaya de dormir, en se couchant, comme la veille, dans un autre remblai. Il ne put d'abord ; mais bientôt la fatigue eut raison de lui et le sommeil vint. Le matin, de nouveau, il se remit en marche, d'abord faiblement ; puis la fièvre aidant, avec une sorte d'ardeur factice.

L'après-midi, et déjà résigné, se disant qu'il ne pourrait pas marcher un jour de plus, il aperçut

au loin des maisons de bois ; et les ailes de l'espoir
portèrent le malheureux jusqu'à la première porte
de l'une d'elles. L'endroit était une station, un
embranchement.

C'étaient Mojave, une sorte d'oasis dans le désert.

« Je frappai à l'une de ces maisons », m'écrivait-il encore, plus tard.

« On ouvrit; et à peine avais-je desserré les
lèvres pour demander, en échange de quelque travail, un morceau de pain, que cette porte se
referma brusquement, sans même qu'on m'eût
donné une réponse. Cinq autres seuils, me donnè-
rent la même réception.

Au sixième, une vieille dame m'ouvrit, me
regarda avec défiance, après que je lui eus répété
la même prière qu'aux autres et me dit :

« Hier il est venu plusieurs « tramps » par ici.
J'ai eu pitié de l'un deux, et je lui ai donné à
manger à condition qu'il me casserait du bois
après.

« Mais quand il a eu fini de manger, il n'a plus
voulu travailler.

« Voulez-vous me casser du bois d'abord, et je
vous donnerai ensuite à manger? »

« Je tombais presque de besoin, tout tournait
autour de moi; n'importe, je lui répondis oui,
avec joie.

« Pendant près de trois heures, je fendis en
petits morceaux les bûches qu'elle m'apportait; et
comme je sentais que je n'allais plus pouvoir continuer, je la vis s'approcher de moi avec du pain.
Elle me donna exactement ceci: deux tartines de
beurre, une de confiture et une orange. J'avalai
tout, même, la peau de l'orange; et, comme, res-

tauré, la vieille dame me disait doucement qu'il me fallait chercher un autre abri, je sortis en la remerciant et la saluant, ce dont elle parut bien surprise. »

Une fois dehors, le malheureux se mit à errer de nouveau au hasard à travers les maisons qui ne dépassaient pas une cinquantaine.

La nuit arrivait et bientôt l'obscurité aussi. Tout à coup, devant ses yeux, une maison de bois, plus grande que les autres, et dans le rez-de-chaussée de laquelle on entendait beaucoup de voix, se dressa devant lui. Il leva les yeux pour l'examiner et lut au-dessus de la porte ces mots : « French restaurant ». « Martin Lidier ».

Le nom ne lui rappela rien ; mais celui de Français lui remplit l'âme de joie, comme celui d'un sauveur.

Il entra, et, allant au comptoir vers un homme d'une quarantaine d'années qui semblait le chef de l'établissement, il lui demanda, en français, du travail, lui expliquant sa situation.

En entendant cette langue, le visage du maître de la maison exprima la surprise et s'éclaira d'un bon sourire.

« Vous êtes Français » ? interrogea-t-il.

« Non », répondit Algy, « mais ma mère est Française. »

Sans lui demander son nom, l'homme reprit : « All right, my boy, cela suffit. Vous allez commencer par souper, et après, puisque vous désirez du travail, eh bien, vous serez « Chief waiter » (chef des garçons). Celui que j'avais vient justement de partir. »

« Il était temps qu'on arrivât à mon aide »,

m'écrivait encore, plus tard, mon pauvre garçon, qui venait d'être sauvé, si loin de France, par ce Français dont autrefois j'avais aidé la mère!

Mais, hélas! ni lui ni mon fils ne s'étaient reconnus après plus de vingt et un ans; même le nom de « Shaw » sans les détails qui concernaient sa pauvre mère n'aurait peut-être rien dit à la mémoire de Martin Lidier!

« J'eus à servir », continuait Algy dans sa lettre, des « Cowboys » et « Rough riders » qui venaient du Colorado à Mojave en grand nombre, conduisant des milliers de têtes de bestiaux.

« Quelques-uns soulignaient leurs ordres, quand on les faisait attendre pour manger, d'un geste expressif à la poche de derrière (celle du revolver).

« D'autres, des mineurs, ne disaient pas un seul mot sans jurer; mais tous étaient, au plus haut degré, pittoresques.

« Je ne regrettais pas les épreuves par lesquelles je venais de passer; car je voyais là des choses vraies, qu'un romancier aurait bien voulu pouvoir inventer.

« Il y avait à Mojave un épicier qui était en même temps juge de paix.

« Il avait épousé la femme divorcée de son associé, et c'est lui-même qui avait prononcé le divorce.

« A son tour, celui-ci qui était un « Alderman » (conseiller municipal) avait épousé la femme, également divorcée par lui, du juge de paix, et tous les quatre vivaient ensemble très heureux, semblait-il, au milieu de barriques de mélasse et d'une multitude de petits cochons noirs, d'espèce particulière, apprivoisés comme des chiens ».

Ce n'est qu'au bout de trois semaines qu'Algy

nous apprit, à son père et à moi, toutes les choses que je viens de dire.

Martin Lidier lui avait donné quatre dollars par semaine pour son travail et désirait le garder et l'augmenter, ce qui amusait mon pauvre fils qui n'avait aucune vocation pour son métier de circonstance.

Avec le peu d'argent qu'il avait gagné, il voulait continuer sa route pour Prescott, quand l'éditeur du *Call* auquel il avait écrit, lui apprit que Frank Harton, n'ayant trouvé aucun cuivre sur son terrain, était de retour à San Francisco, et dessinait de nouveau.

L'éditeur ajoutait qu'il attendait mon fils.

Le cœur triste, — peut-être un pressentiment, — Algy prit congé de ce Français, — Martin Lidier, qui avait réalisé son rêve de venir en Amérique. Il le quitta sans savoir qu'il serrait la main d'un homme qui, tant d'années passées, l'avait connu petit enfant et venait de le recueillir épuisé, quand tant de portes s'étaient fermées devant lui.

« La laveuse de vaisselle », continuait Algy dans sa lettre, — « une vieille indienne Navajo, qui m'avait pris en grande affection, — a voulu absolument me donner un souvenir d'elle, en m'accompagnant au train et elle m'avait affublé d'une sorte de caraco en étoffe rouge qu'elle portait le dimanche.

« La plupart des « Cowboys » que j'avais servis vinrent aussi avec le patron, me conduire au train.

« J'avais, par économie forcée, demandé cette fois, au conducteur en chef, de me permettre, en payant, de rester parmi les bagages et les colis. Il le permit ; mais comme ces wagons-là étaient encombrés,

je dus me jucher sur des piles de rails qu'on trans-
portait à ciel ouvert; et je fus considéré comme
marchandise. Cela valait mieux, certes, que de
marcher sur ces rails, comme je l'avais fait trois
semaines avant.

« Quand le train s'ébranla, tous les cowboys
déchargèrent leurs pistolets en criant : « hurrah!
for the French boy! »

« La vieille Indienne pleurait; et moi, sur mes
barres de fer, vêtu du casaquin rouge, je pleurni-
chais aussi, regrettant tout ce que je quittais là. »

. . . .

Plus tard, quand j'appris le nom de l'homme qui
avait recuilli mon fils, je lui écrivis immédiatement.

La receveuse de la poste de Mojave eut la bonté,
en me renvoyant ma lettre, sur laquelle j'avais mis
mon adresse, de m'écrire un mot pour me dire
que Martin Lidier avait vendu son établissement,
quelques jours après le départ d'Algy, et qu'il était
parti pour une destination inconnue, — l'Australie,
croyait-elle.

. . . .

Après plusieurs voyages aux Iles Sandwich, —
un journal venant de se fonder à Honolulu et
ayant besoin d'un dessinateur, — Algy enthousiaste de cet archipel qu'il nommait un paradis
quitta San Francisco vers la fin de juillet 1899.

Il m'écrivit le 23 juillet pour me dire qu'il allait
à Hawaï; mais viendrait nous retrouver l'année
suivante.

Ce fut la dernière lettre de mon fils bien-aimé!
On l'aperçut à Honolulu le 5 août 1899, sur le

pont d'un navire de guerre qui allait aux Philip-
pines, à Manille.

Jamais personne ne le revit après!

Selon la police, il était allé là ; mais le com-
mandant du navire, interrogé, plus tard, déclara
qu'au moment d'appareiller, « Algy Shaw » était
descendu à terre.

Depuis, toutes les recherches, — sans cesse
renouvelées, — sont restées infructueuses et je
traîne chaque jour, comme un boulet, la torture de
cette pensée :

Mon Algy est-il mort où vivant?!

Le petit Pold adoré de ma mère; l'enfant pour
lequel, un jour d'espérance, — j'ai brisé mon
ardent désir, ma vocation pour l'art dramatique, —
mon fils aîné, — est aujourd'hui, en Amérique, un
avocat de talent, attaché depuis vingt ans au New-
York Herald.

Très Américain, par les idées et le caractère,
ayant longtemps vécu dans le « Far West », il est
arrivé, par son énergie et sa volonté, à atteindre le
but qu'il désirait.

Il est dans toute l'acception du terme, un « self-
made man », et en plus, il est : « Quelqu'un ».

Dans ces pages vraies de ma vie, — pages si
longues et pourtant si incomplètes, que je termine
ici, je désire une fois encore prononcer le nom de
l'ami fidèle dont les sacrifices et le dévouement
pour moi ne se sont jamais démentis :

George-Alfred Shaw, mon mari.

. . . .

L'occasion m'a manqué de nommer quelques-uns des amis qui me sont chers par l'affection, par le respect et par la reconnaissance.

Avant de clore ce livre auquel ils s'intéressent, il m'est un simple devoir de rendre hommage à trois d'entre eux, surtout, — nobles, parmi les meilleurs, dans la Bonté, — et les preuves qu'ils m'en ont données.

Le premier, dont quelque jour, si j'en ai la force, j'écrirai la curieuse et peu banale histoire, est un ami de vieille date, de mon mari et de moi.

Il a connu la souffrance, — ne l'a pas oubliée, — et sait compatir à celle des autres.

Fils de ses œuvres, John T. Mac Roy, l'Américain et le philanthrope, aujourd'hui multi-millionnaire, avec la propriété de ses innombrables conduits souterrains où passe l'électricité et qui sillonnent les grandes villes américaines, — mérite, certes, que je place ici son nom et m'incline devant son inlassable bonté.

Le second et plus récent ami, mais aussi noble que le premier, est un artiste, — un peintre paysagiste dont une des belles œuvres se trouve au musée du Luxembourg : Charles André.

Tout ce que le cœur humain peut contenir dans une nature privilégiée, de délicate et généreuse amitié, il me l'a prouvé ; et je suis heureuse de le dire ici en y joignant le nom de Marie-Michelle, sa chère femme.

Quant au troisième, j'éprouve quelque gêne à le nommer, parce que mon admiration, mon respect et mon affection pour lui peuvent sembler intéressés.

Mais, qu'importe, après tout, les apparences ! Mon cœur reconnaissant, non d'une bonté future, mais de toutes celles qui m'ont déjà été prodiguées dans un récent passé, — dit, en finissant ce livre, un merci ému, bien plus à l'homme bon qu'à l'écrivain éminent qui s'appelle : Jules Claretie.

Et ma pensée ajoute à ce nom celui de la femme intellectuelle et dévouée qui est la sienne.

. . . .

D'autres amis, à différents titres, ont droit à ma gratitude affectionnée.

Madame Juliette Adam surtout qui m'a ouvert avec une si noble confiance, un esprit si large et si haut les portes de sa *Nouvelle Revue*, — et n'a jamais changé ses sentiments pour moi.

Henry Laurent, du Louvre, dont je n'oublierai pas de même les délicats et affectueux procédés à mon égard, a droit à ma gratitude.

A tous mes amis, de France et d'Amérique, une dernière fois : Merci !

Le désir de mon vieil ami, Dumas père, est accompli ! C'est en citant les paroles qu'il m'a écrites en 1867 que j'ai commencé ces pages.

Je n'ai eu et certes ne pourrais avoir, en 1905, la précieuse collaboration qu'il m'offrait alors; mais le souvenir de ses paroles était avec moi — et c'était un peu de lui qui m'encourageait !

Je termine ces « souvenirs » — bien abrégés — de ma vie, dans le petit village de Vélizy, sur lequel le grand nom de Michelet a jeté comme une auréole de poésie.

C'est à quelques pas de la Villa où, si longtemps, sa veuve a noblement conservé son souvenir, que je demeure encore, avant de retourner en Amérique.

J'aperçois de mes fenêtres celles du petit castel avec son toit pointu, que surmonte, un peu bizar-

rement, un clocher en miniature et la façade orne-
mentée de figures allégoriques.

Je voudrais en regardant cette petite demeure y
évoquer l'ombre de l'illustre écrivain; mais les
vieux habitants de Vélizy m'ont affirmé qu'il n'a
fait qu'y passer, sans jamais y séjourner.

Ce n'est qu'après sa mort, m'a-t-on dit, que
Mme Michelet se retira dans ce nid paisible, —
un peu mélancolique, — mais à l'entrée de cette
belle forêt où la vie des « infiniments petits », —
l'insecte puis l'oiseau, fut étudiée et décrite par
Michelet avec tant d'amour et de charme.

Des rosiers, très hauts, entourent cette maison
vide à présent ; et dans un désordre un peu sauvage, envahissent les murs, grimpent aux fenêtres
et s'étalent sur les persiennes fermées.

L'automne, qui s'approche, jette à certains moments, sur cette demeure close, l'ombre attristée
des choses disparues !

Le seuil de cette demeure, avec sa porte basse,
a été franchi par des hommes illustres, quand les
amis et les admirateurs de Michelet se rendaient
aux simples et cordiales réceptions de sa veuve.

Quoique cette maison soit à louer, elle reste
vide depuis longtemps, comme si le « Souvenir »,
jaloux de ce grand nom, en éloignait les profanes.

Non loin de là est la petite vieille église entourée
de son cimetière, lequel — ironie du destin — est
lui-même entouré de guinguettes, de tonnelles, de
charmilles sous lesquelles, les soirs d'été, les
joyeux propos des vivants raisonnent auprès des
morts !

Mme Marie Rôze, l'exquise cantatrice, qui toute
jeune débuta sur la scène du Théâtre-Français en y

chantant les « Djinns » est, un matin, venue déjeuner sous une de ces charmilles avec moi, et notre
causerie, autant que le lieu peut-être, me valut au
dessert, une audition pleine de charme.

Dans une salle voisine où se trouvait un piano,
elle chanta pour moi seule, d'une voie restée admirablement pure, la mélodie américaine : « Old
folks at home », cette plainte navrante d'un vieil
esclave, comme un sanglot !

Et de toute part, sans qu'elle s'en aperçut, des
auditeurs ravis et silencieux l'écoutèrent, puis, le
chant fini, l'acclamèrent.

En face de mes fenêtres est une mare où les chevaux et les vaches viennent boire et les canards
barboter sans cesse.

Mélancoliquement, je la regarde plusieurs fois
par jour en songeant aux océans que j'ai traversés,
aux pays que j'ai parcourus, à l'Atlantique que je
vais revoir et, enfin, au dernier voyage de la Vie
à l'Au-delà !

Puis, devant moi, sur ma table, je relis ces
lignes de 1867, de mon vieil ami, Dumas père :

« Ta vie si jeune, ma petite Bruyère, a déjà été
remplie de tant d'épreuves et de choses étranges,
qu'il y a là-dedans l'étoffe d'un roman. »

Et je le termine, ce roman, en 1905, devant
l'Océan de Vélizy : La mare aux canards.

Fin

TABLE DES MATIÈRES

Paris — L. MARETHEUX, imprimeur, 1, rue Cassotte. — 1139.

www.ingramcontent.com/pod-product-compliance
Ingram Content Group UK Ltd.
Pitfield, Milton Keynes, MK11 3LW, UK
UKHW021009140726
13695UKWH00001B/155